Selbstverlust und Gottentfremdung

Spiritueller Missbrauch an Frauen in der katholischen Kirche

Barbara Haslbeck · Ute Leimgruber ·
Regina Nagel · Philippa Rath (Hg.)

Selbstverlust und Gottentfremdung

Spiritueller Missbrauch an Frauen in der katholischen Kirche

Mit einem Geleitwort von Joan Chittister

Patmos Verlag

VERLAGSGRUPPE PATMOS

PATMOS
ESCHBACH
GRÜNEWALD
THORBECKE
SCHWABEN
VER SACRUM

Die Verlagsgruppe
mit Sinn für das Leben

MIX
Papier | Fördert gute Waldnutzung
FSC® C014496

Klimaneutral
Druckprodukt
ClimatePartner.com/14549-2003-1001

Die Verlagsgruppe Patmos ist sich ihrer Verantwortung gegenüber unserer Umwelt bewusst. Wir folgen dem Prinzip der Nachhaltigkeit und streben den Einklang von wirtschaftlicher Entwicklung, sozialer Sicherheit und Erhaltung unserer natürlichen Lebensgrundlagen an. Näheres zur Nachhaltigkeitsstrategie der Verlagsgruppe Patmos auf unserer Website www.verlagsgruppe-patmos.de/nachhaltig-gut-leben

Verlagsgruppe Patmos in der Schwabenverlag AG, Ostfildern
www.verlagsgruppe-patmos.de

Umschlaggestaltung: Finken & Bumiller
Satz: Schwabenverlag AG, Ostfildern
Druck: GGP Media GmbH, Pößneck
Hergestellt in Deutschland
ISBN 978-3-8436-1475-7

Inhalt

Teil 2: Spiritualisierte Machtausübung

Reflexionen von Verantwortungsträgerinnen

Die Kirche und die Frauen – eine Geschichte des Missbrauchs

Geleitwort von Joan Chittister OSB

Die Geschichte lehrt uns, dass man ein gefährliches Risiko eingeht, wenn man sich den Fragen seiner Zeit nicht stellt. Wir sollten das nur zu gut wissen, haben wir doch eine Generation lang zu viele dieser Fragen ignoriert, sei es zu Klimawandel, ethnischer Vielfalt oder Gleichberechtigung. All das – und noch vieles mehr – haben wir lange Zeit geflissentlich vernachlässigt.

Ein Problem in der Kirche ist, dass man die Frage nach der Stellung der Frauen spiritualisiert und überhöht hat, anstatt den geistlichen Irrweg (den Missbrauch) zu erkennen. Man hat das Ganze nicht genauer angeschaut. Man hat es einfach hingenommen. Dabei ruft die Frauenfrage seit Jahrhunderten nach einer Antwort. Doch wenig ist geschehen. Erst langsam realisieren wir, worum es sich beim Sexismus eigentlich handelt: Er ist theologisch gesehen unmoralisch, psychologisch gesprochen zerstörerisch, unter gesellschaftlichen Aspekten unterdrückerisch – und wird von den Kirchen, die ihn mitzuverantworten haben, dreist ignoriert statt ihn zu beseitigen.

Blaise Pascal, der katholische Renaissancephilosoph, schrieb im 17. Jahrhundert: »Gewalt regiert die Welt, doch Überzeugungen können die Gewalt lockern.« Aber Achtung: Kein Zwang kann eine Erkenntnis unterdrückt halten, wenn die Menschen sie sich in tiefster Seele zu eigen gemacht haben. Molières Komödie »Die Schule der Frauen« signalisierte den Beginn einer Epoche, die die klassischen Überzeugungen radikal in Frage stellen sollte. Hier, im sozialen Verhalten von Frauen und in den intellektuellen Überzeugungen kommender Generationen, brach sozusagen vom Rande her der Kampf für größere Menschlichkeit auf. Das Stück zeigte: Ein Wandel in Richtung Gleichbehandlung von Frauen konnte nicht mehr verhindert werden, denn die Menschen duldeten nicht länger, dass man sich dem entgegenstellte.

Offensichtlich weiß unser Jahrhundert um diese Erkenntnis, auch die Kirchen. Überall verlangen Frauen danach, dass ihr Menschenrecht auf Gleichheit anerkannt wird – und alles, was dies mit sich bringt. Und dennoch mangelt es der Religion, den bischöflichen Ordinariaten, Forschungseinrichtungen, Bischofskonferenzen und allen möglichen katholischen Institutionen (all diese natürlich weitgehend unter der Leitung von Männern) immer noch an der nötigen Ehrlichkeit, zuzugeben, dass ein Ernstnehmen der Visionen und Werte von Frauen unser menschliches Miteinander bereichern, unser theologisches Erkennen vertiefen, dem Evangelium neue Wertschätzung und dem geistlichen Leben eine neue Bedeutung geben könnte. Stattdessen ›suhlen‹ sich die Kirchen weiterhin in einer Theologie, die die eine Hälfte der Menschen, die Frauen, zu bloßen Empfängerinnen des Wortes degradiert – und nicht als dessen Trägerinnen anerkennt.

Deshalb ist das vorliegende Buch über den spirituellen Missbrauch an Frauen in der katholischen Kirche nicht einfach nur eine weitere Veröffentlichung zur Frauenfrage. Es legt vielmehr das Ungleichgewicht zwischen Männern und Frauen offen, welches die Frauen und damit ein Wachsen und Blühen der Menschlichkeit in allen religiösen Einrichtungen weltweit erstickt hat. Alle, die meinen, dass Geschlechtergerechtigkeit nur bedeute, die Gepflogenheiten Männer und Frauen betreffend und deren Folgen ein wenig anzugleichen, kann dieses Buch sensibel machen für jenes theologische Denken, das Frauen nicht nur gern unsichtbar hält, sondern sogar Frauen selbst dazu bringt, ihre untergeordnete Stellung im öffentlichen wie im privaten Bereich weiterhin zu akzeptieren, gar zu verteidigen.

Insbesondere demaskiert dieses Buch die Rolle, die Kirchen dabei spielen, die Ungleichheit, Anonymität, Zurückhaltung und Unsichtbarkeit von Frauen zu rechtfertigen. Ja, die Kirche sagt zu wenig, tut nichts, macht nur wenige Versuche, das Kleinmachen und Unterdrücken von Frauen zu beenden. So werden wir hier unter anderem mit den psychologischen Schäden konfrontiert, die aus geistlicher Manipulation erwachsen. Und nach Jahren der Reflexion sehen wir, was Ordensfrauen selbst als Gefahr für ihren geistlichen Weg erkennen, obwohl es doch im Namen eines »geistlichen Lebens« geschah. Falsch verstandene Hingabe und Demut und das Akzeptieren »kindlicher« Unterwerfung lassen keinen Raum für die Menschenwürde von Frauen.

Welche Gründe gab es für diese Abnormalitäten? Wie konnte die Kirche das geistliche Wachstum von Frauen so sehr behindern? Schlimmer, wie konnte die Kirche Frauen dazu bringen, zu Komplizinnen zu werden bei der Unterdrückung des eigenen Geschlechts? Warum hat es keine Revolution dagegen gegeben? Und das ausgerechnet in der Kirche?!

Als ich Kind war, war es ein großes Rätsel für mich, warum Frauen aus allem herausgehalten wurden, was großartig war. »Warum dürfen Frauen in der Kirche nicht reden? Warum dürfen Mädchen nicht ministrieren?«, fragte ich. Und man antwortete mir: »Weil die Männer das sagen.« Und als ich fragte, warum sie das taten, antwortete man mir: »Weil sie es können.« Wie kam eine solche Macht zustande?

In dem vom Katholizismus wie vom Judentum gleichermaßen verehrten Buch Genesis wird der hebräische Ausdruck *ezer kenegdo* in 20 von 21 Fällen mit »eine Macht gleich wie« übersetzt. Nur in der Erzählung von Adam und Eva wird daraus eine »Hilfe« anstatt »eine Macht gleich der des Adam«. Diese Übersetzungstradition wird bis heute fortgeführt – und mit ihr eine Zweiklassengesellschaft. JHWH und Adam werden als »Retter«, als offensichtlich »mächtig für« die Aufgabe geschildert. Eva dagegen bleibt immer Helferin zweiter Klasse, obwohl das Buch Genesis Mann und Frau als ebenbürtig betrachtet. Gleichwohl wurde die Übersetzung nie korrigiert und damit die (geistliche) Macht der Frauen nie anerkannt.

Langsam ändert sich etwas. Und das liegt auch an Ihnen und an mir. Sie und ich – wir müssen deshalb konsequent Widerstand leisten, wenn der Missbrauch von Frauen mit dem Willen Gottes begründet wird. Wie es Helen Keller sagte: »Frauen können sich nicht auf die ›Ritterlichkeit‹ der Männer verlassen, damit ihnen Gerechtigkeit widerfährt.« Dafür müssen wir – ganz im Sinne dieses Buches – weiterhin selber sorgen.

Übersetzung aus dem Englischen von Maria-Sybille Bienentreu.

Vorwort

In der Graphic Novel »Das leere Gefäß«[1] erzählt die Hamburger Künstlerin Magdalena Kaszuba (geb. 1988) von ihrer Kindheit im katholischen Polen, von der streng katholischen Großmutter und der Mutter, die ihr aus der Bibel vorlas. »Das sollte mir von klein auf Moral, Nächstenliebe und Demut beibringen. Soweit die Theorie«. Doch in der Praxis führte das alles bei dem Mädchen zu »Angst vor der Hölle, Angst um meine Seele und Angst vor Gott«. Zentrum des Buches ist die Beichte vor der Erstkommunion; der Priester insistiert unbarmherzig: »Na komm schon. Was verheimlichst du mir noch? Du kannst mir vertrauen, wirklich.« In ihren Bildern verwandelt sich der Priester von einem zugewandten Menschen zu einem Panther; bald schleichen mehrere schwarze Panther mit heraushängenden Zungen um das kleine Mädchen herum. In ihrer Qual erfindet sie Sünden, um den Priester zufriedenzustellen. »Eine Schlinge zog sich zu, aus der ich mich nicht mehr befreien konnte.« Sie geht als Lügnerin zur Erstkommunion: »Wie hatte ich nur bei der Beichte lügen können? Was wird nun aus meiner Seele? [...] In meinen Augen bin ich die schlimmste Sünderin der Welt. Und war ich nicht selbst Schuld [sic!] daran, wie die Beichte verlaufen war?« Im Nachgang zu Beichte und Erstkommunion entwickelt sie einen Hass gegen Gott, einen Hass gegen sich selbst. »Mein Körper

[1] Kaszuba, Magdalena, Das leere Gefäß, Berlin 2018.

war damals nur noch eine Hülle, die sich mit Hass füllte.« Kaszuba stellt dies über mehrere Seiten dar, ein gelbes Gefäß wird mit schwarzer Flüssigkeit gefüllt, bis es überläuft. »Ich ertrug es kaum ... und so goss ich dieses Gefäß komplett aus. [...] Der ganze Hass floss ab ... und mit ihm auch mein Glaube, Gott, meine Hoffnungen und Wünsche. [...] Ich tötete Gott und mit ihm war auch ein Teil von mir tot.« Bis heute hat sie den Zugang zu dem jüngeren Ich verloren. »Es scheint, als wäre die Distanz zwischen uns nicht zu überwinden.«

Wenn man danach fragt, was spiritueller Missbrauch mit den Menschen macht, ist es genau das, was Magdalena Kaszuba mit eindrücklichen Bildern in ihrem Buch erzählt: Selbstverlust und Gottentfremdung. Das Bild des leeren Gefäßes, das am Ende noch übrig ist, können viele Betroffene nachvollziehen; auch sie kommen sich vor wie eine entleerte Hülle. Spiritueller Missbrauch hat zahlreiche Formen und Facetten, zahlreiche Täter*innen in ganz unterschiedlichen Konstellationen, zahlreiche Verläufe und Kontexte. All das spielt im vorliegenden Buch eine Rolle, es wird beschrieben und präzise analysiert. Doch was in allen Fällen gleich ist, sind negative Auswirkungen auf das eigene Ich und die Beziehung zu Gott. Spiritueller Missbrauch ist ein Angriff auf das religiös-spirituelle Innerste von Menschen. Eine Verletzung des eigenen Ichs ist beinahe unausweichlich, ebenso wie eine mehr oder weniger nachhaltige Entfernung und Entfremdung von Gott. Betroffene fragen sich oft jahrelang, welche Rolle Gott in allem spielte. Denn die Missbrauchstaten erscheinen als gottgewollt, die Täter*innen sprechen mit quasigöttlicher Autorität. »War das Gottes Wille?«, fragt auch Magdalena Kaszuba und beginnt, Gott zu hassen.

Was ist spiritueller Missbrauch? Wie kam es dazu und was hat er bewirkt? Um diese Fragen zu beantworten, stellt das vorliegende Buch die Perspektiven der von spirituellem Missbrauch Betroffenen konsequent in den Vordergrund. 18 Frauen haben ihre Geschichten aufgeschrieben. Was es sie gekostet hat, ihrer eigenen Geschichte von Selbstverlust und Gottentfremdung nachzugehen und sie in Worte zu fassen, ist kaum zu ermessen. Wir sind ihnen zutiefst zu Dank verpflichtet. Uns Herausgeberinnen war von Anfang an klar, dass wir nicht nur Berichte sammeln und aneinanderreihen wollen, sondern dass wir einen Beitrag zum größeren Diskurs über spirituellen Missbrauch liefern wollen. Dies bildet sich nicht nur in der Struktur des Buches ab, sondern auch in weiteren, erläuternden Beiträgen. Und so danken wir den Funktionsträgerinnen aus dem Ordensbereich, die aus ihrer Perspektive Reflexionen zu den Gefahren von spirituellem Missbrauch in Orden und geistlichen Gemeinschaften beigetragen haben. Unser Dank gilt auch Sr. Joan Chittister für das Geleitwort und Maria-Sybille Bienentreu für dessen Übersetzung ins Deutsche; außerdem Hannah Jäger für die redaktionelle Überarbeitung des Manuskripts. Besonders gedankt sei dem Patmos Verlag für den Anstoß zu diesem Buch und für die zuverlässige Begleitung.

Die Berichte der 18 Frauen zeigen, wie tief spiritueller Missbrauch und die mit ihm verbundene Gewalt schädigen kann. Sie zeigen, was Magdalena Kaszuba in eindrückliche Aquarelle überführt hat: Spiritueller Missbrauch geht ans Innerste des Menschen, bis oft nur noch eine Hülle, ein leeres Gefäß übrig bleibt.

Unser Buch versteht sich als Beitrag zu einem tieferen und differenzierteren Verständnis des Phänomens spiritueller Missbrauch und zudem als Plädoyer, die Betroffenen und ihre Verletzungen und Entwürdigungen zum Ausgangspunkt von weiterer Forschung, Präventions- und Interventionsmaßnahmen zu machen. Die spirituelle Freiheit der Menschen sollte ebenso unantastbar sein wie ihre Würde.

Freising/Regensburg/Widdern/Rüdesheim, 22. Juli 2023, am Fest der Maria von Magdala, Apostelin der Apostel

Barbara Haslbeck
Ute Leimgruber
Regina Nagel
Philippa Rath OSB

Alle Namen, Orte und Gemeinschaften in den Berichten wurden anonymisiert. Die Autorinnen haben sich ihre Pseudonyme selbst gewählt.

Angriff auf das Innerste

Hinführung zu den Berichten über spirituellen Missbrauch

Ute Leimgruber und Barbara Haslbeck

»Sexualisierte Gewalt nimmt bereits alles. Spiritualisierte Gewalt nimmt einem auch das, was nach dem letzten Hemd noch übrig bleibt: das innerste Geheimnis eines Menschen. Menschen können diesen unantastbaren Raum betreten, sie können damit die Würde eines anderen Menschen rauben.« (Sophia Weixler[1])

Seit einigen Jahren sind sexueller Missbrauch und sexuelle bzw. sexualisierte Gewalt an erwachsenen Frauen im Raum der Kirche auch in der Öffentlichkeit präsent.[2] Es ist typisch für den Tatkontext Kirche, dass sexueller Missbrauch eng mit spirituellem Missbrauch verknüpft ist. Spiritueller Missbrauch bereitet den sexuellen Missbrauch vor, er flankiert, ermöglicht, inszeniert und legitimiert ihn. Dass spiritueller Missbrauch aber auch für sich stehen kann und ein eigenes Vergehen darstellt, ist erst allmählich im öffentlichen Bewusstsein

[1] Weixler, Sophia, Ich atme Hoffnung. Psalmen jenseits von Gewalt und Missbrauch, Ostfildern 2023, 159f.

[2] Vgl. Haslbeck, Barbara u. a. (Hg.), Erzählen als Widerstand. Berichte über spirituellen und sexuellen Missbrauch an erwachsenen Frauen in der katholischen Kirche, Münster 2020. Siehe auch: www.missbrauchsmuster.de.

in der deutschen Kirche angekommen.[3] Dabei ist er mindestens ebenso verhängnisvoll und destruktiv wie sexueller Missbrauch. Sophia Weixler bringt in ihrem Zitat die zerstörerische Kraft spirituellen Missbrauchs auf den Punkt: Er zielt auf das Innerste, den »unantastbaren Raum« eines Menschen.

Auch in der Forschung wird auf diesen Kern des spirituellen Missbrauchs hingewiesen: Für Dysmas de Lassus ist es »der erzwungene Zutritt zum Heiligtum des inneren Lebens«[4]; Doris Reisinger beschreibt den Missbrauch als ein »gewaltsames Eindringen in die spirituelle Intimsphäre einer Person«[5]. Diese Form des Missbrauchs ist oft unsichtbar, kann medizinisch nicht diagnostiziert und kirchenrechtlich (noch) nicht angemessen verfolgt werden. Inge Tempelmann fasst es so zusammen:

> »Geistlicher Missbrauch findet immer inmitten eines geistlichen Umfeldes statt und wird meist dadurch so schwer durchschaubar, weil er fromm aussieht und ›im Namen Gottes‹ gelebt wird. Außerdem führt er bei Betroffenen zu Verwundungen in ihrem geistlichen Leben, was den emotionalen und körperlichen Bereich [...] in der Regel mitbetrifft.«[6]

[3] Im November 2020 fand die Fachtagung »Gefährliche Seelenführer? Geistiger und geistlicher Missbrauch« statt, organisiert von der katholischen Akademie des Bistums Dresden-Meißen, in Zusammenarbeit mit der Deutschen Bischofskonferenz und der Landesärztekammer Sachsen; vgl. Timmerevers, Heinrich / Arnold, Thomas (Hg.), Gefährliche Seelenführer? Geistiger und geistlicher Missbrauch, Herder Thema, Freiburg i. Br. 2021.

[4] De Lassus, Dysmas, Verheißung und Verrat. Geistlicher Missbrauch in Orden und Gemeinschaften der katholischen Kirche, Münster 2022, 220.

[5] Reisinger, Doris, Missbrauch von Menschen oder Missbrauch von Macht? Zur fundamentalen Bedeutung eines personenbezogenen Verständnisses von spirituellem Missbrauch, in: Lebendige Seelsorge 74 (3/2023) 146–151; hier 149.

[6] Tempelmann, Inge, Geistlicher Missbrauch. Auswege aus frommer Gewalt. Ein Handbuch für Betroffene und Berater, Holzgerlingen 2018, 14f.

1 Bisherige Erkenntnisse

Auch wenn erst seit wenigen Jahren das Thema spiritueller Missbrauch in der katholischen Kirche in Deutschland breiter rezipiert wird, wurde das Phänomen international und v.a. in den protestantischen Kirchen schon seit Jahrzehnten diskutiert; der Begriff »spiritueller Missbrauch« bzw. »spiritual abuse« ist seit Beginn der 1990er-Jahre gebräuchlich.[7] Es sind etliche Veröffentlichungen zu verzeichnen, seit Anfang der 2000er-Jahre auch im deutschen Sprachbereich. Lisa Oakley und Kathryn Kinmond führen spirituellen Missbrauch detaillierter aus:

> »Spiritueller Missbrauch ist eine Form des emotionalen und psychischen Missbrauchs. Er ist gekennzeichnet durch ein systematisches Muster von Zwangs- und Täuschungsverhalten in einem religiösen Kontext. Spiritueller Missbrauch kann für diejenigen, die ihn erleben, sehr schädlich sein. Dieser Missbrauch kann Folgendes beinhalten: Manipulation und Ausbeutung, erzwungene Rechenschaftspflicht, Entscheidungshoheit, Anforderungen an Geheimhaltung und Schweigen, Zwang zur Konformität, Kontrolle durch die Verwendung heiliger Texte oder Lehren, die Forderung nach Gehorsam gegenüber dem Missbrauchenden, die Andeutung, dass der Täter eine ›göttliche‹ Position innehat, Isolation als Mittel zur Bestrafung sowie Überlegenheit und Elitedenken.«[8]

[7] Vgl. Oakley, Lisa/Kinmond, Kathryn, Breaking the Silence on Spiritual Abuse, Basingstoke 2013, 10. 1991 erschien das erste Buch, das »spiritual abuse« im Titel hatte: Johnson, David/van Vonderen, Jeffrey, The Subtle Power of Spiritual Abuse, Minneapolis 1991/2005. Dt. Übers.: Johnson, David/van Vonderen, Jeffrey, Die zerstörende Kraft des geistlichen Missbrauchs, Hünfeld 2016.
[8] Oakley/Kinmond, Breaking the Silence on Spiritual Abuse, 151. Übers. UL.

Dabei wird deutlich, dass mehrere Faktoren eine wichtige Rolle spielen: ein religiöser Kontext; die Verwendung religiöser Überzeugungen oder einer Autorität, um andere zu kontrollieren oder zu manipulieren; die missbrauchende Person ist in einer Machtposition; es besteht eine Verbindung zu psychologischem/emotionalem Missbrauch; es wird jemandem Schaden zugefügt.[9] In Deutschland hat erstmals die protestantische Therapeutin Inge Tempelmann in ihrem 2007 erschienenen Buch »Geistlicher Missbrauch. Auswege aus frommer Gewalt« eine genauere Erklärung veröffentlicht:

> »Von religiösem (geistlichem) Missbrauch spreche ich dann, wenn Grenzen, die Gott jedem Menschen zugedacht hat, aus religiösen Gründen überschritten werden und/oder wenn der Lebensraum, der einer Person von Gott geschenkt ist, wiederum aus religiösen Gründen eingeengt wird. Dies geschieht entweder ohne das Einverständnis der Betroffenen [...], oder die Grenzverletzung wird aufgrund von geistlich getarnter Manipulation und gedanklicher Beeinflussung bereitwillig zugelassen. In beiden Fällen werden persönliche Grenzen unrechtmäßig überschritten, und zwar von Menschen, die Macht im Leben des Einzelnen haben.«[10]

Einige Jahre später gelangte das Thema in den katholischen Diskurs im deutschsprachigen Raum, angestoßen und grundgelegt v. a. durch das Buch von Doris Reisinger (Wagner):

[9] Vgl. auch Fahey, Paul, The Place where you Stand is Holy Ground. Recognizing and Preventing Spiritual Abuse in the Catholic Church, 2022. Online: https://wherepeteris.com/resources/the-place-where-you-stand-is-holy-ground/ [29.03.2023].

[10] Tempelmann, Inge, Geistlicher Missbrauch. Auswege aus frommer Gewalt – Ein Handbuch für Betroffene und Berater, Holzgerlingen 6. Aufl. 2018, 22f.

»Spiritueller Missbrauch in der katholischen Kirche«.[11] Reisinger definiert darin spirituellen Missbrauch pointiert als »die Verletzung des spirituellen Selbstbestimmungsrechtes«[12] und differenziert drei Formen: Vernachlässigung, Manipulation und Gewalt. Die drei Formen sind nicht immer trennscharf zu unterscheiden; die Differenzierung ist allerdings enorm hilfreich, um spirituellen Missbrauch in seinem ganzen Spektrum erfassen zu können. Insbesondere seitdem die Gefahren in (Neuen) Geistlichen Gemeinschaften offenkundig geworden sind,[13] wird das Thema spiritueller Missbrauch in Deutschland breit rezipiert. Hannah Schulz, in ihrer eigenen Beratungspraxis mit vielen Fällen konfrontiert, schreibt 2019:

> »Geistlicher Missbrauch ist die andauernde Manipulation, Unterdrückung und Ausnutzung anderer ›im Namen Gottes‹, um sie für das Erreichen eigener Zwecke und Ziele gefügig zu machen. Dies geschieht durch ungesunde emotionale Abhängigkeiten und mentale Manipulationen, bei denen christliche Lehren, Werte und Begriffe entstellt

[11] Wagner, Doris, Spiritueller Missbrauch in der katholischen Kirche, Freiburg i. Br. 2019.

[12] Wagner, Spiritueller Missbrauch in der katholischen Kirche, 79. So auch Haslbeck, Barbara / Heyder, Regina / Leimgruber, Ute, Erzählen ist Widerstand. Zur Einführung, in: dies. u. a. (Hg.), Erzählen als Widerstand. Berichte über spirituellen und sexuellen Missbrauch an erwachsenen Frauen in der katholischen Kirche, Münster 2020, 13–24; hier: 17–23; de Lassus, Verheißung und Verrat, 219–230.

[13] U. a. durch Fälle wie bei L'Arche, wo es langjährige Übergriffe durch die Gründer der Gemeinschaft in Kombination von sexueller und spiritueller Gewalt gab: Granger, Bernard et al., Control and Abuse Investigation on Thomas Philippe, Jean Vanier and L'Arche (1950–2019), Study Commission mandated by L'Arche Internationale, Januar 2023; online: https://commissiondetude-jeanvanier.org/commissiondetudeindependante2023-empriseetabus/wp-content/uploads/2023/01/Report_Control-and-Abuse_EN.pdf [29.03.2023].

> werden, um sie zur Untermauerung der Machtansprüche einzusetzen.«[14]

Eine prägnante Beschreibung stammt von Klaus Mertes: Er sagte, geistlicher Missbrauch basiere auf einer tiefer liegenden Verwechslung von geistlichen Personen mit der Stimme Gottes[15] – eine Formulierung, die in ihrer Eindrücklichkeit viel Resonanz gefunden hat, die heute aber eher als Merkmal von bestimmten Formen spirituellen Missbrauchs und nicht mehr als eigenständige Definition gilt.

Ausdrücklich zu erwähnen sind für den katholischen Bereich noch zwei aktuelle Publikationen, die aus dem Französischen ins Deutsche übersetzt worden sind: Der Generalprior des Kartäuserordens Dysmas de Lassus schreibt in seinem Buch »Verheißung und Verrat« über geistlichen Missbrauch (»abuse spirituel«) in Ordensgemeinschaften und differenziert zwischen a) den Merkmalen und Ursachen des Missbrauchs und b) dem Kern, dem »Übel selbst«[16], den der Begriff eigentlich bezeichnet. Er nennt drei Achsen: Macht über das Gewissen erlangen, die Forderung nach völliger Selbstaufgabe und die geistliche Doktrin. Im Zusammenspiel dieser drei Achsen könne es schließlich so weit kommen, dass »Gott selbst als Missbrauchstäter wahrgenommen«[17] wird.

Die andere große Gruppe der missbrauchsgefährdeten Gemeinschaften nimmt Céline Hoyeau in ihrem Buch »Der Ver-

[14] Schulz, Hannah A., Perfide Konstrukte. Was ist geistlicher Missbrauch?, in: Herder Korrespondenz (2019), 36–38; hier: 38.

[15] Mertes, Klaus, Geistlicher Missbrauch. Theologische Anmerkungen, in: Stimmen der Zeit 2 (2019), 13–22.

[16] De Lassus, Verheißung und Verrat, 230.

[17] Ebd., 231.

rat der Seelenführer«[18] in den Blick: Neue Geistliche Gemeinschaften, die lange als die Zukunft der Kirche, als Garanten einer erfolgreichen Neuevangelisierung galten. Hier wird deutlich, dass es keine einfache Unterscheidung zwischen »ungefährlichen« und »gefährlichen« Orten und Täter*innen, Theologien und Gruppierungen gibt. Im Gegenteil: »diejenigen, die Generationen von Christ:innen inspiriert und erneuert haben, [sind] auch dieselben, die Missbrauch begangen haben«[19]; »[...] alle haben ihre spirituelle Macht, das ihnen entgegengebrachte Vertrauen und das Gewissen derer, die sie begleitet haben, missbraucht.«[20]

2 Definition: Spiritueller Missbrauch ist Verletzung des spirituellen Selbstbestimmungsrechts

In den in diesem Buch vorliegenden Berichten von Betroffenen spielen all die bisher genannten Merkmale eine Rolle: spirituelle Vernachlässigung und Manipulation; emotionale und psychische Abhängigkeiten; Täter*innen, die ihre Macht- und Autoritätspositionen benutzen, um andere zu kontrollieren oder zu unterwerfen; die Missbrauchsanfälligkeit von Theologien und der Rede von Gott; die Bandbreite der Schädigungen bei den Betroffenen. Der Missbrauch findet statt im Umfeld von Neuen Geistlichen Gemeinschaften ebenso wie in Orden, und es zeigt sich, dass spiritueller Missbrauch auch

[18] Hoyeau, Céline, Der Verrat der Seelenführer. Macht und Missbrauch in Neuen Geistlichen Gemeinschaften, hg. von Hildegund Keul, Freiburg i. Br. 2023. Franz. Orig.: Hoyeau, Céline, La trahison des pères. Emprise et abus des fondateurs de communautés nouvelles, Montrouge 2021.

[19] Ebd., 38.

[20] Ebd., 36.

jenseits geistlicher (Ordens-)Gemeinschaften verübt wird. Spiritueller Missbrauch ist ein enorm breites und hochkomplexes Phänomen. Und weil das Spektrum so weit ist, ist das Phänomen gerade in seinen Randbereichen verschwommen und schwer zu fassen.

In der Auseinandersetzung mit den Betroffenenberichten wird deutlich, dass die vielen – bereits in der Literatur erarbeiteten – Merkmale und Faktoren die Taten prägen und die enorme Tragweite des Phänomens erweisen. Definitionen, die möglichst alle Merkmale aufgreifen wollen, bringen allerdings unweigerlich blinde Flecke und Ausschlüsse mit sich. Auch deswegen plädieren wir hier für die Kurzdefinition *Spiritueller Missbrauch ist Verletzung des spirituellen Selbstbestimmungsrechts.* Dies kann das Geschehen am treffendsten umfassen und lässt gleichzeitig Raum für die vielfältigen Ausprägungen, die in Ergänzung dazu präzise beschrieben werden müssen.

2.1 Spiritueller oder geistlicher Missbrauch?

Im deutschen Sprachgebrauch sind v. a. zwei Begriffe geläufig: spiritueller Missbrauch und geistlicher Missbrauch. Als Herausgeberinnen verwenden wir den Begriff *spiritueller Missbrauch,* um das Gesamtphänomen zu bezeichnen und den Kern spirituellen Missbrauchs zu erfassen. Wir bevorzugen den Begriff *spirituell,* weil sein Bedeutungsspektrum insgesamt weiter als *geistlich* ist; es weist auf die gesamte Sinngebungs- und Lebensgestaltungskompetenz von Menschen hin; ›geistlich‹ konnotiert in einem engeren Sinn religiöse oder kirchliche Bezüge, auch liegt die Assoziation »Geistliche« als Tätergruppe nahe, was aus unserer Sicht vermieden werden sollte. Nicht zuletzt wird im Englischen von »spiritual abuse« bzw. im Französischen von »abuse spirituel« gesprochen.

2.2 Machtmissbrauch als Oberbegriff?

Häufig findet der Begriff geistlicher/spiritueller *Machtmissbrauch* als Oberbegriff für das gesamte Phänomen Verwendung.[21] Viele bevorzugen diesen Begriff, weil sie damit ausdrücken möchten, dass nicht die Menschen *miss*braucht werden (weil man sie ja auch nicht *ge*brauchen könne), sondern dass es die spirituelle oder geistliche Macht ist, die jemand in Ausübung seines Amtes, z.B. als geistlicher Begleiter, oder einer bestimmten Position, z.B. als Oberin, missbraucht. Und es scheint auf den ersten Blick durchaus logisch zu sein, auf den (unmoralischen) Missbrauch von Macht zu blicken. Warum es trotzdem nicht sinnvoll ist, generell von spirituellem Machtmissbrauch zu sprechen, liegt an der dahinter liegenden Fragestellung.[22] Denn anstatt zu fragen, was missbraucht wird, ist es zielführender und angemessener, nach den Personen zu fragen und danach, welche Rechte durch die Missbrauchstaten verletzt werden. Doris Reisinger trifft die weiterführende Unterscheidung zwischen »sachbezogenem und personenbezogenem Missbrauchsbegriff« und plädiert für ein personenbezogenes Verständnis, weil so verstandene Begriffe »betroffene Menschen als Träger*innen von Rechten ins Zentrum rücken. Sie tragen dem Umstand Rechnung, dass Missbrauch eine Verletzung dieser Rechte ist und nicht bloß

[21] Z.B. Kießling, Klaus, Geistlicher und sexueller Machtmissbrauch in der katholischen Kirche, Würzburg 2021.

[22] Vgl. zu dieser Fragestellung v.a. Reisinger, Missbrauch von Menschen oder Missbrauch von Macht?, 146f.

ein normwidriger Umgang mit einer Sache, bei dem zunächst offenbleibt, ob und wer dadurch gegebenenfalls zu Schaden gekommen ist – oder gar ›beteiligt‹ war und damit als ›mitschuldig‹ anzusehen wäre.«[23]

Ein personenbezogener Missbrauchsbegriff vermeidet nicht nur die Objektivierung der Geschädigten auf einer inhaltlichen Ebene, sondern ebenso, dass sie für das Erlittene in Regress genommen werden, denn: Opfer sind nicht schuldig (»Victims are not guilty!«[24]), wie es Samuel Fernández pointiert formuliert. Die Frage nach der Verantwortung und Schuld, die sie vermeintlich für die Taten der Täter*innen tragen, quält viele Betroffene oft ein Leben lang. In den vorliegenden Betroffenenberichten wird das immer wieder eine Rolle spielen. Doch Opfer spirituellen Missbrauchs sind keine Menschen, die an irgendeinem Punkt jemand anderen »verführt« haben oder sich selbst haben »verführen« lassen, obwohl sie eine andere Entscheidung hätten treffen können, obwohl sie die toxische Gemeinschaft hätten verlassen können – eine solche Argumentation verlagert eben (Teile der) Verantwortung für das teils jahrelange Leiden auf die Betroffenen. Deswegen sei es an dieser Stelle deutlich gesagt: Die Betroffenen des Missbrauchs tragen nicht die Verantwortung oder gar eine (Teil-)Schuld für das durch den Missbrauch Erlebte.

Selbstverständlich spielen Macht- und Amtsmissbrauch in vielen Fällen eine wichtige Rolle – aber sie sind auf der Seite des Tathergangs einzuordnen, nicht als Tatbeschreibung selbst. Spiritueller Missbrauch ist nicht automatisch gleichzu-

[23] Ebd., 149.

[24] Fernández, Samuel, Victims Are Not Guilty! Spiritual Abuse and Ecclesiastical Responsibility, in: Religions 13 (2022). DOI 10.3390/rel13050427.

setzen mit Machtmissbrauch, wird aber in vielen Fällen durch Machtmissbrauch verübt.

2.3 Missbrauch als Verletzung des Selbstbestimmungsrechts

Zurück zu der hier vertretenen Kurzdefinition. Analog zum Begriff des sexuellen Missbrauchs, bei dem das Recht auf sexuelle Selbstbestimmung verletzt wird, lässt sich spiritueller Missbrauch als Verletzung des spirituellen Selbstbestimmungsrechts oder »als ein gewaltsames Eindringen in die spirituelle Intimsphäre einer Person«[25] definieren. Dieses Buch legt eine große Bandbreite spirituellen Missbrauchs offen, doch bei allen geschilderten Vorfällen geht es immer um Selbstbestimmungsrechte hinsichtlich der (spirituellen) Sinn- und Lebensgestaltung, die verletzt worden sind. Es ist eine Besonderheit dieses Buches, die durch den Missbrauch verletzten Rechte auf spirituelle Selbstbestimmung der Betroffenen in den Mittelpunkt zu rücken. Diese Rechte bleiben, wenn die Fokussierung primär auf den Missbrauch von Spiritualität, eines pastoralen Amtes oder einer Machtposition vorgenommen wird, häufig unsichtbar.

Zusammenfassend kann gesagt werden: Ein personenbezogenes Verständnis bedeutet, dass spiritueller Missbrauch die Verletzung von spirituellen Selbstbestimmungsrechten ist. Dabei lassen sich Merkmale beobachten, die das Erscheinungsbild der Taten prägen, z. B. toxische Formen von Spiritualität oder die Ausnutzung von Ämtern oder Machtpositionen, manipulativer Gebrauch von bestimmten Bibelstellen oder eine gewalthaltige Rede von Gott.

[25] Reisinger, Missbrauch von Menschen oder Missbrauch von Macht?, 149.

3 Anliegen, Aufbau und Konzeption des Buches

Im vorliegenden Band erzählen Betroffene von unterschiedlichen Ausprägungen spirituellen Missbrauchs – und wie sie damit weiterleben konnten. Von der o. g. Basis eines personenbezogenen Missbrauchsbegriffs herkommend werden Anbahnung und Ausführung, Tatmerkmale, Mechanismen, Konstellationen und Gewaltausprägungen deutlich, wie spiritueller Missbrauch angebahnt und ausgeübt wird. 18 Frauen haben in ihren eigenen Worten das Erlebte niedergeschrieben; wir Herausgeberinnen haben die Texte anschließend redigiert. Die Pseudonyme wurden von den Frauen selbst gewählt. Orte, Namen von Gemeinschaften und weiteren Personen wurden unkenntlich gemacht bzw. durch Pseudonyme ersetzt.

Die Berichte dieses Buches schildern das Erleben von Frauen, die spirituellen Missbrauch ohne Verknüpfung mit sexuellem Missbrauch erfahren haben. Die Veröffentlichungen der letzten Jahre zeigen, dass ein enger Zusammenhang zwischen spirituellem und sexuellem Missbrauch besteht. Gleichzeitig gibt es auch spirituellen Missbrauch, der nicht den sexuellen Missbrauch anbahnt und begleitet. Diesen aus der Perspektive betroffener Frauen nachvollziehbar zu machen, ist das spezifische Anliegen dieses Buches. Derzeit liegt keine vergleichbare Sammlung vor. Wir vier Herausgeberinnen stehen in unterschiedlichen beruflichen Kontexten, in denen Menschen auf uns zukamen und ihre Texte an uns weitergaben. Mit einer Ausnahme kommen alle Berichte aus dem Bereich der katholischen Kirche.

Der Aufbau dieses Buches bildet zentrale Unterschiede im Blick auf die Tathergänge, Tatmerkmale und ihre Ausprägungen ab. Die Betroffenenberichte lassen sich in zwei große Bereiche teilen (dass im vorliegenden Buch beide Cluster gleich groß sind, ist Zufall – es braucht weitere Studien, um die jeweiligen Formen spirituellen Missbrauchs detaillierter beschreiben und quantifizieren zu können). In einem ersten großen Block versammeln sich Fälle spirituellen Missbrauchs, die wir unter dem Merkmal der *spirituellen Gewalt* fassen – zentral dafür sind Manipulation und Gewalt im Glaubenssystem. Der Begriff der Gewalt umfasst dabei Handlungen und soziale Zusammenhänge, in denen oder vermittels derer Menschen einer beeinflussenden und zumeist schädigenden Wirkung ausgesetzt sind. Im zweiten Block sind es Texte unter dem Merkmal der *spiritualisierten Machtausübung* – sie beschreiben spirituellen Missbrauch im Umfeld von »dark leadership«, vorwiegend im Ordensbereich; die Täter*innen agieren destruktiv aus ihrer Leitungsposition heraus, viele haben narzisstische Züge. Nun ist diese Unterscheidung zweifellos eine analytische; manche Erfahrungen und Schädigungen ähneln sich in den beiden Bereichen, es gibt Überschneidungen, und dennoch hilft diese Differenzierung zwischen den Merkmalen der *spirituellen Gewalt* und der *spiritualisierten Machtausübung* dabei, grundlegend verschiedene Dimensionen spirituellen Missbrauchs aufzudecken und zu verstehen.

3.1 Berichte / Teil 1: Spirituelle Gewalt

Das Kapitel zu *spiritueller Gewalt* ist zweigeteilt. Er beginnt mit sechs Berichten von Betroffenen, die in geschlossenen Gemeinschaften geschädigt wurden, einige davon Neue Geistliche Gemeinschaften. *Anna Reichmuth* beschreibt in ihrem Text, wie sie sich jahrelang einer charismatischen Laienbewegung untergeordnet hat, um dem Ziel der Gruppe – Missionierung – zu dienen. Mit *Jule Sandemann* schreibt eine Frau, deren ungestillter spiritueller Hunger sie in eine Neue Geistliche

Gemeinschaft getrieben hat, an deren Elite- und Leistungsdenken sie beinahe kaputtgegangen wäre. Welche spalterischen Auswirkungen solche elitären Gemeinschaften auf parochialer Gemeindeebene haben können, schildert *Annika Jonas.* Von einer besonders markanten Ausprägung spiritueller Unterdrückung berichtet *Michaela Mack,* die 23 Jahre in einer ›totalen‹ Gemeinschaft verbracht hat, dort einem ausbeuterischen Seelenführer gefolgt ist und dabei Gesundheit und Leben riskiert hat. *Cäcilia Görtz* und *Regina Diem* erzählen davon, was es bedeutet, als Kind in einer sektenartigen Gruppe aufzuwachsen, in der Spiritualität als Waffe zur Disziplinierung der Mitglieder eingesetzt wird.

Die darauf folgenden drei Berichte schildern spirituelle Manipulationen und Schädigungen, die – außerhalb von festen geistlichen Gruppen – durch einzelne geistliche Begleiter begangen worden sind. *Elaia Merced* wurde von einem Pater, den sie als Studentin in einer Gemeinde kennengelernt hatte, wie von einer Spinne im Netz gefangengenommen; seine Stimme hat schließlich ihre gesamte Weltdeutung gekapert. In der Jugendgruppe ihrer Heimatgemeinde traf *Victoria Gabriel* den späteren Täter, der sie in einer jahrelangen Beichtabhängigkeit geistlich kontaminiert hat. *Romy Nanuk* fand sich nach einer ersten euphorischen Phase des Beziehungsaufbaus in einer spirituell toxischen, manipulativen und gewaltförmigen Beziehung zu einem Pater wieder, mit schlimmen Konsequenzen bis in die Suizidalität.

3.2 Berichte / Teil 2: Spiritualisierte Machtausübung

Im Kapitel zu *spiritualisierter Machtausübung* sind alle Autorinnen (ehemalige) Ordensfrauen; der in diesem Teil beschriebene Missbrauch hat ausnahmslos in Ordensgemeinschaften stattgefunden. Auch dieser Abschnitt ist zweigeteilt. Im ersten Teil berichten fünf Frauen von Konflikten in ihren Ordensgemeinschaften, meist mit narzisstischen Führungspersönlichkeiten, die die Konflikte unter spirituelle Vorzeichen gestellt haben. *Salome Kühne* beschreibt, wie eine charismatische Oberin ihrer Ursprungsgemeinschaft eine neue Gemeinschaft gründete; sie selbst wechselte in diese neue Gemeinschaft und erlebte dort Schikanen durch die Gründerin. Erst ein körperlicher Zusammenbruch ermöglichte ihr den Ausstieg. *Gertrud Joseph* lebte über 20 Jahre in einer Missionsgemeinschaft, wo sie sich in einer Konkurrenzsituation mit der Leiterin wiederfand. Nachdem sie als psychisch krank stigmatisiert wurde, verließ sie den Orden. Bereits im Noviziat in einem kontemplativen Orden erfuhr *Marietta Klein* die spirituelle Verbrämung aller Vorgänge und Entscheidungen im Klosterleben. Die spirituelle und emotionale Abhängigkeit von einer charismatischen Vorgesetzten schildert auch *Veronika Nowak,* die nach Jahren in einem Klima der Angst einen Burnout erlitt und daraufhin das Kloster verlassen hat. *Sr. Teresa Jakobs* ist die einzige Autorin in diesem Abschnitt, die trotz ihrer Missbrauchserfahrungen im Orden geblieben ist.

In einem zweiten Cluster zu spiritualisierter Machtausübung stehen Texte über systemische Verstrickungen und Frauen in ›totalen Institutionen‹. *Elisabeth Eicher* beschreibt detailliert Merkmale von spiritualisiertem Unterordnungszwang bei gleichzeitiger »spiritueller Mangelernährung«; erst nach dem Austritt aus dem Orden fand sie Gott wieder. Die Geschichte von *Felizitas Veith* ist die Geschichte einer verlorenen spirituellen Leidenschaft, die einer elitären Gemeinschaft und dem in ihr herrschenden Leistungsdruck zum Opfer gefallen ist. Ein spezifisches Missbrauchsphänomen v. a. in Ordensgemeinschaften ist die Instrumentalisierung von Gehorsam zur Einschränkung der Freiheit von anderen Menschen; hiervon handelt der Bericht von *Sr. Maria Kurg*. Der letzte in der Reihe der eingesandten Berichte stammt von *Charlotte Schröder*. Sie erlebte in ihrer Ordensgemeinschaft übertriebene Uniformierung und den Zwang zur Aufgabe des Selbst. Im Anschluss steht in diesem Abschnitt noch ein Gespräch mit *Majella Lenzen*, die – im Alter von 85 Jahren – mit Regina Nagel und Sr. Philippa Rath über ihre Erfahrungen mit spirituellem Missbrauch in beinahe einem halben Jahrhundert Ordensleben gesprochen hat.

3.3 Reflexionen von Verantwortungsträgerinnen

Nach den Betroffenenberichten folgt ein Abschnitt mit reflektierenden Texten von Verantwortungsträgerinnen, überwiegend aus dem Ordensbereich. *Carmen Tatschmurat* fragt, welche Anregungen der Begriff der »totalen Institution« nach Erving Goffman für Ordensgemeinschaften heute geben kann. *Franziska Mitterer* erörtert den aktuellen kirchenrechtlichen und praktischen Umgang mit Ordensgehorsam. In einem Gespräch mit Barbara Haslbeck reflektiert *Petra Articus* die Herausforderungen, die die Thematik spiritueller Missbrauch an eine Äbtissin stellt. Auch *Ruth Schönenberger* gibt Einblick in die Praxiserfahrungen als Leitungsverantwortliche eines Klosters. Einen Fokus auf die Berufsgruppe der Gemeindereferent*innen ermöglicht *Regina Nagel*, die in einer großen Umfrage Erlebnisse von Gemeindereferent*innen mit spirituellem Missbrauch sammelte und einige zentrale Ergebnisse dieser Befragung vorstellt. Schließlich diskutiert *Philippa Rath* die Gefahr der hohen Ideale im Ordensleben.

Eine Übersicht mit Hilfeadressen und Informationen für Betroffene und deren Begleiter*innen schließt das Buch ab.

3.4 Spezifische Konstellationen der Taten und Systeme

Die Identifizierung der Täter*innen und damit auch der Verantwortung ist im Fall von spirituellem Missbrauch ein hochkomplexes Geschehen. Bestimmte Tätertypen zu identifizieren ist problematisch; stattdessen müssen systemische und theologische, auch geschlechtsspezifische Faktoren in den Blick genommen werden. Regina Heyder begründet dies damit, dass »(potenzielle) Täter keine eindeutig bestimmbare Gruppe«[26] sind und schlägt in Anlehnung an die MHG-Studie vor, Risikokonstellationen und Merkmalsprofile zu analysieren. Zu dieser Analyse gehört, die jeweiligen Taten und ihre Kontexte systemisch in den Blick zu nehmen. Die beiden Cluster in diesem Buch weisen je eigene Aspekte auf, die sich zu »Konstellationen oder Merkmalsmustern« verdichten lassen.

Im ersten Abschnitt zu »spiritueller Gewalt« ist häufig der ideologische, emotionale und soziale Gesamtkomplex, in dem sich Täter*innen und Betroffene bewegen, vulnerant. Beispielhaft deutlich wird dies in den Berichten von Jule Sandemann oder Michaela Mack. Jule Sandemann beschreibt – aus der kritisch distanzierten Retrospektive – »das lebensumspannende Programm, das sich ›Spiritualität‹ nannte«: »Ich ging der fein installierten Ideologie auf den Leim. Das Abscheulichste für mich ist heute, dass alle Grenzüberschreitungen immer mit der Liebe zu Gott und dem Wunsch nach tieferer Bekehrung bemäntelt wurden. Vermutlich glaubten die Leiter und Leiterinnen selbst daran, doch auf der anderen Seite hät-

[26] Vgl. Heyder, Regina, Autorität, Macht und Missbrauch. Risikokonstellationen, Täterstrategien und systemische Ursachen des Missbrauchs in autobiografischen Berichten von betroffenen Frauen, in: Dessoy, Valentin/Klasvogt, Peter/Knop, Julia (Hg.), Riskierte Berufung – ambitionierter Beruf. Priester sein in einer Kirche des Übergangs, Freiburg i. Br. 2022, 168–183; hier: 178.

ten sie merken müssen, wie viel Leid und Tränen sie den jungen Menschen immer wieder bereiteten.«

Spirituelle Gewalt findet dann statt, wenn Täter*innen absichtsvoll in die spirituelle Intimität der betroffenen Personen eingreifen, gegen deren Willen ihre spirituelle Autonomie und Freiheit begrenzen, die Gewissensstärke irritieren und manipulieren und die Schädigungen mindestens billigend in Kauf nehmen. Michaela Mack schreibt: »In den folgenden Jahren [...] verschlechterte sich mein Gesundheitszustand. [...] Eine große innere Schwere machte sich in mir breit. Die Oberen rügten mich immer wieder, ich kreise zu viel um mich selbst, und ermahnten mich, meine Krankheit aufzuopfern.«

Besonders Neue Geistliche Gemeinschaften erscheinen dabei als Orte, an denen spirituelle Gewalt zum Programm gehört; sie ist gewissermaßen der Baustoff, aus dem die Glaubensgebäude gezimmert werden. Gewalt als Verletzung der spirituellen wie auch der körperlichen Integrität kann aber auch jenseits von geistlichen Gemeinschaften geschehen. Hier sind es ›Einzeltäter‹, die zumeist strategisch vorgehen und ihre Opfer in eine gewaltvolle, toxische Zweierbeziehung verwickeln. Romy Nanuk wurde Opfer eines Priesters, der sie in eine starke emotionale und spirituelle Abhängigkeit gebracht hat und mit einem gewaltvollen spirituellen Drohszenario traumatisierte: »Bei gemeinsamen Gebeten fuchtelte er oft mit einem großen Kreuz über mir oder um mich herum. Er hatte eigens einen Koffer mit irgendwelchen Teilen, Kreuze und andere Dinge. Bei diesen Handlungen bekam ich Ängste, Ängste und nochmal Ängste! [...] Ängste, immer mehr Ängste bauten sich auf, Panikattacken, monatelang Weinkrämpfe, Therapie, sedierende Medikamente, Klinik. Autoaggressionen, ich schlug mich selbst. Ich war suizidal.«

Die Unterscheidung zwischen den Konstellationen im Abschnitt »spirituelle Gewalt« und denen im Abschnitt »spiritualisierte Machtausübung« ist enorm wichtig. Es ist zwar nicht so, dass die Täter*innen in Letzterer nicht auch gewaltvoll handeln – das Bild Marietta Kleins von sich selbst mit Striemen am Rücken lässt Gewalt als absichtsvolle Verletzung von Körpern gegen den Willen der Person[27] offenkundig erscheinen –, doch gibt es einen signifikanten Unterschied, der auch in der Bewertung von spirituellem Missbrauch insgesamt von Bedeutung ist. Machtpositionen und Konflikte zwischen Personen spielen hier eine Rolle. Häufig wird erst im Fall eines Konflikts Spiritualität gewalttätig eingesetzt, zum Teil auch nur den Personen gegenüber, mit denen der Konflikt besteht. Im Gegensatz zu einigen Neuen Geistlichen Gemeinschaften, bei denen die spirituelle Vulneranz in der DNA der Gruppen angelegt ist und die Täter*innen nicht zum eigenen Vorteil spirituellen Missbrauch begehen, fällt auf, dass bei Missbrauch in den traditionellen Orden und Klöstern die ordensspezifische Spiritualität nicht schon in sich die Unterwerfung oder dualistische Abwertung beinhaltet, sondern von Täter*innen instrumentalisiert, verdreht oder zum Vorteil der einen Konfliktpartei eingesetzt wird. Im Abschnitt »spiritualisierte Machtausübung« berichten Ordensfrauen von narzisstischen Oberinnen bzw. Leitungsfiguren, die die verletzenden Missbrauchshandlungen z. B. unter dem Stichwort des »Gehorsams« verschleiern. Häufig erscheint Missbrauch in diesem Kapitel im Kontext religiöser Codierung von »dark leadership«. Ordensgemeinschaften bieten einen Nährboden für spirituellen Missbrauch, da die »Werte« – neben den evan-

[27] Vgl. Koloma Beck, Teresa / Schlichte, Klaus, Theorien der Gewalt zur Einführung, Hamburg 2014, 36.

gelischen Räten Armut, Keuschheit und Gehorsam auch Gebet, Hingabe, die ›Unterscheidung der Geister‹ o. Ä. – zu Waffen umfunktioniert werden können.[28] Die Täter*innen treten dann im Empfinden zurück, Gott wird als Missbrauchstäter wahrgenommen.[29] Bei Marietta Klein führte das schließlich dazu, dass »sich in mir ein Gottesbild entwickelte, in dem Gott mich straft, um mich zu erziehen. Ein Gebet aus dieser Zeit: Ich spüre / die Striemen Deiner Peitsche, Herr, / auf meinem Rücken.« Am Ende ihres Berichts reflektiert sie über den Missbrauch von Leitungspersonen: »Schlechte Vorgesetzte kann man überall finden, innerhalb wie außerhalb eines Klosters oder der Kirche. Spiritueller Missbrauch beginnt für mich dort, wo alles spirituell gedeutet und verbrämt wird. Wo die Oberin sich zwischen die Seele und Gott stellt, weil sie glaubt zu wissen, was Gott will.«

Warum ist der genaue Blick auf Konstellationen wichtig?

Was als Missbrauch verstanden wird, ist nicht nur eine wissenschaftliche Frage, sondern immer auch eine soziale. Gerade ältere Ordensfrauen kämpfen häufig damit, dass das, was sie in ihren frühen Jahren erlebt haben, heute als missbräuchlich verstanden wird.[30] Insofern ist es enorm wichtig, Menschen Deutungswerkzeuge zur Verfügung zu stellen. Missbrauchsforschung schmiedet diese Werkzeuge, indem sie die

[28] Zur Vulneranz theologischer Begriffe, die vornehmlich positiv bestimmt sind, vgl. Keul, Hildegund, Einleitung: Missbrauch und Vertuschung in Neuen Geistlichen Gemeinschaften – warum sich der Blick nach Frankreich lohnt, in: Hoyeau, Céline, Der Verrat der Seelenführer. Macht und Missbrauch in Neuen Geistlichen Gemeinschaften, hg. von Hildegund Keul, Freiburg i. Br. 2023, 9–32; hier: 24.

[29] Vgl. de Lassus, Verheißung und Verrat, 231.

[30] Vgl. in diesem Band: Rath, Philippa: Von hohen Idealen und großen Gefahren, 290–298.

verletzenden Handlungen, Muster und Strukturen kenntlich macht. Hierzu gehört auch die Frage, inwiefern und unter welchen Umständen religiöse Phänomene, gelebte Religion und spirituelle Praktiken, z. B. in der Sakramentenpastoral oder im Ordensleben, aus heutiger Sicht und unter Einbeziehung der Schädigungen bei den Opfern als gewalthaltig und vulnerant bezeichnet werden können. Gerade im ersten Abschnitt finden sich die Frauen in Verhältnissen wieder, die sie per se an der Entfaltung der in ihnen angelegten Potenziale behindern und ihre innere Freiheit systematisch begrenzen, d. h. gewalttätig sind.[31] Die spirituellen Welten, in denen sich die Frauen bewegen, die Glaubenssysteme und Denkgebäude bedeuten eine so starke Vulneranz – Regina Diem nennt es eine »geistliche Hölle« –, dass diese Phänomene und Konstellationen gesondert betrachtet werden müssen. Diese charismatischen Gruppierungen weisen sektenartige Züge auf, und es ist kaum möglich, einzelne Täter*innen eindeutig zu identifizieren. Mehrfach ist es die ganze Gruppe oder ein Teil der Gemeinschaft, von wo die Missbrauchshandlungen ausgehen. Dies führt sogar so weit, dass die Betroffenen selbst bei sich eine Mittäterschaft erkennen, da sie ja wie alle anderen Hochidentifizierten Teil des gewaltvoll-missbrauchenden Systems waren. Jule Sandemann schreibt: »Ich sah auch meine eigene Verstrickung. Wie vielen Jugendlichen hatte ich denselben Druck weitergegeben und das Gefühl vermittelt, dass sie keine echten Katholiken waren?« Man handelt als Mitglied der Gemeinschaft letztlich selbst missbrauchend, denn entweder man macht mit oder man verlässt die Gemeinschaft – doch dieses ist kaum möglich und für viele nicht einmal denkbar.

[31] Vgl. dazu auch Galtung, Johan, Strukturelle Gewalt. Beiträge zur Friedens- und Konfliktforschung, Reinbek 1988.

Bei Cäcilia Görtz ist es sogar die eigene Mutter, die nach »geistlichen Begleitungen/Gesprächen [...] oft [...] völlig unberechenbar hart und unnahbar [reagierte]«.

Michaela Mack lebte über Jahre in einer Gemeinschaft, in der die Generaloberen die Spiritualität der gesamten Gemeinschaft und das komplette Tun und Denken beherrschten: »Er sagte, wenn wir eine Wand sähen, die weiß sei, er sage uns aber, die Wand sei schwarz, dann müssten wir glauben, dass diese schwarz sei. [...] Die besondere Begnadung des Oberen wurde zum einzigen Richtpfeiler, an dem sich alle orientierten.« Die theologische Überhöhung einer Gründungsgestalt führt dann dazu, dass alle Entscheidungen durch den unmittelbar erkennbaren Willen Gottes bzw. den Heiligen Geist legitimiert werden. Regina Heyder resümiert: »Verantwortliche kompensieren durch fromme Legitimation ihr autoritäres Durchregieren. Sie verschleiern so, dass der Wille Gottes nie eindeutig und in einer Gemeinschaft nie einheitlich erkannt wird.«[32] Blickt man auf die ›Einzeltäter‹, d. h. Priester, die sich ihre ›Opfer‹ auswählen und in teils langjährigen Prozessen in sog. ›geistlicher Begleitung‹ spirituell, psychisch und emotional abhängig machen, erkennt man das, was Regina Heyder als »professionelle Täterstrategie«[33] im Kontext der römisch-katholischen Kirche bezeichnet. Romy Nanuk schildert den ersten Schritt, den der Täter in ihrer Geschichte setzt: »Wir kannten uns oberflächlich [...]. Irgendwann abends um 21:25 Uhr kam der erste Anruf: ›Ich dachte, ich rufe mal die Frau N. N. an. Wie geht es Ihnen?‹ Ich? Mir? Von ihm? Dem

[32] Heyder, Regina: Spiritueller Missbrauch – Spirituelle Selbstbestimmung. Beitrag des AK Aufarbeitung bei der ZdK-Vollversammlung am 10. Dezember 2022. Online: www.zdk.de/veroeffentlichungen/reden-und-beitraege/detail/Spiritueller-Missbrauch-Spirituelle-Selbstbestimmung-470a/ [29.03.2023].
[33] Ebd.

Priester, dem viele Menschen zu Füßen liegen, den so viele anhimmeln? Von dem, der so viel zu Vorträgen unterwegs ist, der im Radio spricht, zu dem von überall her die Menschen kommen? Von dem bekam ich einen Anruf!« Nach anfänglicher Skepsis lässt sie sich auf ihn ein und kommt »immer mehr in seinen Bann«. Darin liegt eines der Hauptmerkmale in Fällen von Missbrauch durch spiritualisierte Gewalt: Gerade in charismatischen oder evangelikalen Gruppen, bei Gurus und ›Seelenfängern‹ sind die Betroffenen wie gebannt von den faszinierenden Personen und der häufig überschwänglichen Glaubensbegeisterung in den Gruppen. Im zweiten Abschnitt hingegen sind es in der Mehrzahl der Fälle Ordensberufungen,[34] die in den konkreten Gemeinschaften oder in Konfrontation mit konkreten Personen durch spirituellen Missbrauch an ihre Grenzen kommen – hier sind weniger Groomingstrategien oder das gezielte Benutzen von vulnerablen Situationen zu beobachten.

Die Berichte beider Abschnitte verdeutlichen die spezifischen Risikostrukturen, deren Erkenntnis in mehreren Hinsichten hilfreich sind. Zum einen können Betroffene nachvollziehen, weshalb sie geschädigt wurden, indem sie den »Stoff« erkennen können, mit dem sie abhängig gemacht und manipuliert wurden. Zum anderen schließen sich Konsequenzen für die Prävention von spirituellem Missbrauch an. Die Verletzungsbedingungen spiritueller Gewalt und spiritueller Machtausübung zu beschreiben, dient den Betroffenen und der Verhinderung weiterer Schäden.

[34] Vgl. zum Thema Berufungsmissbrauch: Heyder, Regina, »… da Sie versprochen haben, dem Weg zu folgen, den ich Ihnen zeigen werde«. Berufungsklärung als vulnerable Lebensphase, in: Lebendige Seelsorge 74 (3/2023), 191–195.

4 Merkmale und Muster spirituellen Missbrauchs

Jeder der Berichte in diesem Buch schildert sehr individuelle Erfahrungen, die zur ganz persönlichen Lebensgeschichte einer Person gehören. Die Autorinnen haben oft um jedes Wort gerungen, um ihr Erleben auszudrücken und anderen zugänglich zu machen. Die Lektüre der Berichte zeigt gleichzeitig, dass es in den Schilderungen der Frauen verblüffende Parallelen gibt, die über die eben beschriebenen Tat-Täter*innen-Konstellationen der vorgenommenen Gruppierung (spirituelle Gewalt – spiritualisierte Machtausübung) hinausgehen. Es lassen sich Merkmale und Muster spirituellen Missbrauchs ableiten, die die Faktoren der bereits vorliegenden Definitionen (Oakley, Reisinger, Schulz usw.) bestätigen und fortführen.

Im Folgenden werden zwölf Thesen zu Merkmalen und Mustern spirituellen Missbrauchs formuliert.[35] Nicht auf jeden Bericht treffen alle dieser Muster zu. Ihre Identifizierung dient der Sensibilisierung für die Gefährdungssituationen und Folgen des Missbrauchs. Deren Reflexion wiederum kann dazu beitragen, spirituellen Missbrauch zu erkennen, Betroffene adäquat zu unterstützen und präventive Maßnahmen zu initiieren.[36]

[35] Vgl. die wissenschaftliche Fortführung dieses Bandes in: Leimgruber, Ute/Haslbeck, Barbara (Hg.), Geistlichen Missbrauch verstehen. Wissenschaftliche Essays zu Selbstverlust und Gottentfremdung, Ostfildern 2024.

[36] Weiterführend: Schulz, Hannah A., Verstehen, was passiert ist. Ignatianische Hilfe für Erkennen und Überwinden von Geistlichem Missbrauch, Würzburg 2022; Butenkemper, Stephanie, Toxische Gemeinschaften. Geistlichen und emotionalen Missbrauch erkennen, verhindern und heilen, Freiburg i. Br. 2023.

Zwölf Merkmale und Muster im Überblick

1. Spiritueller Missbrauch geschieht durch Missbrauch von Macht.
2. Täter*innen nutzen die besondere Sehnsucht einer Person nach einem geistlichen Leben oder krisenhafte Situationen von Menschen aus.
3. Leitungspersonen werden als (göttlich legitimierte) Autoritätspersonen eingeordnet und geben vor, an der Stelle Gottes zu sprechen oder zu handeln.
4. Die Manipulation findet mithilfe spiritueller und theologischer Inhalte statt.
5. Der Missbrauch geschieht in einem dualistischen System, in dem sich die Akteur*innen in einer elitären Gegenwelt verorten.
6. Rollenunklarheit und fehlende Rollentrennungen der Akteur*innen erhöhen die Gefährdung für spirituellen Missbrauch.
7. Betroffene erleben sich unter Leistungsdruck und schildern eine Atmosphäre der Angst.
8. Spiritueller Missbrauch führt zur Isolierung der Betroffenen von Familie und Freundeskreis und auch innerhalb der Glaubensgemeinschaft.
9. Betroffene erfahren den Verlust der eigenen Wahrnehmung und werden in ihrem Selbstwertgefühl im Innersten demontiert.
10. Die Schädigung durch spirituellen Missbrauch kann alle Lebensbereiche betreffen, etwa den psychischen, medizinischen, spirituellen, sozialen und finanziellen.
11. Betroffene erleben eine Entfremdung im Glauben, die existenziell verunsichert.
12. Betroffene haben Ressourcen, die sie durch eigene Reflexion und durch Impulse von außen aktivieren können.

1. Spiritueller Missbrauch geschieht durch Missbrauch von Macht.

Wie bereits erwähnt, ist Machtmissbrauch nicht der spirituelle Missbrauch selbst, er ist dessen Merkmal. Täter*innen gebrauchen ihre Autorität in geistlicher oder institutioneller Hinsicht, um eine Person zu beeinflussen, abhängig zu machen oder um ihre eigenen Bedürfnisse zu erfüllen. In alltäglichen Dingen des Lebens nutzen Täter*innen ihre Rolle, um Unterordnung zu erzwingen, wie es Salome Kühn im Kontakt zu ihrer Oberin erlebt: »Ich musste vor dem Einkauf jeweils niederknien, um um den notwendigen Betrag und den Segen zu bitten.« Die Oberin bezeichnete sich Kühn gegenüber als »Waschmaschine«, die sie reinigen müsse. Durch die Vermischung mit spirituellen Elementen wird es für die betroffene Person besonders schwer, den Missbrauch der Autorität bzw. des Amtes als solchen zu erkennen. Veronika Nowak beschreibt, wie sie sowohl im Schriftgespräch als auch in persönlichen Angelegenheiten kontrolliert wurde. »Jede Woche hatte ich mit Schwester Margaretha ein Schriftgespräch über das Tagesevangelium. Sie deutete die Texte, und es gelang ihr regelmäßig, mir anhand der Bibelstellen meine ›Verfehlungen‹ aufzuzeigen. Sie kontrollierte mein Zimmer und zählte wie bei einem Kleinkind bis drei, als ich noch rasch etwas wegräumen wollte [...]. Meine Bitte, einen neuen Unterrock zu bekommen, weil meiner am Gummiband verschlissen war, wies sie ab.« Der Missbrauch der Macht führt für die betroffene Person zur Erfahrung, ohnmächtig, isoliert und erniedrigt zu sein. In einigen Berichten wird deutlich, dass bei den Täter*innen narzisstische Motive dazu führen, die eigene Macht missbräuchlich zu nutzen.

2. Täter*innen nutzen die besondere Sehnsucht einer Person nach einem geistlichen Leben oder krisenhafte Situationen von Menschen aus.

Die Berichte schildern die Erwartungen der Frauen, die sich nach einem vertieften Glauben sehnen, die nach spiritueller Orientierung suchen und bereit sind, ihrem Leben eine besondere Intensität im Glauben zu geben. Die damit verbundene Offenheit macht sie besonders verletzbar.[37] Jule Sandemann schreibt von ihrem spirituellen »Hunger«, der sie in die geistliche Gemeinschaft führte, und erkennt: Ihr »Mangel an Wissen über dysfunktionale Gruppen oder manipulative Leiter in Kombination mit dem geistlichen Ausgehungertsein ergab die gefährliche Mischung.«

Auch Frauen, die frühere schwierige Erfahrungen mitbringen und deren psychisches Immunsystem dadurch geschwächt ist, können von manipulativen Personen leicht instrumentalisiert werden. Elaia Merced benennt einige Faktoren, die sie besonders vulnerabel machten: »jung, engagiert und idealistisch zu sein, sehr am Glauben interessiert und auf der Suche zu sein, früher schon von Formen von Manipulation oder Missbrauch betroffen. Ich bin sicher, dass meine biografischen Muster zu dem, wie der Kontakt mit dem Pater sich entwickelt hat, ihren Teil beigetragen haben.«

Wenn hier der Blick den geschädigten Frauen gilt, ist erneut wichtig zu betonen, dass damit nicht bei ihnen das Problem gesucht werden soll. Die Frauen machen nichts »falsch«,

[37] Hildegund Keul beschreibt die erhöhte Vulnerabilität, die durch eine sog. »Herzensöffnung« gegenüber einer geistlichen Begleitung entsteht; vgl. Keul, Einleitung: Missbrauch und Vertuschung in Neuen Geistlichen Gemeinschaften, 17.

nicht sie verursachen den Missbrauch. Es sind die Täter*innen und ihre Systeme, die mit ihrer Vulneranz auf besonders verletzbare Menschen treffen und dabei nicht professionell mit ihrer Rolle umgehen. Sie reflektieren nicht die Verantwortung, die sie aufgrund ihrer Autorität haben. Hinzu kommen sog. »Guru-Phänomene«: Geistliche Leiter*innen inszenieren ihr Wissen und benutzen ihr Charisma, um Menschen an sich zu binden. Drastisch beschreibt das Romy Nanuk: »Ich habe Zeit und Raum vergessen für diesen Priester. [...] Ein unbeschreibliches Hochgefühl. ›Wir sind ein Dream-Team, ein Erlöserteam‹, schrieb er. [...] Er gab mir das Gefühl, das ich noch nie in meinem Leben gehabt hatte: etwas ganz Besonderes zu sein. [...] Ich dachte, dieser Priester ist für mich der Himmel auf Erden. Endlich kommt die Ernte nach all den Jahren des Missbrauchs.« Dass Nanuk damit vom Regen in die Traufe kam und sie erneut missbraucht werden würde, zeigt der Bericht im weiteren Verlauf.

3. Leitungspersonen werden als (göttlich legitimierte) Autoritätspersonen eingeordnet und geben vor, an der Stelle Gottes zu sprechen oder zu handeln.

Die in Gemeinschaften notwendigen Leitungsrollen werden spirituell aufgeladen. Das Amt ist nicht mehr funktional bestimmt; stattdessen erscheint die Person als Stellvertretung Gottes. Elisabeth Eicher wird damit konfrontiert: »Sie (die Regionalleiterin) erklärte mir, dass ich nicht religiös sei. Nachdem ich einmal geschluckt hatte, fragte ich nach, woran sie das festmachen würde. Sie erklärte mir: ›Weil du hinter der Generalleiterin nicht den lieben Gott siehst.‹« Leitungspersonen wird eine besondere Gottesnähe zugesprochen, wie es etwa Charlotte Schröder beobachtet: »Es schien, als ob die Priorin und die Gemeinschaftsleitung in der Regel genau über den Willen Gottes Bescheid wussten«. Auch die jugendliche Cäcilia Görtz lernt bereits früh: »Die richtige Antwort des lieben ›Herrgotts‹ wusste natürlich ein Mitglied der Gemeinschaft am besten. Sie hatten quasi durch die Gemeinschaft eine bessere Verbindung zu Gott.«

In einigen Fällen entsteht der Eindruck, als würden spirituelle Führungspersonen an der Stelle Gottes sprechen oder handeln. Diese theologisch unhaltbare Konstruktion gibt zunächst Orientierung und Sicherheit, wie es Michaela Mack erhofft: »Mir wurde nahegelegt, den Oberen der Gemeinschaft als Seelenführer zu wählen, wie dies fast alle Schwestern tun würden. Über ihn hörte ich, dass er innere Ansprachen von Gott habe, durch die er die Mitglieder der Gemeinschaft leite. Ich verband damit die Hoffnung, immer exakt den Willen Gottes für mich erfahren zu dürfen, wie es auch von den Oberen propagiert wurde.«

4. Die Manipulation findet mithilfe spiritueller und theologischer Inhalte statt.

In den Berichten finden sich spirituelle und theologische Begründungsmuster, die die Manipulation flankieren und ermöglichen. Dazu gehören Themen wie Gehorsam, Keuschheit oder aufopferndes Leiden. Diese stellen nicht an sich den spirituellen Missbrauch dar, sondern sie werden durch Vereinseitigung und fehlende Kontextualisierung zu Vehikeln des spirituellen Missbrauchs. Sie schaffen einen Rahmen, der den Missbrauch ermöglicht und vertieft.

In den Berichten der Ordensfrauen spielt das Thema Gehorsam eine exponierte Rolle. Sr. Teresa Jakobs erfährt, wie sie auf Gehorsam verpflichtet wird, um den Willen der Oberin zu erfüllen. »Sie sagte: ›Ich brauche dich, du kannst das, du musst mich unterstützen.‹ Und: ›Nun schauen wir mal, wie dein Gehorsam aussieht.‹ Das war es, was sie eigentlich wollte. ›Du hast doch Gehorsam gelobt und jetzt tust du etwas, das dem Gehorsam nicht entspricht.‹ Gehorsam wurde also immer als Druckmittel gebraucht.«

Die spirituellen Inhalte stehen als unantastbare Ideale im Raum, die nicht in Frage gestellt werden dürfen. Auffallend sind die geschlechtsspezifischen Idealisierungen, die die Selbstbestimmungsrechte von Frauen in besonderer Weise einschränken. Das erlebt Cäcilia Görtz, die der »christlichen Keuschheit« nicht im Weg stehen soll, indem sie sich beim Tanzkurs erst gar nicht als Tanzpartnerin anbietet, denn: »Eigene Gedanken und Gefühle waren etwas, das man mit der ›täglichen Übung der christlichen Keuschheit‹ beherrschen sollte.«

Auch Themen wie Hingabe und Aufopferung schaffen den Nährboden, die Widerstandskräfte des Ichs auszuschalten, wie es Michaela Mack schildert: »Großes Vorbild in allem war die Gottesmutter. Alle Mitglieder der Gemeinschaft weihten sich ihr täglich, denn die Kraft für das gottgeweihte und geopferte Leben ströme aus der innigen Einheit mit der Gottesmutter Maria. [...] Immer wieder sagte der Obere: ›Die Gottesmutter hat nie auch nur eine Sekunde an sich gedacht.‹ Wir sollten uns selbst völlig vergessen, ja, unser Ich sollte völlig ausgelöscht werden, damit Gott den ganzen Platz in uns einnehmen könne.«

5. Der Missbrauch geschieht in einem dualistischen System, in dem sich die Akteur*innen in einer elitären Gegenwelt verorten.

In der religiösen Gruppe erfahren sich die Frauen in einer isolierten, abgeschlossenen Gemeinschaft, einer Art religiösen Gegenwelt zur säkularen Welt, der man mit Ressentiments begegnet. Sowohl die Konstellationen in den Berichten zu spiritueller Gewalt als auch in den Berichten zu spiritualisierter Machtausübung sind davon gekennzeichnet, von der Welt getrennt zu sein, wie es Elisabeth Eicher erlebt: »›Geschlossenheit‹ war ein wichtiges Wort; wir waren jetzt ja in einer neuen ›gesegneten Familie‹, von der wir alles bekämen, was wir bräuchten.«

Anders als im bisherigen Leben und anders als in der normalen Welt gelten in der Gruppe eigene Wertigkeiten, die auf dem Weg zum Heil strikt einzuhalten sind. Dabei entstehende Schwierigkeiten werden als notwendige Opfer gesehen. Redeverbote schotten nach außen ab, wie Jule Sandemann es berichtet: »Die Gruppenlogik war wie ein paralleles inneres System, auf das mein anderes Denken keinen Zugriff hatte. Auch hatte ich einen eingebauten Filter, wem man was erzählte. Wie automatisch verschwieg man Außenstehenden unser Radikalprogramm und berichtete nur ›leichte Kost‹. Das galt gegenüber der Familie, den kirchlichen Amtsträgern, ja gegenüber allen, die nicht ›entschieden‹ waren. Denn auch die Bischöfe waren lau in unseren Augen.« Auch innerhalb der Gruppe entsteht eine elitäre Struktur. Je stärker die Personen sich den Regeln der Gruppe unterwerfen, desto höher können sie in der Hierarchie aufsteigen.

6. Rollenunklarheit und fehlende Rollentrennungen der Akteur*innen erhöhen die Gefährdung für spirituellen Missbrauch.

Die Frauen schildern vielfach fehlende Rollentrennungen in ihren Gemeinschaften, etwa wenn Forum Internum und Forum Externum sich mischen. Gertrud Joseph beschreibt eine Verantwortliche im Orden, die »darauf beharrte, die geistliche Begleitung aller zu übernehmen«. Es wird deutlich, dass dadurch Vertrauensverhältnisse und Beziehungen zerstört werden. Es gibt keine sicheren und diskreten Orte, wenn Rollen unklar sind, was Felizitas Veith erlebte: »Es mischten sich die Positionen, Rollen, Verantwortlichkeiten. Eine Mitschwester war gleichzeitig geistliche Begleiterin, verantwortlich für das Noviziat vor Ort und auch Exerzitienbegleiterin für die jungen Schwestern. Und außerdem die Leiterin der Niederlassung. Über allem schwebte wie ein Damoklesschwert nach außen hin das Redeverbot.«

Manipulative Leiter*innen nutzen die durch Ämterhäufung vergrößerte Macht und benutzen Wissen aus geistlichen Gesprächen, um Abhängigkeiten zu vertiefen und Mitglieder der Gemeinschaft gegeneinander auszuspielen, wovon Veronika Nowak spricht: »Schwester Margaretha war für mich Noviziatsleiterin und geistliche Begleiterin zugleich. In Gesprächen mit anderen Schwestern zitierte sie meine Aussagen aus vertraulichen Gesprächen. Es wurde über mich gelacht.«

Die Betroffenen wissen oftmals nicht, dass solche Ämterhäufungen nicht erlaubt sind. Einige Frauen erzählen, wie in ihrer Gemeinschaft Druck entstand, sich für psychologische Übungen zu öffnen, die spirituell überhöht wurden. Dieser Zwang zur emotionalen oder psychischen Selbstentblößung vor Personen, die gleichzeitig über das Verbleiben in der Gemeinschaft entscheiden, ist ein Merkmal von Missbrauch.

7. Betroffene erleben sich unter Leistungsdruck und schildern eine Atmosphäre der Angst.

Das Geistliche wird für die Frauen zu einem Leistungsthema. Sowohl der Umfang als auch die Form der spirituellen Übungen werden vorgegeben. Die Frauen stehen unter Druck, den Vorgaben zu genügen, um der Gruppendoktrin und den Ansprüchen der geistlichen Leitungsperson zu genügen. Felizitas Veith stehen ein biblisches Zitat und die drohende Ablehnung erschreckend vor Augen: »Die einzige Erklärung der Regionaloberin: ›Da trennt sich die Spreu vom Weizen‹, und ›wir sehen, wer *wirklich* dazugehört.‹« Bei Leistungsabfall droht Ausschluss. In der ersten Phase gibt einigen Frauen das herausfordernde Programm das Gefühl, etwas Besonderes zu sein, wie es Jule Sandemann erlebte: »Die Ehemaligen waren für mich ›Versager‹ (ein Lieblingswort des Leiters). Sie hatten es nicht geschafft, waren schwach geworden. [...] Nur die Stärksten blieben, und ich gehörte dazu.« Dieses Gefühl jedoch hält nicht auf Dauer an, weil das sehr herausfordernde Programm die Grenzen der Belastbarkeit nicht achtet und diese sogar bewusst überschreitet, um den Willen der Person zu brechen. Annika Jonas beschreibt als einziges Maß für den Erfolg der »Zeugen des Evangeliums« die Zahl der Menschen, die ›geheilt‹ wurden, also ein quantitatives, ein Leistungskriterium.

Die Frauen geraten zunehmend in Angst, etwa weil sie etwas Falsches tun könnten, isoliert und mit dem Makel des Nichtgenügens als Christin versehen werden könnten. Anna Reichmuth fragt: »Die Angst, etwas Falsches zu sagen, wurde immer größer. Ist es der Heilige Geist in mir, der mir hilft, oder ist es der falsche Geist?« Und Angst verhindert Selbstbestimmung, so Sr. Maria Kurg: »Ich habe erlebt, wie sehr Angst das Leben bestimmen kann und wie schwer es ist, aus Enge und Druck heraus selbstbestimmt zu handeln.«

8. Spiritueller Missbrauch führt zur Isolierung der Betroffenen von Familie und Freundeskreis und auch innerhalb der Glaubensgemeinschaft.

Markant wird in allen Berichten die Situation teils abrupter, teils schleichender Isolierung der Betroffenen deutlich. Das bezieht sich besonders auf Frauen, die in Gemeinschaften eintreten, betrifft jedoch ebenso Frauen in einer exklusiven geistlichen Begleitung. Alle Kontakte mit Personen des früheren Lebens und mit dem »Außen« gelten als hinderlich für den geistlichen Weg. Mit dem Ideal des Freiwerdens für Gott erfährt Marietta Klein Isolation: »Einige Menschen aus meinem Bekanntenkreis suchten das Kloster immer wieder auf für stille Tage. Wenn ich fragte, ob ich sie kurz sprechen dürfte, schüttelte die Oberin den Kopf und meinte, ich würde noch zu sehr an meinem alten Leben hängen, ich müsse ganz frei werden für Gott.«

Für die Betroffenen entsteht eine Art ›Tunnel‹: Ihre ganze Aufmerksamkeit fokussiert sich auf das spirituelle Setting. Nach einer Phase des Hochgefühls realisieren die Frauen, dass ihnen mit den sozialen Kontakten wichtige Ressourcen genommen worden sind.

Auch innerhalb der Gemeinschaft sind Freundschaften verboten, so Charlotte Schröder: »Freundschaftliche Beziehungen waren sowohl innerhalb der Gemeinschaft als auch außerhalb strengstens verboten; sie wurden als Egoismus zu zweit bzw. als ein Wir im Wir gesehen; es störte die Uniformität der Gemeinschaft.« So entsteht Spaltung auch innerhalb des Systems, was u. a. zu gegenseitigem »Bespitzeln« führen kann.

9. Betroffene erfahren den Verlust der eigenen Wahrnehmung und werden in ihrem Selbstwertgefühl im Innersten demontiert.

Spiritueller Missbrauch bahnt sich langsam an. Die Frauen sind fasziniert von der charismatischen Ausstrahlung einer Person oder Gruppe und wollen dazugehören. Mit der Zeit erfahren sie, dass widersprüchliche und kritische Eindrücke unerwünscht sind. Um weiter dazuzugehören, müssen die Frauen ihre eigene Wahrnehmung außer Kraft setzen, wie es Victoria Gabriel schildert: »Ich hatte in dieser Zeit oft Probleme mit dem Gebet. Negative Gefühle wie Angst und Unruhe kamen in mir hoch. Finjas [der geistliche Begleiter] sagte mir, dass es ganz normal sei, dass die Gefühle während des Gebetes ihr ganz eigenes Konzert spielten und ich das nicht weiter beachten solle. So lernte ich nach und nach, meine Gefühle nicht mehr zu beachten bzw. ihnen nicht mehr zu vertrauen.« Den Verlust des Vertrauens in die eigene Wahrnehmung verstärkt die spirituelle Deutung, dass das eine Übung auf dem spirituellen Weg sei. Michaela Mack lernt dadurch das Gefühl, nicht zu genügen: »Während des ganzen Tages sollten wir also bei jeder kleinen Unvollkommenheit und bei jedem egoistischen Gedanken Gott sofort um Verzeihung bitten. Bei mir entstand mit der Zeit eine Skrupelhaftigkeit, die schließlich in allem nur noch Unvollkommenheiten entdeckte.«

Über einen längeren Zeitraum geschieht schleichend eine innere Umwertung der Werte: Die Person lernt, auf das eigene

Denken und Fühlen zu verzichten und das eigene Ich auszuschalten. Die Gedanken werden neu geformt. Die Frauen beschreiben, wie sehr dieser Vorgang sie in ihrem Selbstwertgefühl trifft, wie sie ihrer Persönlichkeit beraubt werden und die Beziehung zu sich selbst verlieren. Elaia Merced entwickelt »Konzentrationsstörungen und eine Schwere und Traurigkeit, auch ein Zerrissenheitsgefühl, die sich wie ein Schatten über mein Leben legen. Die Worte ›Nebelgefühl in meinem Kopf‹, ›Leere‹ und ›Lähmung‹ durchziehen meine Tagebucheinträge dieser Zeit wie ein roter Faden.« Die spirituelle Manipulation zielt ins Innerste und beraubt die Person der eigenen Persönlichkeit. So formuliert es Charlotte Schröder: »Ich empfand es so, als ob ich keine eigene Persönlichkeit mehr hätte, fühlte mich in meinem Ich und mit meinen Gedanken entwertet.«

10. Die Schädigung durch spirituellen Missbrauch kann alle Lebensbereiche betreffen, etwa den psychischen, medizinischen, spirituellen, sozialen und finanziellen.

Spiritueller Missbrauch fügt Schaden zu. Die Frauen schildern gravierende Folgen für ihre psychische Gesundheit, so Felizitas Veith: »Das, was ich in dieser Zeit im Orden erlebt habe, war etwas, das mein Leben komplett verändert hat – etwas, das *mich* verändert hat. Ich war am Ende meiner Kräfte. Gebrochen. Ein Wrack. So vieles war innerlich zerstört. Sehnsucht, Ziel und Sinn waren wie ausgelöscht.«

Sechs Frauen in diesem Buch sprechen ausdrücklich von Suizidalität, beispielsweise Michaela Mack: »Mein Leben schien mir so sinnlos. Die einzige Zukunftsperspektive, die ich in dieser Zeit hatte, war die Hoffnung, möglichst bald zu sterben. Es entstand eine regelrechte Todessehnsucht. Das Leben erschien mir nicht mehr lebenswert.«

Die Schädigung durch spirituellen Missbrauch kann alle Lebensbereiche betreffen. Sr. Maria Kurg benennt einige medizinische Folgen: »Der Arzt diagnostizierte Magenschmerzen, Schlafstörungen, Angstzustände, Schwindel, Herzrhythmusstörungen und mehr.« Die Frauen berichten von Burnout und notwendigen Klinikaufenthalten. Dass der Bereich des Glaubens geschädigt wird, liegt nahe. Anna Reichmuth benennt die Folgen für ihren Glauben: »Gott, der Glaube an ihn, war mir gleichgültig geworden, und ich hatte das Gefühl, ihn verloren zu haben.« Durch die zunehmende Isolierung ergeben sich Konsequenzen im sozialen Leben, was Elaia Merced thematisiert: »Meine freundschaftlichen Kontakte waren mir fremd geworden«. Wichtig zu erwähnen sind in diesem Zusammenhang die erheblichen finanziellen Konsequenzen, v. a. nach mehrjährigem Verbleib in einer Gemeinschaft. Viele Frauen sind nach Jahren engagierten Einsatzes für eine Gemeinschaft mit Altersarmut und fehlenden Sozialversicherungen konfrontiert. Elisabeth Eicher resümiert: »Beim Austritt hatte ich in meiner Altersvorsorge trotzdem ein Loch von rund 50.000,– Euro. Das verunsicherte mich total. Was würde geschehen, wenn ich erkrankte und arbeitsunfähig würde?«

11. Betroffene erleben eine Entfremdung im Glauben, die existenziell verunsichert.

Die Manipulation durch Spirituelles berührt auch das Gottesbild und den Glauben der Betroffenen. Angetreten mit dem Anliegen, ein geistliches Leben besonderer Intensität führen zu wollen, wird genau dieses geistliche Leben zum Tatort und zur Waffe gegen die Selbstbestimmung der Frauen. Charlotte

Schröder wird Angst vor der Verurteilung durch Gott eingeflößt: »Für mich wurde ein Gott vermittelt, der eigene Wünsche und Bedürfnisse, vor allem die eigenen Schattenseiten, verurteilt und somit eigene, auch aggressive Gefühle im Keim erstickt.« In einem schleichenden Prozess kann das Gottesbild verzerrt werden. Anna Reichmuth sieht sich von Gott entfremdet: »ER war mir so fremd geworden. ER, der mir stets Halt, Freude, Sicherheit, der alles für mich war, der mich liebte, mich immer wieder in seine Nähe rief – ich fand IHN nicht mehr. Ich hatte keinen Zugang mehr zu IHM. Eine Zeitlang war nicht einmal die Sehnsucht da. Es war Nichts, Leere. Es war in mir etwas erstickt. Das machte mich so traurig.«

Gott erscheint als der Kontrolleur, der auf der Seite der Täter*innen zu stehen scheint. Weil die Rede von Gott durch die Täter*innen in narzisstischer Absicht instrumentalisiert wird, ist spiritueller Missbrauch nicht nur ein »man made disaster«, sondern wird zum »God made disaster«.[38] Die Erfahrung, selbst Gott nicht mehr bei sich zu haben, jeden Boden unter den Füßen und jedes Vertrauen zu verlieren, wirkt traumatisch. Die Erschütterung des eigenen Glaubens ist existenziell und kann zum Verlust des Glaubens führen, z.B. bei Veronika Nowak: »Von manchen ehemaligen Ordensfrauen weiß ich, dass ihnen der Glaube nach wie vor viel bedeutet. Ich selbst habe während meiner Zeit im Kloster den Glauben verloren, weil meine Art zu glauben nicht genug Raum hatte.«

[38] Vgl. Heyder, Spiritueller Missbrauch – Spirituelle Selbstbestimmung.

12. Betroffene haben Ressourcen, die sie durch eigene Reflexion und durch Impulse von außen aktivieren können.

Auch wenn Selbstverlust und Gottentfremdung schwer wiegen: Die Berichte zeigen, dass jede der Frauen sich aus der inneren und äußeren Fremdbestimmung befreien konnte. Es sind vielschichtige Prozesse, die an dieser Stelle nicht ausführlich dargestellt werden können. Im Kern jedoch geht es um die Erfahrung, Abstand nehmen zu können von der dominanten Einflussnahme der Täter*innen. Dadurch werden Ressourcen aktiviert, die den Frauen ihren Wert und ihre Handlungsfähigkeit bewusst machen.

Elaia Merced liest Fachliteratur, um zu verstehen, wie ihre Glaubenserfahrungen in Frage gestellt wurden. Mehrere Frauen gewinnen durch intellektuelle Reflexion und Fortbildung eine neue Perspektive auf das Geschehen. Anna Reichmuth sucht sich Unterstützung, die ihr neue Wege ermöglicht: »Sehr hilfreich dabei waren mir ignatianische Exerzitien im Alltag, kurze Auszeiten in einem Kloster mit sehr offenem Geist und vor allem die Unterstützung in der geistlichen Begleitung. Mir wurde aufmerksam und einfühlsam zugehört. Es wurde nichts beschönigt, nichts als unwichtig abgetan, sondern meine Realität wurde wahrgenommen, ernst genommen. Meine Wahrnehmung wurde nicht in Frage gestellt.«

Es sind Personen außerhalb der schädigenden Kontexte, sei es in Exerzitien, geistlicher Begleitung oder in therapeutischen Kontexten, die den Frauen Hinweise geben, wieder der eigenen Wahrnehmung zu trauen. Die Frauen erkennen, wie sehr ihre innere Welt besetzt wurde, und setzen sich mit den Täterintrojekten in mühsamen Prozessen auseinander, bis schließlich der Ausstieg möglich wird. Charlotte Schröder sieht klar: »Entweder ich bleibe in der Gemeinschaft, dann aber werde ich zu einer wesenlosen Marionette, äußerlich sichtbar durch die Schwesterntracht, oder ich entscheide mich, meine eigene Persönlichkeit zu entdecken und zu deren Entfaltung beizutragen – dann muss ich die Gemeinschaft verlassen.«

Die Berichte der Frauen zeigen die gravierenden Folgen des Missbrauchs ihrer spirituellen Selbstbestimmung: Sie verlieren sich selbst und erleben sich von Gott entfremdet. Ihr »unantastbarer Raum« (Sophia Weixler) wurde betreten, ihre Würde wurde verletzt. Die Tatsache, dass diese Frauen hier berichten, zeigt ihre Stärke, mit der sie sich diesen Raum und ihre Würde zurückerobern. Victoria Gabriel formuliert, was spirituelle Selbstbestimmung für sie bedeutet: »Ich glaube daran, dass es besser wird und ich beginne auch zu ahnen, was es bedeutet, frei [...] zu sein. Es bedeutet, frei zu leben, zu atmen und auf mein Herz zu hören, mir selbst zu vertrauen und meinen eigenen Weg zu finden und zu gehen, mit Menschen an meiner Seite, die ich mir aussuche. Und es bedeutet, mein eigenes Gottesbild zu entdecken, ohne Zwang eine Beziehung zu Gott aufzubauen und meinen eigenen Interpretationen der Bibel Raum zu geben und ihnen Glauben zu schenken. Es bedeutet: endlich ich zu sein.«

Betroffenenberichte

Teil 1: Spirituelle Gewalt

Heiliger Geist oder Ungeist?

Anna Reichmuth

Nach dem Ausscheiden aus dem Mitarbeiterkreis einer jungen katholischen Laienbewegung stellten sich mir viele Fragen. Und es schien, dass ich allen Halt verloren hatte und nicht mehr wusste, wie ich glauben konnte. Ich fühlte mich verwirrt, bodenlos, hilflos, aber auch befreit. Befreit vom Druck, leisten zu müssen, beten zu müssen, glauben zu müssen wie die anderen. Gleichzeitig wusste ich selbst nicht mehr, wie ich glauben, vertrauen, beten, von Gott reden konnte. ER war mir so fremd geworden. ER, der mir stets Halt, Freude, Sicherheit, der alles für mich war, der mich liebte, mich immer wieder in seine Nähe rief – ich fand IHN nicht mehr. Ich hatte keinen Zugang mehr zu IHM. Eine Zeitlang war nicht einmal die Sehnsucht da. Es war Nichts, Leere. Es war in mir etwas erstickt. Das machte mich so traurig.

Ich fragte mich: Wie kann es sein, dass ich mich jahrelang mit großem Engagement, mit viel Herzblut, mit Freude für meine Aufgabe eingesetzt habe? Und nun ist von allem nichts mehr zu spüren. Außer Erleichterung, dass es fertig ist. Es gibt Momente, da wünsche ich mir, nie in dieser Bewegung gewesen zu sein. Es gibt Momente, da schäme ich mich sogar dafür. Und ich wünsche mir, dass ich keine Menschen so negativ beeinflusst habe, wie ich es an mir erlebt habe. Wenn es so ist, entschuldige ich mich von Herzen dafür. Ich war jahrelang ein Teil der Bewegung mit ihrer Vision, mit ihrem Denken, ihrem Glauben, mit ihrer Art, von Gott zu reden. Es gab für alles Worte und oft auch für alles eine Erklärung oder Antwort. Manchmal hatte ich den Eindruck, dass alle genau wussten, was Gott will und was er nicht will, was gut ist und was schlecht. Und es gab nur gut / richtig und schlecht / falsch. Rückblickend empfinde ich vieles als plump und allzu einfach. Zurück bleiben Ratlosigkeit, Unsicherheit, Traurigkeit und viele Fragezeichen. Ich finde kaum Worte dafür, was meinem Glauben die Freude geraubt hat, was ihn so ausgetrocknet oder ausgebrannt hat. Gott, der Glaube an ihn, war mir gleichgültig geworden, und ich hatte das Gefühl, ihn verloren zu haben.

Als sehr sensibles Kind war ich für den Glauben schon immer offen. Alles, was ich von Gott hörte, faszinierte mich. Bei der Erstkommunion spürte ich eine tiefe innere Freude, ebenfalls bei der Firmung. Aber im Alltag verlor sich diese Freude wieder und mein Glaubensleben war nur geprägt vom Gottesdienstbesuch am Sonntag und den Schülermessen unter der Woche. Gott gehörte irgendwie zu meinem Leben, aber er spielte keine große Rolle im Alltag.

Bei einem Sprachaufenthalt machte ich Bekanntschaft mit Freikirchen. Die frohen Lieder und die Art und Weise, wie von Gott geredet wurde, faszinierten mich. Ich habe erfahren, dass Gott mehr ist als der Sonntagsgottesdienst, dass ich mit ihm eine Beziehung, eine Freundschaft pflegen kann. Ich habe aber auch eine sehr verletzende Situation erfahren. Diese Freikirchen waren sehr missionarisch geprägt und wollten Menschen gewinnen für Gott. Sie legten mir nahe, dass katholisch sein ganz falsch war. Unter großem Zwang und der Drohung, dass ich in die Hölle käme, wenn ich mich nicht bekehre, habe ich unter Tränen und mit viel Angst ein Gebet Wort für Wort nachsprechen müssen. Dieses Gebet sollte mir den Zugang zum Himmel sichern und meine Vergangenheit wurde zu Jesus ans Kreuz geheftet. Für mich war diese Situation demütigend, beschämend und unverständlich. Auf der einen Seite war ich sehr verunsichert und andererseits aber auch voller Freude, dass ich nun wirklich zu Gott gehörte. Ich spielte mit dem Gedanken, aus der katholischen Kirche auszutreten.

Wieder zu Hause erlebte ich in unserer Kirche einen Aufbruch, der mir Hoffnung machte. Durch einen jungen, motivierten Priester entdeckte ich, dass diese Freude an Gott, diese lebendige Beziehung, auch in der katholischen Kirche möglich war. So fand ich den Weg in eine neue Laienbewegung, deren Ziel das Evangelisieren war. Wir trafen uns in kleinen Gruppen, um miteinander zu beten, Gott zu loben und das Wort Gottes zu lesen, um daraus Kraft zu schöpfen für den Alltag. Wir hatten alle den Auftrag, das Wort Gottes in die Welt zu den Menschen zu bringen, damit unsere Gruppen – und somit das Reich Gottes – wachsen konnten. Es fanden auch viele Glaubenskurse statt, durch die, vor allem am Anfang, viele Menschen einen neuen Zugang zum Glauben gefunden haben. So sind die Gruppen gewachsen, und es machte Freude, Mitglied dieser Gruppen zu sein. Mit der Zeit bin ich in Aufgaben hineingewachsen wie Gruppen leiten und Mitarbeit bei Glaubenskursen. Das habe ich alles mit Freude gemacht und viel Zeit dafür eingesetzt, nebst der Arbeit in meiner Familie und meinem Beruf.

Mit der Zeit wurde die anfänglich überschaubare Bewegung größer. Es gab nun auch Lobpreisgruppen, Gebets- und Seelsorgegruppen und Kinder- und Jugendgruppen. So gab es für jede dieser Gruppen eine Leitung, die in einem Arbeitsteam zusammengefasst wurde. Ich gehörte auch dazu. Obwohl ich keine Erfahrung und keine Ausbildung bezüglich meines Ressorts hatte – das hatte niemand in seinem Ressort –, habe ich zugesagt im Vertrauen, dass Gott mich dazu ausrüsten und stärken würde. In dieser Haltung haben auch alle anderen ihre Aufgabe angepackt, weil wir das so gelernt hatten. Mir fehlte aber trotzdem eine gute, fundierte Ausbildung für meine Aufgabe. Es hieß immer: »Der Heilige Geist wird uns schon helfen« – mir hat das aber nicht gereicht. Ich erarbeitete mir Wissen aus Büchern und Weiterbildungen, die ich selbst für mich organisierte. Niemand machte mich auf gute Literatur oder andere Möglichkeiten aufmerksam. Im Gegenteil, die Weiterbildungen, die ich außerhalb der Gemeinschaft besuchte, wurden als wertlos eingestuft. Für mich waren sie hilfreich, da ich Grundlagen bekam für die Begleitung von Menschen. Sie waren der Anfang meiner kritischen Auseinandersetzung mit der Bewegung, weil ich gemerkt habe, dass es auch andere Worte und Sichtweisen im Glauben gibt. Im Nachhinein empfinde ich diese Haltung, nur mit dem Heiligen Geist mit Menschen zu arbeiten, als überfordernd oder sogar fahrlässig und gefährlich, weil Menschen dabei unbewusst manipuliert werden können, um dem Ziel der Bewegung zu dienen.

Mein Einsatz in dieser Bewegung forderte mich ganz. Ich hatte keine Zeit und Möglichkeiten mehr für Aktivitäten und Interessen außerhalb. Alle Freundschaften fanden innerhalb der Gruppen statt. Mit der Zeit ist mir aufgefallen, dass sich meine Spiritualität verändert hat. Am Anfang war bei vielen Menschen eine große Freude und Begeisterung darüber spürbar, wie wir mit ganz neuen Worten von Gott und vom Glauben reden konnten. Wir lernten einen Gott kennen, mit dem wir eine Beziehung, eine Freundschaft pflegen durften, auch einen Gott, der jeden Menschen liebt und annimmt, so wie er ist. Dies zu hören und zu erfahren hat mein Leben und das von vielen anderen sehr bereichert und froh gemacht. Aber es war schon damals ein großer Druck spürbar, neue Menschen zu gewinnen für Gott. Das veranlasste viele, die Gruppen bald wieder zu verlassen.

Mit der Zeit nahm ich wahr, dass die Bewegung sehr katholisch, kirchentreu mit konservativem Gedankengut und einem engen Gottesbild war, obwohl wir uns als ökumenisch offene Gruppen verstanden haben. Die Offenheit für andere Konfessionen wurde von allen unterstrichen, aber in Wirklichkeit wurde ein enges Christsein mit Schwarzweiß-Denken gelebt. Die Ökumene ging nur so weit, dass sich alle uns anpassen mussten. Einige waren überzeugt, dass nur wir den richtigen Glauben hatten, und den Kirchengemeinden an vielen Orten wurde heimlich vorgeworfen, nicht mehr richtig zu glauben. Dazu habe ich einmal nach einer Intensiv-Woche ein kritisches Feedback an den Referenten abgegeben, worauf ich zu hören bekam, dass ich vermutlich nicht im richtigen Geist unterwegs sei, wenn mich das stört. Das hat mich tief getroffen. Als ich aber diesen Satz auch in anderen Zusammenhängen zu hören bekam, fühlte ich mich immer mehr verunsichert und orientierungslos. Ich fragte mich, ob der Ausdruck »nicht im richtigen Geist unterwegs zu sein« wohl etwas Wahres hat und meine Wahrnehmung wirklich nicht richtig ist. Dabei wurde auch immer betont, dass der Widersacher bemüht ist, die Menschen vom richtigen Weg, vom richtigen Glauben abzubringen.

Bei einer anderen Gelegenheit habe ich kritisch hinterfragt, dass jemand aus unserer Gruppe eine Weiterbildung in sektennaher Umgebung, die auch von einer unabhängigen Person und von Sektenspezialisten als fragwürdig eingestuft wurde, gemacht hat, und das als unpassend für unsere Gruppierung angesehen. Das veranlasste jemanden, eine spezielle

Gruppe einzuschalten, deren Mitglieder die Gabe hätten, von Gott zu erfahren, was mit mir los sei. Diese Personen waren geschult im »Hören auf Gottes Stimme«. Dies geschah ohne mein Wissen oder meine Zustimmung. Die Antwort lautete: »Da ist Widergöttliches im Spiel.«

Für mich war dieser Satz ein weiterer Schlag in die Wunde der inneren Verunsicherung. Ich fühlte mich immer mehr in die Enge getrieben und getraute mich nicht mehr, mich einzubringen. Ich war orientierungslos und wusste nicht mehr, ob nun in mir der Heilige Geist oder doch eher das Widergöttliche am Werk ist. Auch ein diffuses Gefühl, dass andere über mich mehr wussten als ich selbst, verunsicherte mich. Weitere schwierige Erfahrungen machte ich bei Gebetsanlässen, an denen füreinander in bestimmten Anliegen gebetet wurde. Manchmal wurden Gebete korrigiert, weil sie anscheinend nicht richtig formuliert waren. Es kam auch vor, dass Gebete nachgesprochen werden mussten, damit sie passten und von Gott erhört werden konnten. Auch das verunsicherte mich tief und ich fühlte mich nicht mehr fähig, in Gruppen laut ein Gebet zu sprechen.

Durch die Aussage, nicht im richtigen Geist auf dem Weg zu sein, wurde ich beim Vorbereiten und Durchführen von Impulsen immer unsicherer. Die Angst, etwas Falsches zu sagen, wurde immer größer. Ist es der Heilige Geist in mir, der mir hilft, oder ist es der falsche Geist? Auch hatte ich in meiner Freizeit oft Gedichte geschrieben über das, was mich im Innersten bewegte. Nach dieser Aussage schwiegen die Worte in mir.

Viele Jahre habe ich mit mir gerungen, meine Aufgabe abzugeben, da ich mich als falsch empfand und glaubte, dass ich mit meiner Art zu denken und zu glauben die Einheit der Gruppe störe. Die Einheit im Arbeitsteam war immer eine wichtige Größe, damit Gott wirken konnte. Wenn ich Austrittsgedanken äußerte, wurde ich darauf aufmerksam gemacht, dass der Satan eben am Werk ist und Menschen vom Guten abhalten will. Meine geistliche Begleiterin ermutigte mich immer in »meinem Sosein« und sagte, dass ich mit meiner Wahrnehmung sehr wichtig sei für die Bewegung. So machte ich unzählige neue Anläufe und schleppte mich lange Zeit weiter, manchmal voller Elan, oft aber erschöpfte sich die Freude sehr schnell wieder. Dieses Auf und Ab ging so lange weiter, bis die Überforderung mir über den Kopf gewachsen ist und ich am Ende meiner Kraft war. Zu jener Zeit stieß ich auch im Beruf an meine Grenzen. Ich suchte das Gespräch mit einem von der Gemeinschaft unabhängigen Priester. Er sagte mir, dass eine Person allein ein ganzes System nicht ändern kann. Dieser Gedanke gab mir Kraft, meine Aufgabe abzugeben und aus der Bewegung auszutreten.

Jetzt kann ich schon eine Weile auf diese Erfahrungen zurückblicken. Die hohen Wellen meines Auf und Ab haben sich etwas geglättet, aber es gibt heute noch Reizwörter, die mich innerlich aggressiv machen oder vollkommen gleichgültig lassen. Wörter, die von allen einfach so benutzt wurden und die ich vielleicht anders verstanden habe als die Mehrheit der Gruppe. Es sind auch Worte, die für Christ*innen grundlegend sind.

»Der Heilige Geist«: Er macht alles. Ohne ihn geht nichts, er macht lebendig, atmet in uns. Er ist die Liebe. Er ist die verbindende Person der Dreifaltigkeit. Er ist der weibliche Teil des Göttlichen. Er macht Unmögliches möglich. Das sind alles Eigenschaften, die ich unterschreiben kann. Aber wenn er so verstanden wird, dass die Menschen seine Marionetten sind, dann stimmt etwas nicht. Wenn ich als Feedback für einen

guten Impuls zu hören bekam: »Da hat der Heilige Geist mächtig gewirkt in dir. Da hat er dich mächtig geführt«, war das als Kompliment gedacht, aber es galt wohl mehr dem Heiligen Geist als mir. Das heißt für mich: Ich bin ein gutes Werkzeug und werde benutzt, aber meine Person ist unwichtig, steht im Hintergrund. Es ist nur wichtig, durchlässig zu sein für den Heiligen Geist, sein Wirken. Aber wer ist der Heilige Geist, also der rechte Geist, und wer der falsche, was sind meine Gedanken und welche stammen vom Heiligen Geist?

Heute erfahre ich den Heiligen Geist als Lebenskraft in meinem ganz konkreten, oft banalen Leben. Ich muss nichts Großartiges mit ihm vollbringen, nur meinen Alltag bestehen. Oft spüre ich diese Lebenskraft als Freude und Leidenschaft in mir, aber auch als Sehnsucht, die mich ins Sein vor Gott treibt.

»Beten« ist ein weiteres Reizwort, das mich aggressiv oder sprachlos macht. »Da hilft nur noch Beten.« »Das Gebet hilft immer.« »Gott erhört Gebete immer, wir können es einfach noch nicht sehen.« »Du musst nur beten, dann wird es gut.« »Liegen wir doch Gott in den Ohren mit unseren Anliegen, wenn es sein muss Tag und Nacht.« »Gebete müssen möglichst genau formuliert sein, damit sie erhört werden können.« Das sind Aussagen oder Erfahrungen, die mich prägten, mit denen ich aber nie einig werden konnte, weil ich gegenteilige Erfahrungen gemacht habe. Wir haben vor allem das Bitt- und Fürbittgebet, den Lobpreis und die stille Anbetung vor dem Allerheiligsten gepflegt.

Mein Gebet heute ist bescheidener und lebt mehr von Stille an meinem Gebetsplatz zu Hause und vor allem vom Staunen in der Natur. Dabei lege ich meine Bitten mit meiner ganzen Person ohne große Worte vor Gott. Ich überlasse mich ihm mit allem, was mich bewegt. Sein Wirken an mir und in meinen Anliegen ist mir geschenkt.

Weiter machen mich *fromme Aussagen, überschwängliche Segenswünsche oder Bibelverse* in Briefen oder gesprochen innerlich aggressiv oder lassen mich gleichgültig. Ich weiß nicht mehr, was ich damit anfangen soll. Sie berühren mich nicht mehr, haben ihre Kraft verloren. Vielleicht spüre ich das Überstülpende in solchen Aussagen, das mich an die vergangene Zeit erinnert, die sehr viel Druck in mir ausgelöst hat. Ich wünsche mir, dass mein Leben als Ganzes von Gott spricht, sodass ich nicht mit frommen Worten und Bibelversen die Menschen überschütten muss, um ihnen von Gott zu erzählen. Meine Worte sollen mehr meine Sehnsucht zum Ausdruck bringen.

»Hören auf Gottes Stimme« ist ein weiteres Wort, das keine guten Erinnerungen in mir weckt. Wir haben dabei in der Stille zu einer bestimmten Frage oder einem Problem für die Gemeinschaft oder für eine Person auf innere Impulse, Eindrücke, Bilder geachtet, die Gott uns schenkt, um eine Antwort zu bekommen in bestimmten Fragen und von Gott zu erfahren, wie der Weg weitergehen könnte. Oft wurde lieber auf Gottes Stimme ›gehört‹, als sich über ein Problem miteinander auszutauschen. Das machte mich unzufrieden. Ich getraute mich aber nicht, etwas dagegen zu sagen, weil ich nicht als ungläubig oder erneut mit dem falschen Geist ausgestattet dastehen wollte. Aber mich bewegte die Frage, ob wir wirklich Gottes Stimme hörten. Wir durften nur gute Eindrücke, Worte und Impulse weitergeben. Wer entscheidet denn, was gut oder schlecht ist für einen Menschen, für den wir gerade ›hören‹? Woher nehmen wir die Gewissheit, dass diese Impulse von Gott kommen? Ich empfinde diese Praxis als sehr riskant. Menschen können damit manipuliert werden. Ich

distanziere mich davon und trage noch viele Fragen dazu mit mir herum. Aus diesem Hören auf Gottes Stimme wurde mir das Widergöttliche angehängt. Ich möchte dem »Hören auf Gott« einen neuen Inhalt, eine neue Form geben, da es auch essenziell wichtig ist für ein Leben mit Gott. Kann es sein, dass seine Stimme durch die Schöpfung zu mir spricht? Oder durch Begegnungen im Alltag? Oder in der Stille ganz persönlich durch einen inneren Impuls? Ich möchte wieder lernen, meinen inneren Wahrnehmungen zu trauen.

»Wachsen im Glauben« ist auch ein Wort, das ich nicht mehr mag. Wir haben viel investiert in Weiterbildungszeiten, um das geistige Wachstum zu fördern. Mir wurde dabei unbewusst vermittelt: Es genügt nie, du musst mehr wachsen, um ein immer besseres christliches Leben zu führen. Für mich kam irgendwann der Punkt, wo ich nicht mehr wachsen wollte, weil ich mich überfordert fühlte und das geforderte Wachstum meine Einzigartigkeit nicht respektierte. Heute bin ich überzeugt, dass der Boden für ein gutes Wachsen im Glauben vor allem im Alltag gelegt wird, wenn durch alles Schöne und Schwere hindurch Gott einen Platz in meinem Leben hat und wenn mein Alltag unterbrochen wird durch Zeiten, die nur Gott gehören, aber auch, wenn meine Freiheit und meine Einzigartigkeit respektiert werden.

Konservativ katholische, alles bewahrende Haltungen machen mich wütend. Meine Sehnsucht hat sich in eine andere Richtung entwickelt. Mein Herz schlägt für Veränderungen in der Kirche, es schreit nach Ehrlichkeit in all den schlimmen Geschichten der Kirche, nach Anerkennung und wenn möglich nach Heilung der tiefen Wunden, die bei vielen Menschen geschlagen wurden durch Würdenträger der Kirche. Ich wünsche mir eine Kirche, in der die Menschlichkeit einen größeren Stellenwert hat als die Lehre der Kirche. Ich wünsche mir eine Kirche, in der alle von Gott berufenen Menschen ihre Berufung ohne Einschränkungen leben können.

Diesen Bericht habe ich nicht geschrieben, um jemanden schlechtzumachen oder anzuklagen. Vielmehr möchte ich aufmerksam machen auf Systeme, die eine ungesunde Spiritualität vermitteln.

Wenn vor lauter frommen Worten und Gebeten, vor lauter Forderung nach Wachstum im Glauben der Mensch mit seinen Gefühlen und Bedürfnissen verlorengeht, stimmt etwas nicht. Wenn durch den Blick nach oben die Bodenständigkeit, die Ehrlichkeit sich selbst und anderen Menschen gegenüber verlorengeht, stimmt etwas nicht. Wenn alles nur für Gott geschafft wird, alles Gute der Heilige Geist bewirkt und alles Schlechte der Teufel, und wenn alles, was nicht dem System entspricht, vom falschen Geist ist, dann stimmt etwas nicht.

Im Nachhinein darf ich nun erkennen, dass meine Wahrnehmung schon immer richtig war, auch wenn sie nicht der Vorstellung der Bewegung entsprochen hat. Gott ist so groß, dass er nicht in einer Bewegung aus Menschen stehen bleibt. Jede Bewegung oder Gruppierung ist nur ein kleines Abbild der Größe und Vielfalt Gottes. Keine Bewegung oder Gruppierung ist fähig, die ganze Größe und Vielfalt Gottes darzustellen oder zu leben. Darum ist jede Bewegung und Gemeinschaft gut beraten, wenn sie die Freiheit jeder einzelnen Person an die erste Stelle setzt. Auch Gott in seiner Größe respektiert die Freiheit jeder einzelnen Person, weil Liebe auch Freiheit ist.

Jetzt – mit Abstand zum Erlebten – merke ich, dass ich im Glauben wieder einen Sinn erkennen kann und auch wieder Halt darin finde. Aber nicht mehr in dem Glauben, den ich jahrelang gelernt und gelebt habe. Dieser Glaube, der mich einengte, mich überforderte und mir ein enges Gottesbild vermittelte, ist gestorben. Heute finde ich für meinen Glauben oft keine Worte. Er ist Geschenk, er ist Sehnsucht, er ist geheimnisvoll, er ist Freiheit, er ist ein Weg, er ist Hoffnung. Manchmal finde ich Gott in einer Begegnung, in einem Gespräch, in der Natur, in der Stille oder in der Ausgelassenheit fröhlicher Menschen, auch in der Musik, im Lesen der Schrift, in der Trauer, in der Freude, im Alltag, auch im Gottesdienst.

Der Glaube gehört wieder zu meinem Leben. Der Weg dahin war eine kräfteraubende Wanderung durch tiefe, dunkle Täler und hohe Berge, begleitet von großer innerer und äußerer Erschöpfung und vielen Tränen. Ich bin immer noch auf dem Weg, auf der Suche nach der neuen Freiheit im Glauben. Die Schatten der vergangenen Zeit sind immer noch präsent, nehmen aber nicht mehr so viel Raum ein. Mein Blick findet immer wieder das Licht. Auch die schweigenden Worte in mir haben den Weg aus der Dunkelheit wiedergefunden und sind zu einem Gedicht geworden. Sehr hilfreich dabei waren mir ignatianische Exerzitien im Alltag, kurze Auszeiten in einem Kloster mit sehr offenem Geist und vor allem die Unterstützung in der geistlichen Begleitung. Mir wurde aufmerksam und einfühlsam zugehört. Es wurde nichts beschönigt, nichts als unwichtig abgetan, sondern meine Realität wurde wahrgenommen, ernst genommen. Meine Wahrnehmung wurde nicht in Frage gestellt. So zeigten sich mir ganz langsam neue Wege zu einem Glauben in Freiheit und Würde – Gott durfte in mir wieder ankommen. Die Freude wohnt wieder in meinem Herzen. Danke!

Mein geistlicher Hunger wurde ausgenutzt

Jule Sandemann

Menschen sind verschieden – und das ist wunderbar. Die einen sammeln Videospiele, andere laufen für ihr Leben gern Halbmarathon. Meine Passion war seit jeher der Glaube. Zu Hause haben wir den ganz normalen Sonntagsglauben praktiziert. Hin und wieder gab es eine Familienwallfahrt oder ein gemeinsam gesprochenes Gebet. Aber ich interessierte mich immer schon für das »Mehr«. Für mich war es plausibel, dass der »liebe Gott« da oben etwas mit mir zu tun haben will, und das war spannend. Habermas würde mich vermutlich als einen »religiös musikalischen« Menschen beschreiben, als jemanden, der von sich aus motiviert ist – ein Gottsucher.

So wie der Sportler seinen Sportverein findet oder der Gamer sich vernetzt, um sich beim Zocken die neusten Tipps zu holen, war es mir ein Bedürfnis, spirituelle Vorbilder zu finden oder Menschen zu treffen, die der Entschiedenheit des Evangeliums Ausdruck verliehen. Das Konzept eines Gottes, der mit seinem langen, grauen Bart einfach alles abnickt und sich nichts daraus macht, wenn man ihn einen guten Mann sein lässt, hat mich nie überzeugt. Ich hatte Sehnsucht nach einer Entschiedenheit, die in meinen Augen nur konsequent war und dem Leben Geschmack verlieh. Zugegeben, das muss nicht jeder verstehen. Bei meinen Freunden und Freundinnen in der Schule hatte ich ein weites Herz dafür, dass der Glaube

»nichts« für sie war. Gleichzeitig ließen sie mich, wie ich bin. Wenn dann nach dem samstäglichen Diskobesuch am Sonntagmorgen für mich die Messe dennoch auf dem Plan stand, reagierte mein Umfeld nicht mit Verwunderung ... – »So ist sie halt, unsere Jule!« Das passte. Nur war es mir innerlich einsam, denn den Glauben teilen ..., das ging eigentlich nur in Taizé. Hier waren es die Brüder, die unaufgeregt, aber voller Begeisterung die Klarheit und Tiefe des Glaubens transportierten, ohne jemanden zu bedrängen. Die jährliche Taizé-Woche war für mich wie eine Oase. Ich kam mir vor wie ein Fisch, der wieder ins Wasser kommt: Die Bibelgespräche und das stille Gebet waren für mich das Herzstück der Woche. Ich zog meine Motivation für den Alltag daraus, versuchte zu Hause zu leben, was ich vom Evangelium begriffen hatte. Dies hielt nur eine gewisse Zeit, denn schließlich war Taizé dort und ich hier. In meiner Gemeinde gab es einen Jugendkreis, da war ich aktiv. Und es gab den jungen Chor. Alles ganz nett, nur mich sättigte es nicht. Über den Glauben in meinem Leben sprechen? Das ging für alle meine Mitstreiter aus dem Jugendkreis nur in Taizé. Diese Logik erschloss sich mir nicht. Daher war ich dankbar über jede Gelegenheit, wo ich Menschen fand, deren Alltag im Einklang stand mit der Botschaft des Evangeliums und die auf verschiedene Weise Glaubenszeugen waren.

Bis hierhin kann ich unter meinen Bericht einen grünen Haken setzen. Auch nach allem, was ich später erlebt habe und erleben musste, würde ich keinen Schritt zurück hinter meine hier dargelegte Sehnsucht gehen. Und ich bin zutiefst dankbar, dass mich diese nie verlassen hat. Und ich sage noch mehr: Diese Verwurzelung in einer Beziehung mit meinem Gott auf Du und Du bleibt für mich der Schlüssel, warum in meinem Fall das, was dann folgte, nicht dazu führte, mir meinen Glauben zu nehmen.

Denn was dann passierte, hätte ich mir so nie ausgemalt. Ich war einfach nicht informiert. Wer hätte denn gedacht, dass es innerhalb der katholischen Kirche Kreise gibt, die wie Sekten funktionieren? Ich brauchte später, bei meinem Ausstieg, sehr lange, um diesen Gedanken zu verstehen. Zwar hatte ich gehört, dass es etwas wie »Geheimclubs« in der katholischen Kirche gab, die stark kritisiert wurden und über die es in der Bücherei ein ganzes Regal gab. Aber ich dachte mir damals: Geschmäcker sind verschieden. Die einen mögen es etwas liberaler, die anderen konservativer, und da sind Grabenkämpfe vorprogrammiert. Damals konnte ich die Pluralität der katholischen Kirche stehen lassen, wenngleich ich selbst für mich schon eine klare Überzeugung hatte. Schon immer war ich weltkirchlich interessiert, war dankbar über den Austausch mit Christen anderer Konfessionen und froh, dass wir als katholische Kirche so international waren.

Mit meinem Studienbeginn suchte mir eine katholische Gemeinde an meinem neuen Wohnort und fügte mich in das normale Gemeindeleben ein. Ich besuchte auch hin und wieder unter der Woche die Messe – aus freien Stücken, aus einem inneren Bedürfnis heraus. Wenn man mich heute fragen würde, ob ich der Kirche vorwerfe, dass es neben allen sozialen und gemeinschaftlichen Jugendaktionen zu wenig Förderung des spirituellen Lebens gibt, ich müsste ganz klar sagen: ja. Denn dieses »Hungergefühl« trieb mich letztlich in die Arme einer Gruppe, die auf den ersten Blick alle meine religiösen Wünsche stillte.

Eine Bekannte lud mich ein, mit der Gruppe an einer Wallfahrt teilzunehmen. Den Ort kannte ich bereits, und in den Semesterferien hatte ich ohnehin Zeit, mich für eine Woche auf den Weg zu machen. Als ich im Bus die jungen Menschen erlebte, die in ihrer Freizeit andere dabei begleiteten, wie sie ihren Glauben vertiefen können, war es um mich geschehen. Ich hatte nicht gewusst, dass es in meiner Nähe Jugendliche gab, die mit solch einer Freude ihren Glauben lebten und ihn anderen auch noch nahebrachten. Interessanterweise mischte sich in meine Begeisterung sofort der Gedanke: »Die sind katholisch – hier kann dir nichts passieren.« Ich wundere mich immer wieder neu über die tiefe Intuition, die sich da offenbar meldete. Erst später wurde mir klar: Der Mangel an Wissen über dysfunktionale Gruppen oder manipulative Leiter in Kombination mit dem geistlichen Ausgehungertsein ergab die gefährliche Mischung.

Nach der Woche Wallfahrt wusste ich, dass ich festes Mitglied der Gruppe werden wollte, um endlich mit anderen den Glauben zu teilen, Gott tiefer kennenzulernen und der Welt da draußen mitzuteilen, wie schön und bereichernd ein Leben mit Gott und der Kirche sein kann. Ich hatte damals keinen Blick dafür, dass ich für die Gruppe ein rares Fundstück war: Studentin (viel Zeit und Flexibilität) aus gutem Hause (tolles Aushängeschild), in verschiedenen Bereichen durchaus begabt (gut zu gebrauchen für verschiedene Apostolate). Die Mitglieder der Gruppe begannen sofort, mich zu umgarnen und auf das »Herzlichste« einzubeziehen. Heute weiß ich, dass dies keine Nächstenliebe war, sondern Kalkül. Die vielen kleinen, scheinbar zufälligen Begegnungen und angeblich unverbindlichen Einladungen waren im Vorhinein detailliert geplant. Das habe ich später immer wieder erlebt und zum Teil selbst unterstützt.

Ich ging der fein installierten Ideologie auf den Leim. Das Abscheulichste für mich ist heute, dass alle Grenzüberschreitungen immer mit der Liebe zu Gott und dem Wunsch nach tieferer Bekehrung bemäntelt wurden. Vermutlich glaubten die Leiter und Leiterinnen selbst daran, doch auf der anderen Seite hätten sie merken müssen, wie viel Leid und Tränen sie den jungen Menschen immer wieder bereiteten.

Ich muss einleitend sagen, dass kein Mitglied des zehnköpfigen Leitungskreises (alles Laien) eine theologische, pädagogische oder andere Ausbildung hatte, um sehr junge Menschen geistlich zu begleiten und um andere Menschen zu evangelisieren. Später kamen einige Theologiestudierende dazu, aber auch dies war keine Hilfe. Es war Usus, dass jeder einen geistlichen Begleiter aus der Gruppe hatte. Suchte man sich jemanden von außerhalb, wurde dies mit Skepsis betrachtet.

Wie sah mein Weg in der Gruppe aus? Es fiel mir nicht schwer, hineinzuwachsen. Als jemand, der ehrgeizig ist und dem der Glaube so viel bedeutet, war mir keine Herausforderung zu groß. Ohne Widerstand war ich bereit, nahezu meine gesamte Freizeit zu opfern für das lebensumspannende Programm, das sich »Spiritualität« nannte. Zunächst gab es ein enormes Gebetspensum. Hochgerechnet waren es, wenn man es ernst nahm, zwei bis drei Stunden Gebet pro Tag: Messe, Anbetung, gewisse Texte, die man las. Für eine Studentin, die sehr durchgetaktet war, war das zunächst kein Problem. Bald aber lief das Studieren nur noch nebenbei. Der Leiter ließ auch keine Gelegenheit aus, deutlichzumachen, dass Bildung eingebildet und aufgeblasen macht. Die schlichten Herzen waren es, denen das Himmelreich gehörte.

Ich erinnere mich, wie eine Ordensfrau, die ich persönlich kannte, einmal sehr besorgt schaute bei meinem Gebetspensum und mir riet, dass ich nicht noch mehr beten solle. Damals habe ich mich gewundert und überhaupt nicht verstanden, worin das Problem läge. Ich hielt das ehrlich gesagt für eine Marotte der ignatianischen Gemeinschaften. Heiligkeit war das für mich jedenfalls nicht. Und die war mir wichtig. Zum Gebetspensum gab es auch körperliche Formen des Betens: zweimal die Woche Brot und Wasser. Jede Woche, ohne Ausnahme. Kaffee war an den beiden Fastentagen streng verboten. Tee nur, wenn man erkältet war. Also quälte man sich durch den Tag, lernte und arbeitete mehr schlecht als recht, um sich um Mitternacht den Bauch vollzuhauen oder um 20:00 Uhr ins Bett zu gehen, weil die Kopfschmerzen unerträglich waren. Auch Nachtanbetung (mitten in der Nacht aufstehen, um zu beten) war üblich. Ich will nicht grundsätzlich die sehr traditionellen Gebetsformen negieren – natürlich kann man auch mal streng fasten oder mehr beten. Das Problem war, dass es für uns der Alltag und nicht die Ausnahme war.

Dann gab es auch ein straffes Einsatzprogramm. Jedes Wochenende und in den Ferien tourten junge Mitglieder der Gruppe quer durch Deutschland, von Süd nach Nord, von Ost nach West, um zu evangelisieren. Manches Mal ging es Freitagabend los, mal am Samstag fast mitten in der Nacht. Dass diese langen, ermüdenden Autofahrten nie mit einem Crash endeten, verdankt die Gruppe m. E. außerordentlichem Glück oder der Vorsehung Gottes. Schnell wurde klar: Für Freunde und Familie blieb kaum Zeit. Man traf Jugendliche zur Firmvorbereitung, wurde von Gemeinden eingeladen, Einkehrtage zu halten, oder begleitete in seiner Urlaubszeit die Wallfahrten (mehrere Male im Jahr).

Die Menschen, die an den Angeboten der Gruppe teilnahmen, waren entweder richtige Fans und bestätigten uns in unserem »Heroismus« oder sie reagierten ablehnend auf die angebotenen Gemeindemissionen. Diese Ablehnung deuteten wir als »Angriff des Bösen«, so wie es eben allen treuen Jüngern Jesu ergeht. Eine Form des Martyriums, die uns bittersüß noch mehr motivierte. Die Storys nach einem solchen Einsatz wurden dann den Leitern berichtet. Man lebte von der Bestätigung der Leiter, die einem auf die Schulter klopften und einen für tapfer hielten.

Überhaupt waren die Leiterinnen und Leiter die ersten Vertrauenspersonen, sie waren wie »Eltern« für die Mitglieder der Gruppe. Egal welchen Alters man war, man ging dort ein und aus, trank Kaffee, fastete gemeinsam und beriet über die nächsten Evangelisationseinsätze. Was so gemütlich klingt, war es jedoch nicht. Bei meinen Begegnungen mit dem Leiterehepaar war es für mich selbstverständlich, ganz »wahrhaftig« zu sein, meine Seele bis auf den Grund zu offenbaren und auch über die Fehler und Ausrutscher der anderen »Geschwister« zu berichten. Diese Durchsichtigkeit, die ich heute als Spitzelsystem bezeichne und als eine Form der Selbstverachtung, wurde mit dem Wunsch nach Umkehr und Verbesserung begründet. Wir sollten einander helfen, Heilige zu werden. Wenn dann ich oder jemand anderes »lau« oder »unentschieden« war, weil er nicht genug betete, »weltliche Musik« hörte, Bier im Kühlschrank hatte oder viele »Weltmenschen« als Freunde hatte (so nannte man alle, die in den Augen der Gruppe nicht rechtgläubig waren), mit denen er womöglich im Café saß – da galt es, um Umkehr zu beten. Da fehlte die Entschiedenheit, da drohte der baldige Glaubensabfall.

Überhaupt war es so, dass niemand je gut genug war. Bei den großen Gemeinschaftstreffen, die an allen wichtigen Feiertagen lagen (Ostern, Pfingsten, kurz vor Weihnachten), pflegte der Leiter lange und ausgedehnte Predigten vorzutragen, in denen er immer wieder deutlichmachte, wie weit wir von der echten und vollständigen Umkehr weg waren. Nur eine kleine Handvoll hätte schon den Schritt der vollständigen Umkehr vollzogen. Er allein wusste, wer das war, und er sah uns allen an, ob es bei uns so weit war oder nicht. Diese Spannung und die gegenseitige Bespitzelung lösten bei vielen einen enormen Druck aus. Viele junge Leute waren stark verunsichert, wenn der Blick des Leiters durch den Raum schweifte oder wenn der Leiter jemandem einen mysteriösen Blick, ein Wort oder ein Lächeln zuwarf. Vieles blieb in einer schwebenden Ungewissheit, die regelrecht an einem nagte. Ich weiß, dass nicht wenige nach einem solchen Treffen zu Hause weinten und meinten, dass sie es nie schaffen würden, ein guter Christ zu sein.

In mir regte sich immer wieder ein Widerspruch: Einerseits predigte der Leiter über die unendliche Güte und Barmherzigkeit Gottes, der alles vergibt und gnädig ist. Egal wie groß der Sünder – Gott liebt ihn und umarmt ihn. Gleichzeitig musste der »normale« Christ sich aber diese Liebe Gottes durch extreme geistliche Leistung verdienen. Denn es wurde oft mahnend gepredigt, dass man auf keinen Fall lau sein sollte. Ich fand einfach keine Antwort und ließ das einfach stehen. Das ist heute für mich unbegreiflich, weil ich ein Mensch bin, der Dingen so lange auf den Grund geht, bis sie geklärt sind. Aber damals war mein Denken starr. Die Gruppenlogik war wie ein paralleles inneres System, auf das mein anderes Denken keinen Zugriff hatte. Auch hatte ich einen eingebauten Filter, wem man was erzählte. Wie automatisch verschwieg man Außenstehenden unser Radikalprogramm und berichtete nur »leichte Kost«. Das galt gegenüber der Familie, den kirchlichen Amtsträgern, ja gegenüber allen, die nicht »entschieden« waren. Denn auch die Bischöfe waren lau in unseren Augen.

Wie kam es dazu, dass aus mir, einem weltoffenen, lockeren Menschen, eine strenge, verbissene Kontrolleurin wurde, die sich selbst und andere nonstop beäugte? Heute, im Rückblick, habe ich begriffen: Das extreme Gebetsprogramm, der enorme Zeitmangel und das körperliche Ausgemergeltsein bewirkten in mir einen gewissen Charakterwandel. Freude empfand ich, wenn ich eine religiöse Hochleistung vollbracht hatte oder die Anerkennung des Leitungsteams bekam. Meine Persönlichkeit, die Sorge um mich selbst war ganz weit unten. Hobbys? Freunde? Fehlanzeige. Ich merkte ebenso wenig, wie meine Eltern unter der Situation litten, die ihre Tochter nicht mehr erkannten. Mich nervten sie, denn sie waren »normale Sonntagschristen«, die meinen Eifer bremsten. Sie verstanden es nicht, welch wichtigen Plan unsere Gruppe verfolgte, und wie wichtig es war, alles zu geben, sich selbst abzutöten und Opfer zu bringen.

Viele Jahre lebte ich so, denn ich studierte lange und ausgiebig, habe meine Studienzeit durchaus mit Erfolgen abgeschlossen. Der Gruppe bescherte mein Status ein verlässliches Mitglied, das viel Zeit und Kraft einsetzen konnte. Heute ärgere ich mich, denn wie gern hätte ich manches Thema im Studium vertieft oder einfach das Studentenleben mehr ausgekostet, gute Bücher gelesen und tolle Filme geschaut, Konzerte besucht! Alles Fehlanzeige. Ich habe mehrere Jahre nach meinem Ausstieg gebraucht, um mich dann wieder in die normale Welt von Gesellschaft und Kultur einzuleben. Trotz meiner Abschlüsse kam ich mir einfach dumm und aus der Zeit gefallen vor ...

Doch wie kam es dazu, dass ich diese Gruppe nach über zehn Jahren schaffte zu verlassen? Über die Jahre hatten sehr viele Menschen die Gruppe verlassen, neue waren gekommen. Die Ehemaligen waren für mich »Versager« (ein Lieblingswort des Leiters). Sie hatten es nicht geschafft, waren schwach geworden. Viele hatten geheiratet und damit ein gemütliches Leben gewählt, ein Leben »vor dem Kamin« (auch ein geflügeltes Wort der Gruppe). Nur die Stärksten blieben, und ich gehörte dazu.

Eines hatte ich jedoch nicht eingeplant: das echte Leben. Und das traf mich, als ich meine erste Vollzeitstelle antrat. Ich powerte weiter an jedem Wochenende und blieb bei meinem Gebetspensum. Das hatte den Effekt, dass ich bereits nach vier Monaten enorm gereizt und gleichzeitig traurig war. Ich konnte mir das nicht recht erklären. Also fragte ich den Leiter, wie in allen Lebensfragen – er wusste alles von mir und von vielen anderen auch ... Meine Situation wäre sehr gut, sagte er mir. Das wäre der Anfang zu einem tiefen geistlichen Leben. Dieser Gedanke baute mich auf, denn das wollte ich. Doch nach einiger Zeit wurde ich auch körperlich schwächer, sodass es mir schlechter ging. Weitere fünf Monate vergingen und alle merkten, dass es mir nicht gut ging. Keiner sprach das offen an. Im Gegenteil. Dennoch wurde mir eine groß angelegte Jugendfahrt aufgetragen, die ich organisieren und in meinem Urlaub begleiten sollte.

Irgendwann schickte ich ein Hilfesignal zu einem Teil des Leitungsteams, das gemeinsam Urlaub machte, während ich heulend am PC saß. Keine Reaktion. Also sprach ich ein anderes Mitglied vor Ort an. Die Antwort war »Du musst auch mal Nein sagen.« Ich war entsetzt: Nein sagen? Das ging nur theoretisch, denn die Fahrt hing an mir. Außerdem war es widersprüchlich: Einerseits sollte man alles geben und dann locker Nein sagen? Das verwirrte und deprimierte mich.

Bei besagter Fahrt, die ich trotzdem allein geplant hatte, nahm das Ende seinen Anfang. Ich war in einer schlechten körperlichen Verfassung und gab mir selbst die Schuld dafür. Es war eine Mischung aus Trauer, Wut und Unverständnis.

Zwar wurde ich hier und dort getröstet und mir wurde gesagt: »Ruh dich mal aus«, aber Hilfe bekam ich nicht. Stattdessen wurde mir geraten, in meiner neu aufgenommenen Arbeit Stunden zu reduzieren, was ich auch machte. Bis heute bin ich fassungslos über eine solche Tatsachenverdrehung.

Ab dieser schlimmen Erfahrung änderte sich etwas bei mir. Mein Körper hatte mir ein Stoppzeichen gesetzt, das zu akzeptieren mir schwerfiel. Ich wurde nicht mehr »für voll« genommen, nicht mehr eingeweiht in Pläne. Das erlebte ich als sehr schmerzhaft. Denn ich hätte gern weitergemacht und alles gegeben. Ich zählte nicht mehr, bekam nicht mehr die Anerkennung, und darunter litt ich zunächst. Es war also kein frohmachender Befreiungsschlag von meiner Seite. Es dauerte, bis ich das akzeptieren konnte. Die Gruppe ließ mich spüren, dass ich nun ein »Versager« war. Ich erntete mitleidige Blicke, als wäre ich krank und nicht ernst zu nehmen, und wurde nicht mehr in die internen Angelegenheiten eingeweiht. Ich spürte zum ersten Mal die Härte und Unbarmherzigkeit der gelebten Gruppendoktrin.

Doch das reichte noch nicht, die Gruppe zu verlassen. Ich wollte um jeden Preis wieder fit werden und voll dabei sein. Immer wieder rechtfertigte ich mich und versuchte, wenigstens halbe Tage zu fasten, um nicht vom guten Weg abzufallen. Doch ich wollte auch, dass der Leiter den Druck rausnimmt, den ich nach meiner Erfahrung mit der Jugendfahrt für übertrieben hielt. Ich hörte die Impulse des Leiters mit anderen Ohren, sie griffen mich an, taten mir weh. Also begann ich, immer öfter unbequeme Fragen zu stellen. Gleichzeitig plagte mich die Angst, ob ich nun auch vom Glauben abfiel und lau wurde.

Glücklicherweise hatte ich einen guten Priesterfreund zur Seite, der die Gruppe schon lange kannte. Alle seine früheren

Bemühungen, mir die Augen zu öffnen, sind immer ins Leere gelaufen. Als ich richtig »drin« war, kam keinerlei Kritik bei mir an. Im Gegenteil: Er war es, der mein Gebet brauchte, er war lau und verstand uns nicht. So dachte ich früher.

In mir arbeitete es sehr. Ich sah auch meine eigene Verstrickung. Wie vielen Jugendlichen hatte ich denselben Druck weitergegeben und das Gefühl vermittelt, dass sie keine echten Katholiken waren? Ich war enttäuscht über mich und empfand zutiefst, dass ich selbst betrogen worden war. Meine Kritik sortierte sich immer mehr und wurde mir klarer. Doch ich konnte sie bei niemandem in der Gruppe loswerden. Die Leiterinnen und Leiter wehrten dies massiv ab. Und ich selbst brauchte eine große Distanz, denn ich war emotional gebunden, und es gab immer wieder Versuche, mich »einzufangen«. »Komm doch zu einem gemütlichen Videoabend«, war eine der Ideen. Nein danke! Das konnte ich zum Glück antworten. Andere jedoch nicht. Sie ließen sich wieder einfangen durch Lob und tolle Aufgaben, die sie plötzlich bekamen und mit denen sie wieder »geködert« wurden.

Ich entschied mich dann, alle kritischen Punkte zwei Mitgliedern des Leitungsteams zu berichten, denen ich noch irgendwie zutraute, dass sie mich verstehen. Vier Stunden lang wurde ich von ihnen angehört, doch dann behauptete das Leitungsteam, dass es denen, die sich kritisch äußerten, um die Zerstörung des Werkes Gottes ginge. Da bemerkte ich alle Widersprüche, die ich über die Jahre einfach nicht tiefer anschauen konnte; ich war kognitiv auf einer Einbahnstraße unterwegs gewesen.

Was es mir leichter machte, einen Schnitt zu setzen: Ich merkte, wie böse das Leitungsteam auf meine Kritik reagierte. Wie sie mich regelrecht abstraften und mundtot machen wollten. Ich bekam per Mail sogar ein Redeverbot auferlegt, da ich die Gruppe verwirre mit meinen Aussagen. Die abwehrende, böse Haltung der Leiterinnen und Leiter war sehr heilsam. Zunächst ein totaler Schock – hatte ich diese doch immer für quasi Heilige gehalten. Aber dann wurde mir bewusst, mit wem ich es da zu tun hatte, und ich empfand nach dieser Enttäuschung den Wunsch, weit weg zu sein von solchen Menschen.

Was mir half, war der Fakt, dass mit mir zusammen mehrere aus der Gruppe, die schon sehr lange Zweifel hegten, Mut bekamen, Dinge zu hinterfragen. Bisher war es so, dass man allein ging, und das unter einem Vorwand. Denn niemand traute sich, die Leitung zu konfrontieren. Ebenso blieben viele trotz ihrer Zweifel, da sie entweder gar kein anderes soziales Umfeld mehr hatten oder aber fürchteten, dass sie es nicht schaffen würden, ihren Glauben allein zu leben und ihn dann verlieren würden. Auch das war ein Mantra des Leiters: »Du schaffst es nicht allein.«

Wie froh und dankbar bin ich, dass ich den Weg heraus gefunden habe! Dass ich einen Weg zurück zu mir selbst, zu meinen Freuden und Passionen und zu einem bodenständigen, selbstbestimmten Glauben wiedergefunden habe. Ganz viele, denen ich nach meinem Ausstieg begegnet bin, haben mir gesagt, dass ich ganz anders wirke und sogar mein Gesichtsausdruck verändert sei. Ich wirkte wie neu belebt, entspannt, anders gekleidet. Meine Gesichtszüge waren ruhiger als vor dem Austritt.

Ich bin mir bewusst, dass es nicht allen gut geht, auch vielen aus meiner damaligen Gruppe nicht. Einige sind sehr tief gezeichnet durch die vielen Jahre der Manipulation und Fremdbestimmung und sie vermissen schmerzlich ihren Glauben. Ihnen gelten meine Hochachtung und meine tiefe Verbundenheit.

Eine Elitegruppe spaltet die Gemeinde

Annika Jonas

Seit mehreren Jahren bin ich in einer Gemeinde ehrenamtlich engagiert. Ich übernehme Aufgaben im Gottesdienst und beteilige mich bei Veranstaltungen, die die Gemeinschaft fördern. Die Kontakte zu den Menschen in der Gemeinde bereichern mich und zu dem zuständigen Pfarrer stand ich über einen langen Zeitraum in gutem Einvernehmen. Seit einiger Zeit verändert sich jedoch das Klima in der Gemeinde und der Gemeinschaft. Das hängt damit zusammen, dass »Zeugen des Evangeliums« – so nennen sie sich selbst – aus einem anderen Land in das Bistum geholt wurden, um hier missionarisch zu wirken. Sie zeigen sich in meiner Gemeinde sehr aktiv und es entwickeln sich neue Umgangsformen, die ich sehr kritisch sehe.

Die »Zeugen des Evangeliums« sind keine Priester oder Ordensleute, es sind junge Laien und Laiinnen. Sie treten höflich auf, sind immer korrekt gekleidet und gut gelaunt. Das wirkt v. a. auf die Jüngeren in der Gemeinde sehr anziehend. Meinen Kontakt mit der Gruppe würde ich als ambivalent bezeichnen. Einerseits führen wir freundlich oberflächliche Gespräche, andererseits bleibt bei mir der Nachgeschmack, dass ich nicht zur gewünschten Zielgruppe gehöre. Dazu trägt sicher bei, dass ich als Frau in der zweiten Lebenshälfte älter bin. Hinzu kommt, dass ich einen kritischen Blick auf verschiedene kirchliche Themen habe. Der Synodale Weg ist mir wichtig und ich wünsche mir das Frauenpriestertum. Gern würde ich darüber mit den »Zeugen des Evangeliums« diskutieren, aber so weit kommt es nicht. Ich weiß ja, dass diese reformorientierten Positionen von ihnen als nicht lehramtsgemäß abgelehnt werden. Das erzeugt in mir das Gefühl, von den Zeugen des Evangeliums zwar geduldet zu werden, aber nicht erwünscht zu sein. Sie müssen mich zwar als Teil der Gruppe, die bereits vor ihrem Einsatz in der Gemeinde bestand, akzeptieren, aber eine Auseinandersetzung mit meiner kritischen Einstellung zur Kirche scheint deplatziert zu sein.

Geändert haben sich mit der missionarischen Gruppe auch die Kommunikationswege in der Gemeinde. Bisher wurden alle öffentlichen Veranstaltungen auf der Homepage der Gemeinde angekündigt und Aktuelles wurde am Ende des Gottesdienstes verlesen. Seit die Gruppe in der Gemeinde ist, gibt es ein zusätzliches Angebot, das zwar weiterhin dort veröffentlicht wird, inzwischen aber nicht mehr für alle Personengruppen zugänglich ist. Sowohl ich als auch weitere Personen aus der Gemeinde wurden bereits vor Ort aus den Veranstaltungen ausgeladen, ein höchst befremdliches Gefühl. Auch die Rücksprache mit dem zuständigen Gemeindepfarrer konnte keine Klärung bringen. So bildet sich innerhalb der Gemeinde eine Gruppe, die ein Eigenleben führt. An sich ist das noch kein Problem, in jeder Gemeinde gibt es Interessengruppen wie einen Kindergottesdienstkreis oder eine KAB-Gruppe, allerdings sind diese für alle offen und es ist transparent, was dort geschieht und welche Ziele die Gruppierung hat. Bei den »Zeugen des Evangeliums« bleibt das intransparent. Im Gespräch mit einem Laienseelsorger aus meiner Gemeinde fragte ich, ob er genauer weiß, welche Aufgaben die »Zeugen« haben. Wie schon der Gemeindepfarrer klagte er darüber, nicht informiert worden zu sein. So entsteht der Eindruck, dass die von der Bistumsleitung eingesetzte Gruppe von oben gewünscht und gegenüber der Gemeinde nicht auskunftspflichtig ist. Ich frage mich, ob die »Zeugen des Evangeliums« in einer von der Bistumsleitung akzeptierten Mission tätig sind, um eine Art Elitegruppe herauszubilden.

Eine Bekannte aus der Gemeinde, die sich von den »Zeugen des Evangeliums« sehr angezogen fühlt, erzählte mir von den Angeboten an junge Menschen: Sie kochen miteinander, schauen Filme an, machen Sport, sie basteln und feiern Gottesdienste. Sie bieten Gemeinschaft, was gerade nach der Corona-Zeit sehr gefragt ist. Die Treffen finden in den Wohnungen der »Zeugen des Evangeliums« statt. Es ist ihr privater Raum, und man muss direkt eingeladen werden, d. h. auch hier wird ausgewählt. Wer ist willkommen, wer nicht?

Eine andere junge Frau sprach begeistert davon, dass zu einem Fest der »Zeugen des Evangeliums« deren Verwandte aus dem Ausland angereist kamen. Sie fühlte sich geehrt, dass sie zur Gruppe derer gehörte, die zusammen mit den Familien der »Zeugen« ein Fest mit besonderen Speisen vorbereitete und miteinander feiern durfte. Sie berichtete auch, dass ein Paar aus der Gruppe heiratete und per Livestream ihre Hochzeit übertragen wurde, die dann wieder gemeinsam in den privaten Räumlichkeiten angeschaut werden konnte.

Im Bistum bin ich nicht die Einzige, die kritisch die Vorgänge um diese Gruppe beobachtet. Es wurde bekannt, dass die »Zeugen des Evangeliums« im Kontakt mit jungen Männern besonders das Problem des Konsums von Pornografie thematisieren. Sie propagieren ein »Heilungsprogramm«, mit dem Betroffene von ihrer »Sucht« frei werden sollen. Zu diesem Programm gehört es, durch die Kraft der Gedanken das alte Ich abzulegen, um auf die »Versuchungen des Fleisches«

anders reagieren zu können. Auf einer Internetseite können Interessierte das Programm kennenlernen. Dort berichten junge Männer von ihrem »Kampf gegen Pornosucht« und ihren Heilungserfolgen. Da steht: »Unsere Vision ist es, befreite Männer und Frauen zu sehen, die für den geistlichen Kampf ausgerüstet sind, Wachstum in ihrer Gemeinde befeuern, in ihrer Berufung leben und Erweckungsträger in ganz Europa werden.«

Kürzlich gab es ein weltweites Treffen der »Zeugen des Evangeliums« in ihrem Herkunftsland, an dem auch Studierende aus meiner Gemeinde teilnahmen. Das Bistum leistete hier einen finanziellen Beitrag zu den Flügen. Ein Teilnehmer erzählte mir, wie dort eine Gruppe von Männern begeistert berichtete, durch Gebet von ihrer Homosexualität geheilt worden zu sein. Doch nicht nur im Ausland wird das Thema Homosexualität thematisiert. Auch in meiner Gemeinde bezeichnen inzwischen die Anhänger der Evangeliumszeugen die Aktion #outinchurch als »Anti-Kirche«, vor der die Bischöfe geschützt sein mögen – so ist es im Fürbittbuch der Gemeinde zu lesen. Auch ökumenische Zusammenarbeit, die bisher in der Gemeinde lebendig gestaltet wurde, lehnen sie ab. Sie betonen die besondere Bedeutung der eucharistischen Frömmigkeit und beten in den von ihnen formulierten Fürbitten dafür, den Heiligen Geist zu erhalten, um immer mehr Menschen zu Christus zu führen.

Meine Gemeinde ist inzwischen gespalten: Da gibt es die Anhängerinnen und Anhänger der »Zeugen des Evangeliums« auf der einen Seite und auf der anderen Seite die ›kritischen‹ Gemeindeleute wie mich. Das wird sogar im Gottesdienst sichtbar: Die beiden Fraktionen sitzen inzwischen in Blöcken. Vorher war es ein buntes Miteinander. Die Gruppe um die »Zeugen des Evangeliums« praktiziert vermehrt Mundkommunion, was gerade in Coronazeiten schwierig ist.

Je länger ich diese Vorgänge beobachte, desto mehr gehe ich auf Distanz. Mit Entsetzen nehme ich wahr, dass dieses Konzept, das in meiner Gemeinde installiert wurde, hinausgetragen werden soll in die Pfarrverbände. Die Arbeit der »Zeugen des Evangeliums«, die wie Hauptamtliche fungieren, wird nicht überprüft und schon gar nicht hinterfragt. Einziges Qualitätskriterium scheint zu sein, wie viele »Freundschaften« sie geschlossen haben und wie viele »geheilt« wurden, um Menschen auf den richtigen Weg zu Gott zu bringen. Ich fühle mich in meiner Gemeinde, wie auch andere Gemeindemitglieder, immer fremder.

Ich bin nichts, ich kann nichts, ich weiß nichts

Michaela Mack

Nach dem Abitur entschloss ich mich zu einem gottgeweihten Leben. Mit einer Freundin besuchte ich damals eine Niederlassung der Gemeinschaft. Die tiefe Spiritualität und die Liebe der Schwestern zogen mich magisch an. Ich erlebte ein tiefes Gefühl des Geliebtseins und dachte: Hier ist der Ort, an dem ich mich und meine persönliche Beziehung zu Gott entfalten kann. In der hl. Beichte bestätigte mir ein Priester meine Berufung für die Gemeinschaft. Mit tiefer Begeisterung im Herzen trat ich wenige Wochen später ein. Mir wurde nahegelegt, den Oberen der Gemeinschaft als Seelenführer zu wählen, wie dies fast alle Schwestern tun würden. Über ihn hörte ich, dass er innere Ansprachen von Gott habe, durch die er die Mitglieder der Gemeinschaft leite. Ich verband damit die Hoffnung, immer exakt den Willen Gottes für mich erfahren zu dürfen, wie es auch von den Oberen propagiert wurde.

Schon bald wurde ich gebeten, mit meiner Berufsausbildung bis zur Beendigung des Noviziats zu warten, was ich gehorsam annahm. Nach eineinhalb Jahren erhielt ich das Schwesternkleid sowie einen Schwesternnamen. Mit dem Namen war die Sendung verbunden, die Berufung dieser Heiligen auf Erden weiterzuführen und in besonderer Weise ihre Geistigkeit zu leben. Was für ein Auftrag! Dieser könne nur durch ein sehr intensives Gebetsleben verwirklicht werden, wurde uns gesagt. Anstatt aber nun eine Berufsausbildung zu machen, wurde ich in ein anderes Land entsandt, um dort mit drei weiteren Mitgliedern der Gemeinschaft eine Missionsstation zu eröffnen. Meinen zweiundzwanzigsten Geburtstag feierte ich im Zug auf dem Weg dorthin. Damals fand ich das alles sehr spannend. Zunächst sollte ich nur für ein Jahr dortbleiben.

Wir hatten bereits gehört, dass die Stadt, in die wir entsandt wurden, nur rund 300 km von einem Atombombentestgelände entfernt war, in dem knapp 500 Atombomben gezündet wurden und das zu einem der verstrahltesten Orte der Welt gehört. Erst kurz vor unserer Abreise erfuhren wir zudem, dass die Stadt noch vor wenigen Jahren als die Stadt mit der zweitschlechtesten Luft der Welt aufgeführt wurde. Tatsächlich war sie auf die Verarbeitung von Schwermetallen spezialisiert, wobei die Fabriken die Schadstoffe ohne Filter in die Luft bliesen. Wenn man nach draußen ging, nahm man etwas Süßliches, Gasförmiges in der Luft wahr. Wir atmeten also beständig Giftgas ein. Die Krebsrate in unserem Gebiet war um ein Drittel höher als im übrigen Land, und viele Menschen in der Stadt waren krank, darunter zahlreiche Kinder. Mich belastete diese Situation sehr, aber die Vorstellung, gerade diesen Menschen durch die Verkündigung des Glaubens Hoffnung zu bringen, half mir, die gesundheitlichen Risiken auf mich zu nehmen. Außerdem sollte ich ja nur für ein Jahr hier sein.

Nach Ablauf des Jahres führte ich ein Gespräch mit dem Oberen, in dem ich ihn auf meine Berufsausbildung ansprach. Diese war mir sehr wichtig. Ich hatte damals den Wunsch, Krankenschwester zu werden, um mich in diesem Bereich in die Gemeinschaft und für die Menschen einbringen zu können. Unsere Oberin hatte uns ans Herz gelegt, den Oberen nicht durch unsere Art, wie wir ihn fragen, in eine Richtung zu lenken oder ihn durch unsere Wünsche zu beeinflussen, sondern dass wir uns ganz seinem »Licht«, das er für jeden ihm Anvertrauten von Gott empfange, überlassen sollten. Daher betete ich auch um Kraft, seine Entscheidung akzeptieren zu können, wie auch immer sie ausfallen möge. Der Obere sagte mir, ich solle noch in der Missionsstation bleiben, auf unbestimmte Zeit. Die Ausbildung sei im Moment nicht wichtig für mich. Innerlich rang ich heftig damit, seine Entscheidung und somit Gottes Willen für mich anzunehmen und mir möglichst nichts von meiner Enttäuschung anmerken zu lassen. Innerlich war ich jedoch total aufgewühlt. Ob ich jemals noch die Ausbildung machen würde, stand jetzt in den Sternen.

Die nächsten Wochen und Monate waren von Niedergeschlagenheit geprägt. Mein Leben hatte irgendwie sein Ziel verloren, es war plötzlich ein Gefühl der Leere in mir, wenn ich an die Zukunft dachte. Ich hatte die Stimme meiner Eltern im Ohr, die davon sprachen, wie wichtig eine Ausbildung sei. Nun war ich also eine Abiturientin ohne Ausbildung. Ich litt zunehmend unter dem Gefühl, für nichts wirklich qualifiziert zu sein, und das nagte enorm an meinem Selbstwertgefühl. Der Dienst in der Mission half mir darüber hinweg und gab mir Sinn. Ich war sehr gern für die Armen und Bedürftigen da und schloss die Menschen ins Herz.

Nach einem weiteren Jahr wurde ich krank. Heftige Magenschmerzen wurden mein ständiger Begleiter und zahlreiche Nahrungsmittelunverträglichkeiten stellten sich ein. Dem Priester, der die Station leitete, ging es genauso. Medizinisch konnte nichts festgestellt werden. Als ich auf einem Heimatbesuch beim Arzt war, fragte er mich, ob ich in einer Gegend lebe, die entweder sehr hoch liegt oder in der schlechte Luft sei. Letzteres konnte ich bejahen. Ich ging davon aus, dass die schlechte Luft die Ursache für meine Beschwerden war. Als ich mit der Oberin darüber sprach, zitierte sie die Stelle aus dem Evangelium, als Jesus sagte: »Auch wenn ihr tödliches Gift trinkt, es wird euch nicht schaden.« Außerdem verwies sie auf P. Damian de Veuster, der sich auf der Insel Molokai um Leprakranke gekümmert hatte und schließlich selbst an der Krankheit starb. Sie sagte, wir müssten auch die Bereitschaft haben, unser Leben hinzugeben für die Menschen, die Gott uns anvertraut hatte. Ich fühlte mich von ihr in meiner Not nicht wirklich verstanden.

Noch weitere drei Jahre sollte ich an der Station bleiben. Gegen Ende stellte sich ein neues Phänomen ein, das mich über mehrere Jahre hinweg begleiten sollte: Ich bekam eine konstant leicht erhöhte Körpertemperatur. Diese schwächte mich so sehr, dass ich die meiste Zeit liegend verbringen musste. Die Oberin meinte, sie könne es nicht mehr länger verantworten, dass ich an dieser Station sei. Der Abschied von den mir ans Herz gewachsenen Menschen und der kleinen Brüder- und Schwesterngemeinschaft fiel mir sehr schwer. Ich wurde in ein anderes Land versetzt, wo auch der Obere der Gemeinschaft lebte. Auf diese Weise tauchte ich sehr tief in die Spiritualität der Gemeinschaft ein. Der Obere legte allerhöchsten Wert auf das Gebet und hielt uns bei jeder Gelegenheit an, »große Beter« und »Anbeter« zu werden.

Was wir ohne das Gebet sind, drückte er immer wieder mit diesem Satz aus: »Ich bin nichts, ich kann nichts, ich weiß nichts – ohne Gott«. Auf weltliches Können und Wissen wurde kein Wert gelegt, ja dieses wurde oft sogar als Hindernis für das Wirken Gottes gesehen. Eine besondere Macht wurde dem Rosenkranz zugeschrieben, von dem Sr. Lucia von Fatima einmal gesagt hatte: »Ich sage Ihnen, es gibt kein Problem, ganz gleich wie schwierig es auch ist, das wir nicht lösen können durch das Beten des Heiligen Rosenkranzes« (in einem Interview mit Pater Fuentes vom 26. Dezember 1957). Dies führte dazu, dass nötige Problemlösestrategien nicht entwickelt und Konfliktklärungen vermieden wurden, da sich ja die Probleme durch den Rosenkranz lösen würden und wir durch unser eigenes Bemühen um Lösungen dem Wirken Gottes im Weg stünden.

Wenn wir innere Nöte hatten, sollten wir uns nur dem Oberen oder der Oberin der Gesamtgemeinschaft oder evtl. noch dem Priester in unserer Station anvertrauen, keineswegs aber mit Mitschwestern oder -brüdern darüber sprechen. Was in den anderen vorgeht, was sie gerade beschäftigt und worunter sie leiden, war einem deshalb weitestgehend unbekannt. Nach außen hin sah man nur die Fröhlichkeit und das strahlende Lächeln. Es sollte keine Freundschaften zwischen Schwestern geben. Auch Freundschaften nach außen sollten nicht gepflegt werden, um ganz frei zu sein für Jesus. Briefe zu schreiben oder Besuche während des Urlaubs geschahen mehr in dem Anliegen, die anderen geistlich zu stärken, als sich freundschaftlich auszutauschen.

Über eigene Leiden zu schweigen war eine anzustrebende Tugend. »Schweigen, leiden, beten«, war die Maxime. Mittlerweile wurden oft Aussagen von den Oberen in den Betrachtungen zwischen den Rosenkranzgesätzen verwendet. Die »geistige Einheit« mit den Oberen der Gesamtgemeinschaft zu leben war ein hohes anzustrebendes Ziel. So entstand allmählich ein unausgesprochenes Bewertungssystem, wer geistig mehr mit den beiden verbunden war und in ihrem Sinne lebte. Wagte es jemand, Kritik an einer ihrer Entscheidungen zu treffen oder gegen ihre Empfehlungen zu handeln, geriet er unter Generalverdacht. In mir verfestigte sich der Eindruck, richtige Entscheidungen ausschließlich in tiefer geistiger Einheit mit den Generaloberen treffen zu können. Meinen eigenen Gedanken und Empfindungen misstraute ich immer mehr. Diese Haltung wurde sehr gefördert. Selbst kleine Entscheidungen sollten nur in Absprache getroffen werden.

Wie stark wir uns täuschen konnten, wenn wir uns auf uns selbst verließen, machte der Obere einmal in einem drastischen Beispiel deutlich. Er sagte, wenn wir eine Wand sähen, die weiß sei, er sage uns aber, die Wand sei schwarz, dann müssten wir glauben, dass diese schwarz sei. Besonders wenn die »schwere Zeit«, d. h. eine Zeit der Drangsal käme, sei es wichtig, ihm und seinen Anweisungen blind zu vertrauen. Die besondere Begnadung des Oberen wurde zum einzigen Richtpfeiler, an dem sich alle orientierten. Da die angestrebten Ideale sehr hoch, ja eigentlich unerreichbar waren, wurden wir angehalten, in beständiger »Liebesreue« zu leben. Diese Liebesreue wurde uns so erklärt, dass sie ein »herzlicher bitterer Schmerz über die Sünden« sei – »deshalb, weil wir dadurch Gott, der ja ganz Liebe ist, beleidigt haben«. Während des ganzen Tages sollten wir also bei jeder kleinen Unvollkommenheit und bei jedem egoistischen Gedanken Gott sofort um Verzeihung bitten. Bei mir entstand mit der Zeit eine Skrupelhaftigkeit, die schließlich in allem nur noch Unvollkommenheiten entdeckte. Ich lebte den ganzen Tag mit dem Gefühl, nicht zu genügen, und hatte oft Schuldgefühle.

Der Obere hielt uns an, auf Bitten, die uns gestellt werden, immer Ja zu sagen und möglichst keine Bitte abzuschlagen. Man sollte idealerweise der Antwort ein »gern« oder »mit Freude« zufügen. Es wurde bei mir ein gewisser Automatismus, auf jede Anfrage auf diese Weise zu reagieren, und die meisten anderen machten das auch so. Bitten zu erfüllen war außerdem ein eindeutiges Indiz dafür, wie geopfert man war;

es entstand unbewusst ein internes Bewertungssystem, wer mehr dazu bereit war. Nein zu sagen wurde zum No-Go. Der Einfluss der Generaloberen in der Gemeinschaft war sehr groß. Mit der Zeit stellte ich fest, dass unsere Oberin die meisten Entscheidungen mit dem Oberen absprach und sie nur in seinem Sinne traf.

Großes Vorbild in allem war die Gottesmutter. Alle Mitglieder der Gemeinschaft weihten sich ihr täglich, denn die Kraft für das gottgeweihte und geopferte Leben ströme aus der innigen Einheit mit der Gottesmutter Maria. Die Mitglieder der Gemeinschaft seien in besonderem Maß dazu berufen, durch die Ganzhingabe an Maria in deren Makellosigkeit hineingenommen zu werden. Immer wieder sagte der Obere: »Die Gottesmutter hat nie auch nur eine Sekunde an sich gedacht.« Wir sollten uns selbst völlig vergessen, ja, unser Ich sollte völlig ausgelöscht werden, damit Gott den ganzen Platz in uns einnehmen könne. Nie auch nur eine Sekunde an sich denken, das war einfach nicht zu schaffen, und wenn ich einem inneren Wunsch nachgab, kam postwendend das schlechte Gewissen.

Immer wieder sprach der Obere auch über den Wert des miterlösenden Leidens und gab uns Mystiker und Sühneseelen zum Vorbild. Persönlich aufgeopfertes Leiden, mit dem Leiden Jesu vereint, werde direkt in den Seelen der Menschen fruchtbar, gemäß dem Pauluswort: »Jetzt freue ich mich in den Leiden, die ich für euch ertrage. Ich ergänze in meinem irdischen Leben, was an den Bedrängnissen Christi noch fehlt an seinem Leib, der die Kirche ist« (Kol 1,24). Dies führte zu einer gewissen Leidensverherrlichung, sodass Mitglieder der Gemeinschaft eher angehalten wurden, Krankheiten aufzuopfern anstatt dass man sie ermutigte, professionelle Hilfe in Anspruch zu nehmen, vor allem wenn es sich um psychische oder psychosomatische Leiden handelte. Da ich oft hörte, dass Kranke, die ihre Beschwerden mit dem Leiden Jesu vereinen und Gott schenken, mehr zum Heil der Seelen beitragen als die Gesunden, war ich mit der Zeit sogar etwas stolz darauf, krank zu sein.

Bei uns Schwestern spielte zudem die Berufung zur »geistigen Mutterschaft für die Priester« eine wichtige Rolle. Wir lernten: Alles, was wir tun, beten und aufopfern, kommt in geistiger Weise direkt den Priestern zugute, sodass sie daraus geistige Kraft schöpfen und heilige Priester werden. Ähnlich wie eine Mutter ihrem Kind irdische Nahrung gibt, können wir die Priester auf geistige Weise nähren. Dies bedeutete für die Schwestern auch, äußerlich ganz in den Hintergrund zu treten und sich ganz für die Priester hinzugeben, ja, aus ihrem Leben ein beständiges Opfer für die Priester zu machen bis zur völligen Selbstaufgabe. Die Oberin sagte uns einmal, manche Priester der Gemeinschaft hätten ohne uns keine Chance, heilig zu werden. Es hing also von uns ab, wie heilig die Priester lebten! Daraus folgerte ich im Umkehrschluss: Wenn ein Priester nicht heilig genug ist, trage ich Verantwortung dafür, weil ich mich zu wenig für ihn hingegeben habe. Bei mir bewirkte das einen immensen inneren Druck und oft auch ein schlechtes Gewissen, wenn ich Unvollkommenheiten bei Priestern bemerkte. Wahrscheinlich habe ich mich zu wenig für ihn hingegeben, dachte ich dann.

In den folgenden Jahren gab es Phasen besserer körperlicher Belastbarkeit sowie Zeiten, in denen ich wieder erhöhte Temperatur hatte. Insgesamt aber verschlechterte sich mein Gesundheitszustand. Es gab an meiner Station nur gemeinschaftsinterne Aufgaben und nahezu nichts, was einen ablenkte. Wir hatten keinerlei Kontakte nach außen, die einen irgendwie auf andere Gedanken gebracht hätten. Eine große innere Schwere machte sich in mir breit. Die Oberen rügten mich immer wieder, ich kreise zu viel um mich selbst, und ermahnten mich, meine Krankheit aufzuopfern. Ich bekam das Gefühl, meiner Berufung nicht zu entsprechen, und Traurigkeit machte sich breit. Mein Leben schien mir so sinnlos. Die einzige Zukunftsperspektive, die ich in dieser Zeit hatte, war die Hoffnung, möglichst bald zu sterben. Es entstand eine regelrechte Todessehnsucht. Das Leben erschien mir nicht mehr lebenswert. In mir war innerlich nichts Lebendiges mehr, ich versuchte mich einfach irgendwie durch die Tage zu schlagen. In der Gemeinschaft wurde innere Schwere als Zeichen für den geistigen Kampf gegen die Dämonen gewertet, daher versuchte ich sie tapfer zu ertragen. Als ich letztendlich nur noch Suppe essen konnte und immer mehr abnahm, setzte meine Mutter durch, dass ich in Deutschland eine Kur machen durfte. Diese brachte endlich die erhoffte Besserung.

Nach einiger Zeit wurde ich versetzt und übernahm die Leitung eines gemeinschaftsinternen Lagers für Missionsartikel. Da die Aufgaben dort immer mehr zunahmen und ich gesundheitlich wieder zunehmend angeschlagen war, bat ich den Oberen nach zwei Jahren, die Leitung abgeben zu dürfen. Dieser sagte mir aber, Jesus wolle, dass ich die Leitung behalte. Schließlich kam es bei mir zum völligen Zusammenbruch: Erschöpfung, Tinnitus und Burnout mit Suizidgedanken. Ich fühlte mich innerlich wie in einem tiefen dunklen Loch. Beim Gebet konnte ich meine Gedanken nicht sammeln, ja, Gott schien unendlich weit weg zu sein.

Zu diesem Zeitpunkt stellte ich zum ersten Mal die Geistigkeit der Gemeinschaft und die Führung durch den Oberen in Frage. Ich hatte doch alles getan, was von mir verlangt worden war, hatte alle Opfer gebracht – warum ließ Gott nun so etwas zu? Hieß es nicht, wer ganz auf sich selbst verzichtet, wird heilig? Mir schien mein Zustand aber sehr weit weg zu sein von Heiligkeit. Das konnte doch nicht von Gott gewollt sein. In mir kamen sehr viele Fragen und Zweifel hoch. Das Fundament, auf das ich nun bald zwei Jahrzehnte gebaut hatte, begann zu bröckeln.

Aus eigenem Antrieb suchte ich mir eine Therapeutin, die mich ganz langsam, Schritt für Schritt, wieder in die Selbstverantwortung führte. Ich begann mit einer Logotherapie-Ausbildung, da ich sehr stark auf der Suche nach Sinn war. Der Leiter des Logotherapie-Instituts ermutigte mich, ein Sozialpädagogikstudium als Grundlage für die Therapieausbildung zu absolvieren, wozu ich tatsächlich die Erlaubnis bekam. Darauf setzte ich noch eine Systemische Therapieausbildung. Ich blühte zunehmend auf und Zuversicht stellte sich ein. Ich brauchte eine Aufgabe, die mich erfüllte und bei der ich ich selbst sein konnte, das war mir jetzt klar. Im Laufe der Jahre fand ich mit Hilfe meiner Therapeutin innerlich den Weg heraus aus einer pervertierten Geistigkeit und gelangte zu immer mehr innerer Freiheit. Mein Wunsch war es, Menschen, die wie ich in einer Sinnkrise waren, zu begleiten und sie in ihrer persönlichen Entwicklung zu unterstützen. Dafür lohnte es sich zu leben.

Meine Entwicklung wurde von meinen Mitschwestern sehr kritisch gesehen. Sie merkten, dass ich einen Weg ging, der nicht mit der Spiritualität der Gemeinschaft konform war. Zwar hatte ich für alles die Erlaubnis bekommen, war aber doch in ihren Augen vom absoluten Gehorsam und damit vom Willen Gottes weit entfernt. Manche Schwestern sprachen nicht mehr mit mir, und ich erlebte eine sehr schmerzhafte Zeit von Ausgegrenztheit. Dass die Oberen der Gemeinschaft meinen Weg eigentlich nur duldeten, aber nicht wirklich dahinterstanden, war mir klar.

Nach Beendigung des Studiums erfuhr ich in einem Gespräch mit der Oberin, dass es mir nicht erlaubt werde, als Schwester der Gemeinschaft therapeutisch zu arbeiten. Nun brach meine Welt völlig zusammen. Alles, was ich mir in den letzten Jahren mühevoll erarbeitet hatte, sollte ich jetzt aufgeben, um wieder irgendwelche Hilfsarbeiten auszuführen? Nein, das konnte Gott unmöglich wollen! Ich entschied mich, die Gemeinschaft zu verlassen, was nach 23 Jahren Zugehörigkeit ein riesiger Schritt war. Zudem hatte ich außer einer kleinen Starthilfe kein persönliches Geld und während all der Jahre war nichts in die Rentenkasse einbezahlt worden. Aber in allem erfuhr ich in den kommenden Jahren die unglaubliche Fürsorge und Hilfe Gottes, der mir in dieser sehr herausfordernden ersten Zeit in der »Welt« immer wieder Menschen an die Seite stellte, die mich auf meinem Weg unterstützten.

Ungefähr ein Jahr nach meinem Austritt hörte ich zum ersten Mal vom Begriff des geistlichen Missbrauchs. Ich besorgte mir sofort ein Buch darüber. Mir wurde sehr schmerzhaft bewusst, in welche Machenschaften von Manipulation und geistiger Hirnwäsche ich hineingeraten war. Wie eine Spinne mit ihrem Faden ihre Opfer langsam einwebt und sie dann im Netz gefangen hält, hatte auch ich mich in die geistige Verführung einwickeln lassen und dabei jegliche Beziehung zu mir selbst verloren. Wie eine Marionette war ich fremdbestimmt und völlig dem Willen der Oberen ausgeliefert gewesen. Dass dies in keiner Weise der Wille Gottes war, ist mir zum jetzigen Zeitpunkt klar.

Allen, die sich in ähnlichen Strukturen befinden, rate ich dringend, sich Unterstützung außerhalb ihres Systems zu suchen. Diese kann in einem guten geistlichen Begleiter, einem Berater oder auch einem Therapeuten bestehen. Allein hätte ich den Weg heraus nicht geschafft. Nur durch professionelle Begleitung konnte ich mich von vehementen Schuldgefühlen und inneren Zweifeln befreien, die mir sagten, mein Weg in die innere Unabhängigkeit sei falsch.

Heute weiß ich: Wo der Geist Gottes ist, ist Freiheit. Wird diese innerste Freiheit des Menschen nicht geachtet, ist dies menschenverachtend und massiv grenzüberschreitend.

Vom falschen Streben nach Heiligkeit

Cäcilia Görtz

Meine älteste Tochter ist 16 Jahre alt, ein hübsches, sportliches, selbstbewusstes Mädchen mit vielfältigen Interessen und Plänen. Ihr macht es große Freude, sich modisch anzuziehen, die Fingernägel immer wieder neu zu lackieren, sie schminkt sich mit einer entspannten Leichtigkeit. Ihre Jeans haben Löcher an den verschiedensten Stellen und wechseln ständig den Schnitt. Sie trägt Tops, die über dem Bauchnabel aufhören, und fühlt sich dabei sehr wohl. Sie hat eine eigene Meinung und diskutiert gern; es ist aufregend, zu hören, wie unterschiedlich Dinge gesehen werden können. Sie macht den Eindruck eines gesunden, freien, selbstbestimmten Menschen. Pubertät kann anstrengend sein, aber auch wahnsinnig aufregend und spannend. Meine Tochter ist wunderschön und ein Geschenk des Himmels. Nun ist sie auch noch verliebt. Diese neuen Gefühle sieht man ihr förmlich an; sie lassen sie im siebten Himmel schweben.

Als wir letztens ein Wochenende unsere große verliebte Tochter allein daheim ließen, da überkam mich das Gefühl, dass sie selber ganz gut weiß, was für sie gut ist, und sie keine »Dummheiten« machen wird. Ich erzähle meinen Mann davon und er fragte mich scherzend, warum ich etwaige »Knutschereien« eigentlich »Dummheiten« nenne. Ob ich nach so vielen Jahren Liebkosungen immer noch als »Dummheiten«

bezeichne? – Und genau hier beginnt meine Geschichte, mein Teil, warum ich in diesem Buch zu spiritueller Manipulation auch schreiben möchte.

Aufgewachsen in einer Familie, geprägt von einem kirchlichen Umfeld, aber auch sehr stark beeinflusst von einer geistlichen Gemeinschaft, der meine Mutter angehörte, konnte ich als Jugendliche genau diese Begeisterung für das Leben mit allem, was dazugehört, wie ich sie mit Freude bei meinen Töchtern sehe, nicht bzw. nicht so unbeschwert erleben. Mir wurden manche Gefühle genommen, die Autonomie über meine Spiritualität und meinen Körper war eingeschränkt.

Ich blicke zurück und sehe mich mit meinen eigenen innersten Wünschen, Freuden und Sehnsüchten in dem Alter. Ich sehe mich im Kontrast zu meinen Töchtern heute und möchte versuchen zu erklären, warum damals meine (innere) Entwicklung an die »falsche Adresse« geraten ist. Dadurch, dass meine Mutter dieser Gemeinschaft angehörte, brauchte ich nicht mit einer bewussten Entscheidung Mitglied zu werden oder mich überhaupt zu bewerben. Der Einfluss der Gemeinschaft kam von selbst. Es gab Leitlinien zum Gottesdienstbesuch und zur regelmäßigen Beichte, außerdem Angebote im Gewissensspiegel, v.a. in Bezug auf Keuschheit, als eine Art Vorschlag, was man mindestens immer beichten könnte.

In dieser Gemeinschaft war eine regelmäßige Beichtpraxis, am besten wöchentlich, quasi Standard. Ein Kommunionempfang ohne vorherige Beichte ist unwürdig, hieß es. Eine würdige und angemessene Kommunionvorbereitung setzt eine gründliche Gewissenserforschung voraus. Die Damen der Gemeinschaft, die wir von verschiedenen Glaubensgesprächen und häufigen Treffen kannten, haben oft »passende« Gewissensspiegel vor den Beichtterminen laut vorgelesen. Der

Gewissensspiegel wirkte wie eine Angebotsliste, was man mindestens beichten müsste. Dass der Priester dann im Beichtstuhl den Gewissensspiegel auch nochmal ähnlich abgefragt hat, hat das Ganze zu einem für mich belastenden Geschehen gemacht.

Wie sündig und unwürdig ist man, wenn man Dinge beim Beichten vergisst? Was geschieht mit mir, wenn ich unwürdig die heilige Kommunion empfange? Solche Fragen gehörten zu meinen großen Sorgen. Die Bußgebete habe ich lieber schon direkt doppelt und dreifach gebetet, aus der großen Sorge, dass ich wieder abgefragt werden könnte und falls ich doch etwas vergessen hätte.

Eine große innere Befreiung war ein Priester, bei dem ich Jahre später beichten war, der mir einen Vorschlag machte, wie ich den Menschen, denen gegenüber ich mich ungerecht verhalten hatte, etwas besonders Gutes und Schönes tun könnte. Dass meine gemachten Fehler bei Gott aufgehoben sind und mir mit dessen Hilfe wohl so auch nicht wieder passieren müssen. Ein Gott, der aus der Spirale von Schuld befreit. Ganz anders stehe ich vor Gott da, der das kann und mich so will. Ich fühle mich geliebt und aufgehoben.

Unsichere, wirre, fragende Gedanken der Pubertät wurden in dieser Gemeinschaft damit beantwortet, dass der »Herrgott« auf alles eine Antwort weiß. Die richtige Antwort des lieben »Herrgotts« wussten natürlich Mitglieder der Gemeinschaft am besten. Sie hatten quasi durch die Gemeinschaft eine bessere Verbindung zu Gott.

Eigene Gedanken und Gefühle waren etwas, das man mit der »täglichen Übung der christlichen Keuschheit« beherrschen sollte. Präzise wurden »Probleme« angesprochen, die der christlichen Keuschheit im Wege standen. Beim Tanzkurs z. B. sollte ich mich gar nicht erst als Tanzpartnerin anbieten.

Entweder ich ließ den ganzen Kurs oder aber ich achtete besonders auf angemessene Kleidung und Bewegungen und stellte mich extra zurück, damit ich nicht »begehrenswert« war.

Auf Situationen wie die, dass ich von einem Jungen nach Hause gebracht werden könnte, mich mit ihm allein in einem Raum oder gar Auto befinden könnte, bereitete ich mich vor, indem ich unauffällig (!) dafür sorgte, dass ich nicht in solch eine Situation kam. Da wäre die Möglichkeit, dass man einfach gar nicht abends unterwegs ist, oder dass man immer nur in Gruppen mit der passenden Freundin unterwegs ist. Aus »Schutz« für alle. Eine meiner Freundinnen ist z.B. gar nicht auf eine Gartenparty gekommen, weil es bei der Heimfahrt evtl. zu ungünstigen Situationen der Begleitung nach Hause hätte kommen können: ein Kommilitone, der nur zufällig denselben Heimweg hat wie sie etc. Bei solchen Situationen frühzeitig zu verzichten und dann an dem Abend lieber zur Ewigen Anbetung zu gehen, sei die optimale Lösung, sagte man uns.

Mein Vater gehörte der Gemeinschaft nicht an. Er hat mich und meine Schwester einfach beim Tanzkurs angemeldet, und beim Abholen hat er sich oft verspätet oder es ganz vergessen. Das war wie eine kleine Rettung am Rande, die mir, der Schülerin an einer Mädchenschule, normalen, lustigen Kontakt zu Jungen ermöglicht und gezeigt hat, dass die Jungen gar nicht ständig »sündhafte« Gedanken haben.

Der Einfluss der Gemeinschaft auf mein spirituelles Leben und Empfinden war aber sehr stark und über Jahre nahezu nicht ausweichbar. In der Gemeinschaft gab es Personen, die meine innersten Gefühle und Gedanken meinten zu kennen, meine Schwächen und Zweifel für sich ausnutzten und mich unfrei machten.

Teils waren meine Handlungen davon manipuliert, dass man mir immer wieder erzählte, wie ich meinen Alltag zu heiligen, Gefühle und körperliche Regungen »abzutöten« hätte und meine »Keuschheit« bewahren müsste.

Frauen mit wadenlangen Röcken wecken bei mir bis heute Assoziationen und auch Wut, dass mir dies geschehen konnte. Wie konnte ich dieser »Wahrheit« glauben? Einzelne dieser Begleiterinnen waren so gut aufeinander abgestimmt und der Gemeinschaft hörig, dass die »Stimme Gottes« immer einheitlich klang.

Wie zufällig wollten sich immer wieder jüngere Damen/Studentinnen aus dem Haus der Gemeinschaft mit mir treffen, weil wir ja dieselben Interessen hätten oder irgendetwas gemeinsam unternehmen könnten. Eine junge Frau versuchte mit kleinen handgeschriebenen Zetteln, die sie meiner Mutter nach den täglichen Gottesdiensten, die meine Mutter besuchte, mitgab, mir immer wieder Vorschläge für ein Treffen zu machen. Weil sie aber so höflich und freundlich formuliert waren, war es mir nahezu unmöglich, abzusagen. Bei den Treffen gingen wir beispielsweise Eis essen, aber irgendwie kamen dann schnell »diskrete« Ratschläge, wie man »heilig leben« könne. Das waren keine Fragen, ob ich so etwas hören wollte oder nicht, sondern konkrete Aufträge, dass man sich doch bitte mal um diese Mitschülerin kümmern sollte und sie mit ins Haus bringen könnte, weil die doch schon durch ihr Verhalten zeige, dass sie ihr Leben noch mehr heiligen wolle.

Auch jemanden, der etwas besonders gut konnte, für die Gemeinschaft zu gewinnen, war ein besonderes Verdienst. Nebenbei kamen weitere Ratschläge, z. B. nicht mehr an der Bushaltestelle mit den Jungen aus der Nachbarschule zu warten, sondern mehr Zeit der Liebe zum Herrn zu widmen. Liebe zum Herrn zeigte man besonders, indem man z. B. zwischendurch den Rosenkranz betete. Empfohlene Literatur wie »Jesus und dein Leib« wurden nicht nur als lesenswert behandelt, sondern als Richtschnur zum Leben.

Wie viel Unbeschwertheit mir dadurch genommen wurde und wie ich es geschafft habe, mich daraus zu befreien und dem Gott der Liebe zu begegnen, wage ich nur zu erahnen. Selbst im Studium bei meinem Wechsel zu einem anderen Studienort – meine Mutter wünschte mir innerliche und äußerliche Freiheit – tat sich wie von selbst und »zufällig« ein neuer Kontakt mit freundlicher, völlig unverbindlicher Einladung zur Gemeinschaft auf.

Dadurch, dass meine Mutter der Gemeinschaft angehörte und vor allem eine geistliche Begleitung der Gemeinschaft in Anspruch nahm, möchte ich heute sagen, dass der Missbrauch sich nicht allein auf mich beschränkte, sondern auch auf das, was die Beziehung meiner Mutter zu mir ausmachte. Sie nahm sich viel Zeit, mir zuzuhören, gab meinen Zweifeln, meinem Unverständnis, meinen pubertären Schwierigkeiten und Fragen viel Raum, ich habe ihr sehr frei ganz viel anvertraut. Dabei habe ich sie als liebevolle und zunächst auch verständnisvolle Mutter erlebt. Da sie sich jedoch auch ihrer geistlichen Begleitung verpflichtet fühlte, kamen meine seelischen Bedürfnisse nie bei ihr allein an.

Nach »geistlichen Begleitungen/Gesprächen« reagierte meine Mutter oft für mich völlig unberechenbar hart und unnahbar, wie es nicht ihrem eigentlichen Wesen entsprach. Plötzlich gab es dann keine Möglichkeiten mehr und freie Entscheidungen, (gemeinsames) Durchdenken und Abwägen von Entscheidungen, sondern Anweisungen, deren Nicht-Befolgen »böse« war, ein Abkommen vom Weg der Heiligkeit.

Die geistliche Begleiterin meiner Mutter oder auch andere »gute Bekannte« nahmen mich »zur Seite«, und ich bekam zu spüren, dass die »Stimme Gottes«, die die Gemeinschaft am allerbesten und exklusivsten kannte, alles sieht und es keinen anderen Weg gibt als die Art der Gemeinschaft, nach »Heiligkeit zu streben«. Es gab einen Gott, der ganz genau »weiß und will«, was ich zu tun habe.

Heute weiß ich, dass dies nicht Gott war, sondern ein System, welches die Schamlosigkeit besaß, eine Wahrheit zu setzen, die angeblich gottgewollt ist. Dies ging so weit, dass im Sinne der »Heiligkeit« alles erlaubt war, die Gespräche von Mutter und Tochter zu manipulieren wie auch Reaktionen und Gefühle ungefragt zu bewerten.

Banale Beispiele waren der Kauf eines recht kurzen Rocks, mit dem ich mich sehr schön fand und damit durchaus auch den anderen gefallen wollte. Meine Mutter war zunächst nur amüsiert und hat den Rock auch ohne mit der Wimper zu zucken bezahlt. Ein paar Wochen später durfte ich den Rock dann aber nicht im Gottesdienst der Gemeinschaft anziehen, weil es sich nicht »ziemt« und die Damen dort im Haus so etwas nicht gern sähen. Wie zufällig ergab sich dann ein Gespräch mit einer der Frauen des Hauses über Kleidung und was man nicht tragen solle. Das Tragen eines zu kurzen Rockes wäre nicht nur für mich schädlich, sondern auch ungerecht für meine Mitmenschen, v. a. Männer.

Bis heute holen mich manchmal unvorbereitet Gedanken und Erinnerungen von damals ein. Beispielsweise wenn ich mich schminke, ob ich »übertreibe« und ich das »darf«. Im Alltag retten mich meine Tochter, die mir gern hilft, und mein Mann, der begeistert bunte kurze und lange Sommerkleider mit mir kauft. In unserer Kennenlernzeit fragte mein Mann entgeistert: »Und das hast du wirklich so geglaubt?« Ich weiß gar nicht, ob ich das alles »geglaubt« habe, sondern ich bin so aufgewachsen, dass dies eine Selbstverständlichkeit war, die man nicht anzweifeln durfte, und ich keine anderen Möglichkeiten kannte.

Mein Religionsunterricht in der Schule eröffnete mir eine neue, viel weitere Welt des Glaubens und zeigte mir, dass Zweifeln und Fragen zu Gott gehören wie auch Freiheit. Ich kann es kaum fassen, aber tatsächlich konnte ich nichts anderes glauben, bis ich diese ganzen wundervollen Möglichkeiten und Freiheiten von Gott erleben durfte. Dazu gehörte auch ein bewusstes Lossagen von alldem, was Gott nicht ist. Ich wünsche allen Menschen, dass sie losgesprochen sind von alldem, was sie am Leben hindert, und spirituelle Selbstbestimmung erfahren dürfen.

Aufgewachsen in einer geistlichen Hölle

Regina Diem

Es erschreckt mich, dass ich seit ein paar Jahren so viel über sexuellen Missbrauch in der Kirche höre. Die Nachrichten über die Missbrauchsfälle lassen mir den geistlichen Missbrauch meiner Kindheit wieder deutlich werden. Ich werde bald 60 Jahre alt und bin erst jetzt in der Lage, meine Kindheit und Jugend zu reflektieren. Meine im Krieg heimatvertriebene und ›gut katholische‹ Mutter geriet durch einen Priester in den 1960er-Jahren in eine religiös extreme Gemeinschaft. Sie verbrachte die Wochenenden und die Ferien mit uns Kindern in einer Niederlassung der Gemeinschaft, in die der Priester die Mutter hineingebracht hatte. Mein Vater wurde davon nicht in Kenntnis gesetzt. Daran zerbrach die Ehe meiner Eltern. Zwei leitende Priester der Gemeinschaft unterstützten meine Mutter in ihrer Einstellung, dass mein Vater vom Satan besessen sei und sie sich nach Gottes Willen von ihm trennen müsse.

Die Scheidung fand in den 1970er-Jahren statt, und mein Vater wurde nach damaligem Recht für schuldig erklärt. Die Schreiben mit den Anschuldigungen, die mit Hilfe dieser Priester verfasst wurden, entbehrten jeder Grundlage. Es wurde meinem Vater der Kontakt zu uns Kindern verboten. So mussten wir in der geistlichen Hölle der Gemeinschaft aufwachsen.

Über den sexuellen Missbrauch an Kindern und Jugendlichen in der Kirche wird heute zwar viel gesprochen, aber die vielen, die – wie ich – ihre Kindheit und Jugend in einer extremen geistlichen Gemeinschaft verbringen mussten, werden noch nirgends erwähnt. Es wurde versucht, uns geistlich einer Gehirnwäsche zu unterziehen. Die Predigten vermittelten Höllenszenarien, die jedem modernen Drehbuch eines Horrorfilms gerecht würden. Unerträglich waren für mich die wöchentlichen Gottesdienste zur Erinnerung des Leidens Jesu am Kreuz. Plastisch und grausam wurde das körperliche Leiden Jesu mit viel Blut und Qual beschrieben, was meine Kinderseele tief verstörte.

Die Eltern der anderen Kinder waren ebenso überzeugt von der Lehre der Gemeinschaft wie meine Mutter. Was aus diesen jungen Menschen geworden ist, entzieht sich meiner Kenntnis, da ich nach meiner Volljährigkeit alle Verbindungen in diese Richtung abgebrochen habe. Vermutlich ist ihr Schicksal ähnlich wie bei mir und meiner jüngeren Schwester. Wie oft mussten wir von der Mutter den Bibelsatz hören: »Wer seine Kinder liebt, züchtigt sie.« Ich weiß nicht mehr, wie viele Kochlöffel zerbrachen, wenn die Mutter uns schlug. Die ganze Erziehung wurde von der Gemeinschaft gesteuert. Obwohl meine schulischen Leistungen in der Grundschule hervorragend waren, durfte ich nicht auf das Gymnasium, da ein katholisches Mädchen das nicht brauche, um eine gute Mutter und Hausfrau zu sein. Ich wollte gern Kfz-Mechanikerin oder Schreinerin werden, doch dieser Berufswunsch wurde von meiner Mutter und ihren geistlichen Beratern als inakzeptabel abgelehnt, da die Zusammenarbeit mit Männern für ein katholisches Mädchen nicht in Frage komme. So lernte ich entgegen allen meinen Neigungen einen pädagogischen Beruf, der mir nie Freude machte. Die Gespräche mit den Lehrern der Hauptschule, die meine technischen Fähigkeiten kannten, waren für meine Mutter nicht relevant. Meine Wünsche für die Berufswahl veranlassten leitende Priester der Gemeinschaft, über mich als Kind und Jugendliche mehrfach den Exorzismus zu beten, um den Satan auszutreiben, der mir solche Gedanken angeblich eingab. Das geschah so oft, dass ich bis heute die Worte des Exorzismus-Gebetes in mir höre.

Bereits als Kind und besonders als Jugendliche habe ich die Aussagen der Evangelien mit dem verglichen, was uns von der Kanzel gepredigt wurde. Diese Diskrepanz veranlasste mich, die Bücher des Kirchenlehrers Augustinus, von Ignatius von Loyola und von Teresa von Avila zu lesen. In einer Niederlassung der Gemeinschaft gab es eine gut gefüllte Bibliothek, und zu meinem Glück erkannte niemand, dass ich durch das Lesen dieser Bücher zu einem völlig anderen Glauben geführt wurde, als er dort verkündet wurde.

Ich sehnte meine Volljährigkeit herbei, um endlich mein Leben leben zu können. Als es so weit war, versuchte ich im normalen Leben anzukommen. Vieles, was für andere Jugendliche normal war – wie moderne Musik, Discos, Feiern etc. –, war für mich so fremd, dass ich mich dort nie wohlgefühlt habe. Um nicht ständig durch »Wissenslücken« aufzufallen, gab ich es bald auf, mich im Leben junger Erwachsener zu integrieren. Die deutsche Volksmusik und die Kirchenlieder des Gottesdienstes waren meine musikalische Welt. Da ich, wie meine Schwester auch, von den Großeltern eine große Musikalität geerbt hatte (wir spielten Orgel nach Gehör bis zu fünfstimmig), wandte ich mich dem kirchlichen Bereich zu und versuchte, dort Fuß zu fassen.

In dem Betrieb, in dem meine Mutter beruflich tätig war, war auch eine Ordensfrau, Sr. Ursula, beschäftigt. Sie gab mir ab meinem zwölften Lebensjahr Halt und Geborgenheit durch viele Gespräche. Diesen Kontakt konnte meine Mutter auf Grund ihrer Arbeitsstelle nicht unterbinden. Die Gespräche mit Sr. Ursula haben meinen Glauben an den liebenden Gott, der zu mir steht, gestärkt. Da ich mich im normalen Leben nicht daheim fühlte, wollte ich mit 20 Jahren in die Gemeinschaft von Sr. Ursula eintreten. Die sehr kluge damalige Oberin riet mir jedoch, erst einige Zeit in meinem Beruf zu arbeiten und dann nochmals vorzusprechen.

Ich versuchte, ein einigermaßen normales Leben zu führen, was aus heutiger Sicht mehr ein »Hineinstolpern« war. Mit Mitte 20 lernte ich über die Vermittlung einer Arbeitskollegin meinen ersten Mann kennen. Ich heiratete, obwohl ich keine Erfahrung mit einer Beziehung hatte, und bekam meine Kinder. Um in der normalen Kirche anzukommen, engagierte ich mich mit Freude in der Pfarrei, in der wir lebten. Ich war Organistin, Wortgottesdienstleiterin, Lektorin, Mitarbeiterin im Pfarrgemeinderat und im Kindergottesdienst-Team. Dass ich nach den schrecklichen Erfahrungen mit Gottesdiensten in der Kindheit mal selbst einen Gottesdienst gestalten würde, erfüllte mich mit großem Glück.

Leider scheiterte meine Ehe und wurde geschieden. Ich legte meine Ämter in der Gemeinde nieder, weil ich überlastet war. Zum ersten Mal in meinem Leben fühlte ich mich frei, obwohl ich aus Verantwortung für meine Kinder im Gästezimmer des Anwesens meines Mannes lebte. Ich machte im Telekolleg das Fachabitur. Ich wollte meinen Kindern eine gute Mutter sein. Meine Beziehung zu Jesus trat in den Hintergrund. Ich lebte mein Leben in vollen Zügen und mit allen Facetten. Aus heutiger Sicht lebte ich in zwei Welten. Dem Leben mit meinen Kindern stand das Leben mit wechselnden Partnern gegenüber. Jedoch vermisste ich nach einiger Zeit immer schmerzlicher das liebevolle Du in einer Beziehung und suchte per Internet nach einem Partner. Dadurch lernte ich meinen jetzigen Mann kennen und lieben. Diese Ehe ist ein Geschenk, auch heute noch.

Mein Mann lernte mich zwar als katholisch und mit Interesse zur Kirche kennen, jedoch als nicht praktizierend. Die Geschehnisse um die Verantwortlichen der Gemeinschaft, in der ich als Kind und Jugendliche leben musste, die Peiniger meiner Kindheit, verfolgte ich in den Medien. Die Gemeinschaft gehört zur katholischen Kirche. Ich entschloss mich, mit meinem Geld keinen Beitrag mehr für diese Kirche, in der es solche Menschen gibt, zu leisten. Die Entscheidung war und ist für mich heute noch richtig. Der gleichen Organisation anzugehören, war und ist für mich nicht mehr möglich. Es ist für mich kein Bruch mit meinem Glauben und ist es nie gewesen.

Meine Sehnsucht nach dem Orgelspiel, das ich immer als mein persönliches Gebet empfunden hatte, wurde immer größer. Vor etwa sieben Jahren konnte ich erstmals wieder auf einer Kirchenorgel spielen. Der sakrale Raum, das Licht neben dem Tabernakel, die Lieder, das war der Augenblick, in dem Jesus wieder in mein Leben trat. Diesen Moment werde ich nie mehr vergessen. Mein Glaubensleben wurde mit den Jahren immer intensiver und mein Mann musste damit umgehen. Ich bin ihm unendlich dankbar, dass er meinen Weg zum Glauben mitträgt, auch wenn es ihm selbst fremd ist. Aus meiner Kindheit habe ich die Ehrfurcht und die Verehrung des Allerheiligsten Altarsakramentes positiv mitgenommen. Nur wenige Menschen in meinem Umfeld wissen, dass ich keine Kirchensteuer mehr bezahle. Den Begriff »Austritt« benutze ich bewusst nicht. Der sozialen Verantwortung entziehe ich mich finanziell nie. Zu wissen, dass ich mit meinem Geld wirklich Not lindern kann, ist mir wichtig.

Ich spende Summen in Höhe der Kirchensteuer für soziale Zwecke.

Aus Sicht des katholischen Kirchenrechts bin ich als geschiedene, wiederverheiratete und ausgetretene Frau jenseits aller Rechte, die Sakramente zu empfangen. Es ist allein meine Verantwortung, mit tiefer Sehnsucht die Sakramente zu empfangen. Ich würde gern wieder zeitweise in Kirchen Orgel spielen, Menschen mit den alten Liedern Freude machen, im Gottesdienst mitwirken, doch der Weg dahin ist mir versperrt.

Nebel, Leere, Lähmung

Elaia Merced

In der Gemeinde, in der ich mich ehrenamtlich engagierte, ergab sich unerwartet ein Gespräch mit einem Pater. Mir waren über andere Gemeindemitglieder, die ihn mitunter anhimmelten, seine kirchlich sehr konservativen Äußerungen zu Ohren gekommen, die mich störten. Es kam also zu dieser persönlichen Begegnung, aus der ein längerer Kontakt entstand, und ich war angetan und berührt von ihm. Seine Weltsicht wirkte im persönlichen Gespräch viel reflektierter und differenzierter, als ich gedacht hatte. In diesen Gesprächen ging es erster Linie über unseren Glauben und die Kirche. Noch nie hatte sich jemand so für meine spirituelle Suche, mein kirchliches Engagement und meinen Wunsch, mein Leben aus dem Glauben heraus zu gestalten, interessiert und noch nie hatte ich mich darin so verstanden gefühlt wie von ihm. Er teilte viel von seiner eigenen Berufungssuche mit mir und erzählte mir sehr offen von den Schritten und Entscheidungen, auch dem Hadern auf seinem Lebensweg, und es berührte mich und ehrte mich in gewisser Weise auch, dass er sich da so öffnete. Er erklärte mir ausführlich seine Positionen und wie er mit der Zeit und wachsender Reife zum Für-wahr-Halten der katholischen Lehre gefunden hatte, brachte mir – auch da, wo ich seine Haltungen kritisch in Frage stellte – viel Geduld und Wertschätzung entgegen und schenkte mir, obwohl er sehr viel zu tun hatte, viel Zeit und Aufmerksamkeit.

Das bewegte mich sehr. Er fühlte sich für mich wie ein Geschenk des Himmels an, wie ein Bote Gottes, der mir geschickt worden war, um meinen Weg zu begleiten und mit mir eine Perspektive für mein Leben im Glauben zu finden. Ich dankte Gott für diesen tiefen Austausch, dafür, nicht allein mit meinen Fragen zu sein. Doch da bemerkte ich schon, dass etwas in diesem Dank fahl war, dass es keine Resonanz in diesem Dankgebet für diesen Kontakt gab. Ich nahm diese vage Ahnung zu diesem Zeitpunkt nicht wichtig.

Ich überlegte, einen beruflichen Weg in der Kirche einzuschlagen, die ganze Zeit schon, aber tat mich schwer damit, dass die Kirche von vielen Menschen und aus meiner Sicht durchaus zu Recht als ausgrenzend und menschenverachtend, fern von Lebenswelt und -fragen, als homophob und frauendiskriminierend wahrgenommen wird. In meinem engen Umfeld gab es Menschen mit persönlichen Verletzungsgeschichten mit dieser Seite von Kirche, und ich verstand gut, dass sie sich abwandten, zum Teil auch aus der Kirche austraten. Ich wünschte mir sehr, die Kirche würde sich hier ändern, und nach meinem Glauben, auch nach allen theologischen und theologiegeschichtlichen Reflexionen, die ich angestellt hatte, waren die Argumente für den Beibehalt des Status quo der katholischen Lehre in den häufig diskutierten Fragen im Bereich der Sexualmoral oder der Ämterfrage nicht schlüssig und zeugten von fehlendem Bewusstsein über die Geschichtlichkeit der Offenbarung.

Nun teilte dieser Pater, mit dem ich inzwischen in regelmäßigem geistlichem Austausch stand – die Rollen oder die Bedeutung dieses Kontakts waren nie geklärt worden –, die geltende katholische Lehre bis ins Letzte. Für mich war das schwer nachzuvollziehen: Er erschien mir als so ein empathischer, tiefgründiger, reflektierter Mensch, und zugleich schien mir seine Argumentation in den entscheidenden Fragen oft so absurd und wenig nachvollziehbar zu sein, auch von einem naiven Gottesbild zu zeugen, dass ich es für mich nicht zusammenbrachte, wie sein Denken zustande kam. Ich konnte nicht fassen, dass ein so weitsichtig, reif, intelligent und lebenserfahren scheinender Mensch ohne triftigen Grund mit meiner Glaubenserfahrung nicht übereingehende und aus meiner Sicht auch teilweise menschenverachtende Überzeugungen vertrat. Er gab mir das Sicherheits- und Wertschätzungsgefühl, dass ich es wagte, das so anzusprechen, woraufhin er ebenfalls gelassen und verständnisvoll reagierte und meinte, als junger Mensch hätte er auch noch nicht die tiefe Wahrheit der Lehre sehen können, aber wenn ich Gottes Führung genug glauben und vertrauen würde, würde ich die Wahrheit erkennen. Er versprach, dafür zu beten, dass ich erkennen und in Harmonie mit der Lehre finden und meinen Glauben so mit größerer Strahlkraft und fruchtbringender leben könnte. Immer wieder brachte er ein, wie glücklich er mit seiner eigenen Entscheidung für das Ordensleben war, und legte mir ans Herz, mir so einen Weg auch zu überlegen. Er betonte immer wieder – unter Hervorhebung seiner Erfahrung mit jungen Menschen auf Berufungssuche –, wie sehr er sich mich auf einem solchen Weg vorstellen könne angesichts der Intensität meiner Suche und meiner Sehnsucht, die er spüre.

Ich hatte ein großes Vertrauen und eine Achtung ihm gegenüber entwickelt, gegenüber der Entschiedenheit und Konsequenz seines Lebens und Glaubens, die mich zugleich immer wieder dann, wenn sie als Härte gegenüber denen, die nicht so lebten und glaubten, zutage traten, abschreckten und zutiefst irritierten. Die teils frauenverachtenden, teils islamfeindlichen, teils gegenüber nicht-gläubigen und nicht-heterosexuellen Personen fallenden Äußerungen durch den Pater und in seinem Umfeld, das ich zum Teil auch kennenlernte, weil er mich zu verschiedenen Gelegenheiten einlud, fand ich abstoßend und nicht mit dem Glauben an einen barmherzigen Gott vereinbar.

Besonders erinnere ich mich an einen Abend: Es fielen Aussagen, die auch Menschen, die mir nahestanden, implizit aburteilten. Ich war so getroffen davon, dass ich auf dem Nachhauseweg weinend zusammenbrach in der Lähmung und Orientierungslosigkeit darüber, dass ein Mensch, den ich inzwischen so bewunderte und schätzte und der mir auch zu einem Glaubensvorbild geworden war, Dinge vertrat, die so verletzend und verachtend gegenüber anderen waren. Es fühlte sich einfach so falsch an. Ich schrieb lange in mein Tagebuch an diesem Abend und formulierte viele Fragen an Gott. Wie es sein konnte, dass sein so gläubiger Diener von einer Lehre überzeugt war, die mir so menschenverachtend erschien. Ich bat Gott, zu erkennen, ob es mein Glaube war, der zu klein und unreif war, um die Wahrheit der Lehre zu sehen, oder ob mein Spüren schon in Gottes Sinne war. Und wenn Letzteres der Fall wäre, wie es dann sein könnte, dass ein Mensch, der sein ganzes Leben nach Gott und dem Glauben ausrichtet, nicht auch das Menschenfeindliche in der katholischen Lehre spürt, sondern diese Menschen guten Gewissens unter Berufung auf die Lehre verletzt. Ich fragte Gott, wie es sein konnte, dass er mir so einen Menschen an die Seite gab, der sich wie ein Geschenk des Himmels anfühlte und dessen Weltsicht und Umgang mich zugleich so tief verwirrten und verstörten. Ich erinnere mich an die Verzweiflung und die Tränen an diesem Abend, an das prägende Gefühl von Gottes Schweigen; daran, keine Antworten zu haben, Gott nicht mehr zu spüren, und daran, wie psychosomatische

Symptome – die ich von früheren Jahren kannte, als ich als Jugendliche eine toxische und von sexueller Übergriffigkeit geprägte Beziehung zu einem Mann gehabt hatte – auf einmal wieder auftraten. Mir war das in diesem Moment nicht bewusst, ich nahm die Symptome kaum wahr, geschweige denn ernst. Erst im Nachhinein, in der Phase meines »Auferwachens« aus alldem, konnte ich sehen, dass sie an jenem Abend bereits da waren.

Da der Pater ja irgendwie zu meiner spirituellen Begleitungs- und Vertrauensperson geworden war, der ich viel erzählte – ich kann nicht mehr genau verstehen, wie er sich über meine ursprünglichen Zweifel und mein Misstrauen in seine Person hinwegzusetzen vermocht hatte –, erzählte ich ihm auch von meinen Gedanken, Fragen, Zweifeln und meinem Befinden an jenem Abend. Er meinte, es sei verständlich, dass ich, die ich in unserer giftigen modernen Gesellschaft lebte und in ihr sozialisiert war, ein oberflächliches Unrechtsempfinden hätte, wenn es um Dinge wie die Verurteilung gleichgeschlechtlicher Sexualität und scheinbar fehlender Gleichberechtigung von Frauen ging, aber dass Gottes Gerechtigkeit tiefer liege und nicht auf irdischem Rechtsempfinden, sondern auf überirdischem Recht beruhe, in dem eine Einhaltung der guten Schöpfungsordnung das Ziel war, zu der die auf Nachkommenschaft hin geöffnete Ehe von Mann und Frau und die Berufung ausschließlich von Männern zum priesterlichen Apostolat konstitutiv gehörten. Dass meine Solidarität zu jenen Menschen zwar für mich und meine Fähigkeit zur Nächstenliebe sprächen, aber dass es kein Liebesdienst sei, diese Menschen glauben zu machen, sie könnten etwas leben, das nicht in Gottes Sinne sei, und dass ihnen eine Anerkennung ihrer Lebenswege sogar eher schade auf dem Glaubensweg. Und wieder, dass er für mich bete, dass ich Gottes Wahrheit erkennen und mit ihr in Einklang finden würde. Dass ich dazu jedoch mein eigenes kleines irdisches Wollen, meine menschlichen Vorstellungen, mein postmodernes Gerechtigkeitsverständnis und meine liberalen Wünsche ablegen und mich vorbehaltlos auf Gottes Willen einlassen müsse.

»Christus, ist es wirklich Dein Wille, was er sagt? Liegt es an meinem Egoismus, dass ich Deine Lehre nicht als wahr erkenne? Bitte hilf mir, zu sehen, was wahr ist, denn ich weiß nicht, was ich glauben soll« – schreibe ich in jenen Tagen in mein Tagebuch. Es bezeugt auch – ohne dass ich dem zu diesem Zeitpunkt viel Beachtung schenkte –, wie ich immer häufiger jene psychosomatischen Beschwerden erwähne. Wie ich darum bete, meinen alltäglichen Aufgaben noch gewachsen zu sein, denn ich entwickle Konzentrationsstörungen und eine Schwere und Traurigkeit, auch ein Zerrissenheitsgefühl, die sich wie ein Schatten über mein Leben legen. Die Worte »Nebelgefühl in meinem Kopf«, »Leere« und »Lähmung« durchziehen meine Tagebucheinträge dieser Zeit wie ein roter Faden. Ich vertraue mich dem Pater auch damit an und mit den psychosomatischen Beschwerden. Er deutet sie als Wachstumsprozess im Glauben, verweist auf Heilige, die durch Krankheitserfahrungen und dunkle Zeiten gehen mussten, um spirituell zu reifen. Besonders verweist er immer wieder auf Ordensleute und lässt wieder und wieder durchklingen, dass er einen Ordenseintritt für den richtigen Weg für mich hält. Ich denke immer konkreter darüber nach und überlege sogar ernsthaft, die langjährige Beziehung zu meinem damaligen Freund zu beenden. Es stimmt schon – geht es mir durch den Kopf –, dass ich mich sehr nach einem intensiven Glaubensleben sehne und ich halte ihn für erfahren genug, einzuschätzen, ob das passen könnte. Ich fühle es aber nicht als richtigen Weg für mich. Er deutet das als fehlende Entschiedenheit aus meiner Prägung in unserer – wie er es sieht – verweichlichten Gesellschaft heraus. Angesichts autobiografischer Berichte über das Ringen von Ordensleuten mit sich selbst vor ihrem Eintritt erscheint mir auch das schlüssig, doch immer, wenn ich mir ausmale, in einen Orden einzutreten, und diesbezüglich recherchiere, werden die psychosomatischen Symptome – Schwindel und Übelkeit, ein Stechen in der Herzgegend und Bauchkrämpfe – so überwältigend massiv und beeinträchtigend, dass ich den Gedanken und die Recherche nicht weiterführen kann.

Meine freundschaftlichen Kontakte waren mir fremd geworden und ich wagte es auch nicht, ihnen von dem intensiven Kontakt mit dem Pater zu erzählen, weil ich wusste, die sehr katholischen unter ihnen, die ihn bewunderten, wären vielleicht neidisch, dass er sich so viel Zeit für mich nahm, und die kirchenkritischen würden umfassend in Frage stellen, warum ich mich mit so einem rechtskatholischen Typen abgab und was ich überhaupt ständig mit meiner kirchlichen und Glaubenssuche wollte. So war er eigentlich zum Einzigen geworden, dem ich mich mit dem, was mich bewegte, wozu inzwischen auch der Kontakt mit ihm an sich gehörte, öffnete. Daher erzählte ich ihm irgendwann auch von der manipulativen und sexuell übergriffigen Beziehung in meiner Jugend und davon, wie sich die Symptome, aufgrund derer ich jene Beziehung abgebrochen hatte, gerade wiederholten. Seine Äußerungen dazu liefen letztlich auf die Deutung hinaus, dass mich Gott damals über die Symptome gnadenhaft darauf aufmerksam gemacht habe, dass ich nicht entschieden genug für ihn lebte und mich aufgrund dieses sexuellen Kontakts in die Sünde begeben hätte, und dass sie auch jetzt ein Hinweis darauf seien, dass ich mich mehr für ein Leben mit Gott entscheiden sollte.

Zu Weihnachten fuhr ich zu meiner Familie. Ich hatte mich mehr denn je auf das Fest gefreut, so eine Feier des Glaubens, deren Bedeutung durch die intensive Beschäftigung mit dem Glauben in der zurückliegenden Zeit, aber auch dadurch, dass es mir körperlich so schlecht ging, sehr wichtig und groß für mich geworden war. Bei meiner Familie angekommen, erschrak ich vor mir selbst in der Beobachtung, dass ich plötzlich meine Familienangehörigen als in außerehelichen Beziehungen Lebende, als Homosexuelle in vielleicht sündiger sexueller Praxis, als wiederverheiratete Geschiedene, die in einem Bruch mit dem Willen Gottes für ihre Beziehungen lebten, sah. Es lag mir fern, so zu denken, und doch war es mir zu eigen geworden. Ich hatte mich in meinem ganzen Leben nie so einsam gefühlt. Erst in der vertrauten Umgebung meiner Familie nahm ich wahr, wie ich mir und meinen Einstellungen und Werten fremd geworden war, wie viele Gedanken in meinem Kopf waren, die nicht meine waren, und wie sehr ich überhaupt nicht mehr wusste, wer ich war.

Im Gefühl von Verlorenheit und Erschöpfung machte ich einen langen Spaziergang, auf dem meine Zweifel am Pater aus der Distanz zu ihm zurückkamen. Ich erinnere mich intensiv an das Gefühl, wie dabei auch etwas zerbrach, ein Raum, in dem ich hatte vertrauen können. Ich war dadurch so einsam und verwirrt und hatte ein massives Bedürfnis, mich zu sortieren, und schrieb so an einem Abend schließlich alle meine Gedanken in mein Tagebuch frei heraus an Gott – zum ersten Mal seit langem wieder, ohne alles wegzulassen, zu dem ich vor dem Pater nicht hätte stehen können, aus Angst, er könnte mich nicht gläubig genug finden, wenn ich solche Gedanken hätte. Seine Kommentierungen, die ich inzwischen in meinem Kopf zu allem, was ich dachte, hörte, stellte ich, mich an Gott wendend, nun wieder aufrichtig in Frage. Und da kam mit einem Mal das innere Spüren zurück. In aller Klarheit und Tiefe war es wieder da, das, was ich immer gespürt und als Gottesverbundenheit geglaubt hatte, ein Getragen- und Geborgensein in Freiheit, auch eine innere Gewissheit, dass Gott mich nicht verurteilte für das, worin ich nicht mit der katholischen Lehre konform ging. Es war, als könnte ich Gottes Stimme wieder wahrnehmen.

Im vielen und intensiven Schreiben in diesen Weihnachtstagen bemerkte ich, wie sich zwei verschiedene, ähnlich aussehende und sich doch nicht berührende Realitäten in meinem Kopf hin und her verschoben. Ich ging die ganze Geschichte mit dem Pater nochmal gedanklich durch, und im Rückblick waren da auf einmal viel mehr dieser irritierenden Momente. Ich hatte viel Verstörendes ausgeblendet, weil ich so gern einen Austauschpartner auf der Glaubensebene hatte. Ich erinnerte mich daran, dass ich zu Anfang wahrgenommen hatte, wie Leute in meiner Gemeinde, die sehr unter seinem Einfluss standen, sich innerhalb kurzer Zeit extrem verändert hatten – und erkannte jetzt die Parallelen bei mir selbst, merkte, wie ich das von Beginn an gesehen und ihm gegenüber sogar einmal angesprochen hatte und jetzt dennoch selbst so weit war, dass ich ein extremes Entfremdungsgefühl gegenüber meiner Familie erlebt hatte. Mir wurde angst, ich realisierte das Ausmaß der Auswirkungen, die sein Einfluss bereits auf mein Leben genommen hatte, aber begriff nicht, was da genau geschehen war. Wo war mein kritischer Blick in der Zwischenzeit hingekommen, warum hatte ich nicht gemerkt, was mit mir geschah? Warum war ich nicht einmal angesichts der psychosomatischen Reaktionen auf die Idee gekommen, zu hinterfragen, ob er ein Kontakt und Einfluss in Gottes Sinne war, der mir und meiner Spiritualität gut tat? Irgendwie hatte ich ein paar Monate lang alle inneren

Alarmglocken wie einen Wecker, den man auf Schlummermodus stellt und weiterschläft, behandelt, weil ich so gern so einen Begleiter wie ihn haben wollte; weil es mir wichtiger war, mich mit meinen Fragen nicht allein und mich in meiner Suche irgendwie von jemandem verstanden zu fühlen.

Aus dieser in diesen Weihnachtstagen gewonnenen anfänglichen Klarheit heraus konnte ich mich ein paar wenigen Menschen anvertrauen und ihnen von diesem Kontakt erzählen. Ich war zum Glück so gesegnet, in meinem weiteren Umfeld ein paar Leute zu kennen, die ebenfalls gläubig, aber auch kirchenkritisch, offen und vertrauenswürdig genug waren, um in einer Weise damit umzugehen, in der sie klar zwischen der Person und ihrem Handeln einerseits und dem Glauben und der Kirche als Ganzes andererseits unterscheiden konnten und mich dahingehend stärkten, den Kontakt abzubrechen, aber mich zum Folgen meiner Sehnsucht, aus dem Glauben zu leben und mich auf eine stimmige Weise kirchlich zu engagieren, ermutigten. Sie begleiteten mich in der folgenden Zeit, die schwer für mich war. Der Kontaktabbruch zum Pater fühlte sich nach Leere und Verlust an, und zugleich sah ich, dass das zumindest vorerst die einzige Möglichkeit war, denn nach allem, wie ich ihn kennengelernt hatte, hätte er um jeden Preis und in jedem Fall weiter versucht, mich von seiner »Wahrheit« zu überzeugen, und das hätte mir darin geschadet, meinem Herzen und meiner Seele folgen zu können; es hätte meine spirituelle Leere vertieft und die Zerrissenheit, das Entfremdungsgefühl und die Symptome verstärkt.

Durch eine der Personen, die mich in dieser Zeit begleiteten, wurde ich auf das Thema des spirituellen Missbrauchs aufmerksam und begann, viel darüber zu lesen. Ich lernte, dass ich so ziemlich alle begünstigenden Faktoren, davon betroffen zu sein, erfüllte: jung, engagiert und idealistisch zu sein, sehr am Glauben interessiert und auf der Suche zu sein, früher schon von Formen von Manipulation oder Missbrauch betroffen. Ich bin sicher, dass meine biografischen Muster zu dem, wie der Kontakt mit dem Pater sich entwickelt hat, ihren Teil beigetragen haben. Über das Thema zu lesen, hat mir geholfen, zu begreifen, wie schwerwiegend sich der Kontakt mit dem Pater für mich ausgewirkt hat, indem meine Glaubenserfahrung umgedeutet und in Frage gestellt wurde, wenngleich der Pater es aus seiner eigenen Prägung und Weltsicht heraus – das traue ich ihm zu – gut für mich gemeint hat.

Die Sehnsucht nach einer Aussprache- und Versöhnungsmöglichkeit mit ihm blieb bis auf den heutigen Tag, doch ich habe es in Gottes Hände gelegt, ob sie sich eines Tages ergeben soll; das Gespräch bewusst zu suchen – so realistisch kann ich es mittlerweile sehen – hat keinen Sinn, denn ich fürchte, er würde meine Sicht niemals nachvollziehen können. Ich weiß nicht, warum die Welt offenbar so eingerichtet ist, dass zwei Menschen, die Gott suchen und ihr Leben aus dem Glauben ausrichten wollen wie er und ich, bei so verschiedenen Überzeugungen und einem so unterschiedlichen Spüren stehen können, sodass das, was er in Gottes Sinne gut für mich meinen mag, meine Spiritualität existenziell gefährdet. Diese Erfahrung gibt mir ein Traurigkeits- und Ohnmachtsgefühl. Ich habe keine Antworten auf die Warum-Frage, aber vielleicht, für mich, in dieser Erfahrung, auf die Frage des Wozu gefunden, und das trägt mich ... Der Kontakt mit dem Pater hat mich trotz allem auf meinem Weg weitergebracht, weil ich mir mehr als je davor bewusst geworden bin, wie wichtig mir der Glaube und wie groß meine Sehnsucht ist, daraus zu leben. Und – ich denke, das ist eine große Gnade, die mit alldem verbunden war – ich habe das langsame Zurückfinden in meine eigene Spiritualität und Christus-Beziehung nach dem Erlebten mehr als je zuvor als heilsame, tragende Kraft erfahren, und wenngleich sich die Kirche mir in dieser Erfahrung paradoxer gezeigt hat, als ich es mir hätte vorstellen können, und obgleich ich nun weiß, dass nicht jeder Ort in der Kirche ein guter Ort für mich ist, habe ich mehr denn je die Gewissheit gewonnen, dass mein Platz in der Kirche – Seiner Kirche – ist.

Die Geschichte einer geistlichen Kontamination

Victoria Gabriel

Pater Finjas kam aus Osteuropa und war junger Ordenspriester in meiner Heimatgemeinde, einer Großstadtgemeinde in Süddeutschland. Er leitete eine Jugendgruppe, die sich wöchentlich traf. Ich lernte ihn mit ca. 17 Jahren kennen. Ich brachte meine kleine Schwester öfter zu ihrer Ministrant:innen-Gruppenstunde, die von ihm geleitet wurde. Ungefähr ein Jahr später lud er mich in seine Jugendgruppe ein.

Es war eine tolle Gruppe. Wir hatten viel Spaß miteinander. Finjas war das Zentrum dieser Gruppe. Er war der, der uns zusammenrief, ermutigte, anleitete. Wir alberten herum und lachten mit ihm. Er spielte Klavier, und wir sangen dazu. Die Gruppentreffen waren sehr vielfältig; manchmal gingen wir in die Stadt und besorgten Pizza oder Eis, manchmal bereiteten wir Projekte in der Gemeinde vor, und immer wieder hatten wir Glaubensgespräche. Wir scherzten oft untereinander, dass diese Gespräche kaum Gespräche zu nennen wären. Eigentlich müsste man sie Vorträge nennen, weil Finjas derjenige war, der fast die ganze Zeit redete, mal abgesehen von den Fragerunden, die er einbaute. Für mich waren diese Gruppenabende schon bald ein gesetzter Termin, der absolute Priorität hatte. Wir fuhren auch auf verschiedene Jugendtreffen. Auf einer dieser gemeinsamen Fahrten beobachtete Finjas mich dabei, wie mir bei einer Gebetszeit die Tränen kamen.

Am Tag darauf kam er wie selbstverständlich zu mir, während wir durch die Stadt liefen und sagte: »Wolltest du mir nicht noch etwas erzählen?« Ich verstand gar nicht, worauf er hinauswollte. Als wir wieder zu Hause waren, erhielt ich eine Mail von ihm, in der er mich aufforderte, mit ihm über die Gründe für meine Tränen zu sprechen. Er schlug direkt einen Termin vor, noch bevor er wusste, ob ich überhaupt mit ihm sprechen wollte. Ich weiß nur noch, dass ich darauf einging; was wir in dem Gespräch geredet haben, weiß ich nicht mehr.

Unsere Gruppentreffen gingen weiter. Immer wieder hörten wir uns Finjas' Vorträge an. Wenn jemand anderer Meinung war als er, wurden seine Monologe noch ausschweifender. Wir hatten nicht wirklich eine Chance zu diskutieren, da andere Meinungen von ihm ›totgeredet‹ wurden. Wir nahmen das sehr geduldig und ein Stück weit humorvoll hin. Immer wieder stellte Finjas auch persönliche Fragen an alle Gruppenmitglieder. Diese beantwortete ich offen und erzählte so auch von persönlichen Glaubenserfahrungen, die ich gemacht hatte.

Nach einem unserer Treffen bat Finjas mich um ein Vier-Augen-Gespräch. In diesem Gespräch eröffnete er mir, dass er nach allem, was ich in der Gruppe erzählt hatte, der Überzeugung sei, Gott wolle mehr von mir. Finjas lud mich ein, diesem Angebot Gottes auf den Grund zu gehen. Er bot sich an, mich dabei zu begleiten. Er nannte es »geistliche Begleitung«. Ich weiß bis heute nicht warum, aber ich war nach diesem Gespräch völlig aufgewühlt, mir kamen die Tränen, und ich verstand nicht, warum.

Kurz darauf bekam ich eine lange Mail von Finjas, in der er mir erklärte, dass diese Tränen ein Zeichen dafür seien, dass ich wirklich eine Gottesbegegnung hatte und schon das

Ansprechen des Themas mein Herz daran erinnert hat. Mein Herz sehne sich danach, von Jesus gestillt zu werden. Er malte mir aus, wie wunderschön diese Erfahrung ist, und dass ich, nachdem Jesus jetzt einen Schritt auf mich zugegangen war, nun den Schritt des Vertrauens in Jesus gehen müsse, und je schneller ich das tun würde, desto schneller würde ich auch die Früchte sehen, das tiefe Glück, das Jesus mir schenken wolle. Am Ende drückte er noch aus, wie sehr er sich über all das für mich freue, und bot sich wieder als Gesprächspartner an. Und so begannen wir mit regelmäßigen Gesprächen. Er schien eine Art Programm für mich zu haben. Bei allen Gesprächen brachte er Themen mit, erklärte unheimlich viel, führte mich in verschiedene Arten zu beten ein und ließ mich mit dem Allerheiligsten allein in einer kleinen Seitenkapelle unserer Basilika.

Ich hatte in dieser Zeit oft Probleme mit dem Gebet. Negative Gefühle wie Angst und Unruhe kamen in mir hoch. Finjas sagte mir, dass es ganz normal sei, dass die Gefühle während des Gebetes ihr ganz eigenes Konzert spielten und ich das nicht weiter beachten solle. So lernte ich nach und nach, meine Gefühle nicht mehr zu beachten bzw. ihnen nicht mehr zu vertrauen. Neben den Gesprächen entstand auch ein intensiver Austausch per Mail. Er fragte immer wieder nach, wie es mir geht und wie es mit den Gebeten so klappt. Ich hatte das Gefühl, er habe auf alle meine Fragen eine Antwort, egal, ob es um den Glauben oder persönliche Fragen und Probleme ging. Er hatte zu allem etwas zu sagen, und er gab mir das Gefühl, unglaublich wichtig für ihn zu sein. Und so war auch er derjenige, zu dem ich mit allen meinen Fragen und Problemen kam. Meine Freunde und meine Familie waren zwar nach wie vor für mich da, aber ich ging mit meinen Anliegen nur noch zu Finjas. Ich merkte nicht, wie ich mich von meinen Freunden distanzierte und so immer mehr in eine emotionale Abhängigkeit von ihm geriet.

Nach etwa einem Jahr fing er an, mich sein Kind zu nennen. Ich fand das witzig und zog ihn oft damit auf. Dann merkte ich, dass es für ihn kein Spaß zu sein schien. Er gab mir immer neue Kosenamen. Ich war sein Kind, seine Kleine, sein Töchterchen. Er selbst ließ sich von mir Vater oder Papi nennen. Er sagte mir, dass er mich liebt, und versprach, dies immer zu tun und bis an sein Lebensende jeden Tag für mich zu beten.

Der Mailaustausch wurde ab diesem Zeitpunkt noch intensiver. Fast jeden Tag schrieben wir, oft über Stunden bis spät in die Nacht. Dabei spielte es keine Rolle, dass ich am nächsten Tag in die Berufsschule musste. Ich wurde regelrecht süchtig nach diesen Kontakten, aber ich spürte auch irgendwie, dass es nicht richtig war, die Nächte durchzuschreiben. Doch ich war so sehr davon berührt, wie viel Zeit und Geduld Finjas in mich investierte und dass er zu allem etwas sagen konnte, dass ich mein Verhalten nicht reflektierte. Es war ein tolles Gefühl, von ihm so gesehen zu werden, so viel Aufmerksamkeit zu bekommen. Ich war wichtiger als die meisten anderen in der Gruppe.

Als ich in einem dieser langen Mailaustausche mit ihm herumalberte und behauptete, dass sein Kind gar nicht lieb sein könne, fragte er mich plötzlich, ob ich nicht ein sehr schlechtes Bild von mir selbst habe. Die plötzliche Ernsthaftigkeit irritierte mich. Ich stellte klar, dass das bisher nur Scherze gewesen seien, aber dass auch ich natürlich nicht immer nur lieb und nett bin. Darauf sprang er sofort an. Über dieses Nicht-brav-Sein sollten wir mal reden und er brachte erstmals die Beichte in unsere Gespräche ein. Ich lehnte ab.

Einige Zeit später brachte er in eines unserer Gespräche einen Fragenkatalog mit. Es ging darum, Lebensbereiche, in denen etwas Böses oder Sündhaftes passiert war, im Gebet vor Gott zu bringen. Er nannte die verschiedenen Lebensbereiche, gab Beispiele, und ich sagte, ob es dort etwas gab oder nicht. Ich erinnere mich nicht mehr an alle Fragen. Ich glaube, wir haben teilweise auch detaillierter über die Dinge gesprochen, an die ich dachte. Dann kamen wir zum Bereich Sexualität. Hier betonte er, dass das ja etwas sehr Intimes sei und er daher nicht näher nachfragen wolle. Ich solle nur sagen, ob es da etwas gibt. Auch hier nannte er einige Beispiele. Ich war an diesem Tag durch diese Beispiele erstmals mit einer sehr strengen Auslegung der katholischen Sexualmoral konfrontiert. Verwundert darüber, dass ich anscheinend etwas Verbotenes getan hatte, antwortete ich mit Ja.

Nachdem wir all die Dinge vor Gott gebracht hatten, ließ er mich für alle von mir benannten Lebensbereiche Dämonen widersagen. Er lies mich immer wieder den Satz: »Ich widersage dem Dämon der …« aussprechen und die verschiedenen Dämonen einsetzen, zum Beispiel den Dämon der Unwahrheit oder der Lustlosigkeit im Gebet. Er selbst hatte das wohl schon Jahre vorher mit seinem Begleiter getan und schwärmte mir vor, wie wunderbar es sei, den Dämonen zu widersagen, wie bedeutsam und stark. Ich merkte davon nichts, fragte mich nur, ob es sowas wie Dämonen wirklich gibt. Nach diesem Gebet sagte er noch, ich solle die Dinge, die meine Sexualität betrafen, beichten gehen. Er würde zwar nicht gern Menschen die Beichte abnehmen, die er gut kennt, aber er bot sich trotzdem an. Ich lehnte wieder ab und wunderte mich, warum eigentlich nur die Dinge, die meine Sexualität betrafen, für die Beichte wichtig sein sollten. Ich hatte keinen Bezug zur Beichte, wollte das auch nicht, aber er hatte irgendwie einen Samen in mich gelegt. Nach einer Gebetszeit, in der der Gedanke, seiner Aufforderung zu folgen, immer wiederkam, ließ ich mich zum ersten Mal auf ein Beichtgespräch mit ihm ein. Obwohl: So richtig den Vorsatz zu beichten hatte ich nicht. Ich wollte von ihm mehr über die Beichte erfahren. Als ich sagte, dass ich über die Beichte nachdenke, war seine Reaktion: »Dann machen wir das direkt«, und er machte das Kreuzzeichen.

An diesem Tag bekam ich die volle Dröhnung einer überhöhten katholischen Sexualmoral zu hören. Alle anderen Themen, die ich angesprochen hatte, spielten nicht wirklich eine Rolle. Er sprach davon, wie kostbar meine Sexualität sei, wie wertvoll und schützenswert. Und er redete mir ein, dass ich als unverheiratete Frau keine Form von Sexualität leben dürfe, sondern keusch und enthaltsam sein müsse. Kam das Thema in weiteren Beichten zur Sprache, hielt er den nächsten großen Vortrag und ließ mich dem Dämon der Unkeuschheit widersagen, bis ich mir die Frage stellte, ob ich besessen bin. Sexualität war für mich sehr bald nur noch angstbesetzt. Einerseits, wenn es um die eheliche Sexualität ging, so wertvoll und kostbar, dass sie in einen goldenen Käfig eingesperrt gehörte, andererseits vom Bösen durchdrungen. Lust und Leidenschaft erschienen mir durch und durch sündhaft. Ich fühlte mich gezwungen, jede Regung meines Körpers, jede Fantasie zu unterdrücken und zu beichten. Schon kurz nach der ersten Beichte bot er an, mir die Krankensalbung zu spenden. Es sollte über die Jahre nicht nur bei dieser einen Krankensalbung bleiben. Meine Sexualität, so die unausgesprochene Botschaft, sei etwas Krankhaftes.

Nach und nach begann ich, auch sein Frauenbild auf mich zu übertragen. Eine Frau hat für ihn nur zwei Möglichkeiten: Entweder sie heiratet und wird Mutter oder sie wird Ordensschwester. Da ich weder das eine noch das andere war, fühlte ich mich falsch und schuldig. Die Beziehung zu meinem Freund ging in die Brüche. Er sagte, er habe keine Lust mehr, dass »bei allem, was wir tun, immer jemand mit dabei ist«. Und ja, so fühlte es sich an. Als ob Finjas mit erhobenem Zeigefinger dabeistand und mich verurteilte für die Liebe und Leidenschaft, die ich lebte.

Finjas trieb mich dazu, immer häufiger zur Beichte zu kommen, um meine Sünden zu bekämpfen. Ich solle am besten schon kommen, bevor ich eine Sünde begehen würde, denn dann könnte ich mir sagen: Ich habe gerade erst gebeichtet, ich werde jetzt nicht schwach. In der schlimmsten Zeit ging ich jede Woche bei ihm zur Beichte. Da ich aber eigentlich keinen Grund hatte zu kommen, sondern nur ›präventiv‹ kam, suchte ich in meinem Alltag nach Dingen, die ich beichten konnte. Jede Kleinigkeit wurde zur Sünde. Jeder Gedanke, der gegen eine andere Person gerichtet war. Wut und Enttäuschung über andere verbat ich mir. Negative Gefühle versuchte ich zu unterdrücken. Ich glaube, es war diese Zeit, in der ich Selbstmordgedanken hatte. Als ich ihm diese eingestand, sagte er nur: »In deinem Leben kann ich nichts sehen, weshalb du solche Gedanken haben müsstest.« Ich aber hatte das Gefühl, nichts richtig machen zu können, wertlos zu sein, ja es verdient zu haben, dass man mich schlecht behandelt oder bestraft. In Gedanken richtete ich aufs härteste über mich und machte mich selbst völlig fertig. Manchmal verletzte ich mich selbst.

Zum Glück war noch so viel Selbsterhaltung in mir, dass ich merkte, dass das ständige Beichten mir geschadet hatte. Ich vergrößerte die Abstände wieder. Er ließ es zu, ermutigte mich aber einige Zeit später, wieder öfter zu kommen. Ich beichtete jetzt ungefähr einmal im Monat. Mehr wollte ich mir nicht mehr zumuten. Irgendwann akzeptierte er dies.

Doch die Beichtgespräche blieben hart. Er betonte immer, wie wichtig es sei, alles auszusprechen. Mir fiel das oft schwer.

Ich war so voller Ängste und eingeredeter Scham- und Schuldgefühle, dass ich mich oft lange nicht überwinden konnte, die Worte hinauszubringen. Er saß dann einfach da. Manchmal schaute er mich an, manchmal saß er mit geschlossenen Augen da. Anfangs versuchte er mich noch irgendwie zu locken. Er bat mich, ihn anzusehen, sagte, ich solle keine Angst haben, sprach mir den Anfang eines Satzes vor, den ich beenden sollte. Irgendwann schwieg er nur noch. Das waren schreckliche Minuten. Manchmal zehn, manchmal zwanzig, manchmal dreißig oder länger. Er saß nur da und wartete, während ich zusammengekauert auf meinem Stuhl mit mir rang und ihn nicht ansehen konnte. Ich hoffte immer, er würde mir die Worte abnehmen; er wusste ja, was ich sagen wollte, es war eh immer dasselbe: die von ihm so überhöhten Dinge, die ich nicht leisten konnte. Manchmal sagte er, ich solle mich nicht so quälen, einmal auch voller Mitleid: »Wenn du dich sehen könntest – du siehst aus wie ein Embryo, so zusammengekauert, als dürfest du nicht existieren.«

Nach meinem Bekenntnis folgte dann meist ein halbstündiger Monolog darüber, was ich anders machen solle, welche psychischen Probleme und Mechanismen er in meinem Verhalten erkennen würde und welche Heiligen oder biblischen Personen ich mir zum Vorbild nehmen solle. Oft drückte er auch sein Mitleid für mich aus. Bei fast allem Schwierigen, was ich erlebte, gab er mir zur Antwort: »Das tut mir leid.« Dieses ständige Mitleid gab mir das Gefühl, bemitleidenswert zu sein. Ich fühlte mich klein und hilfsbedürftig. Und er schien der Einzige zu sein, der mir helfen konnte. Am Ende vieler Beichten betonte er: »Jetzt kommt das Schönste«, dann sprach er die Lossprechung. Meist fühlte ich dann auch eine Leichtigkeit. Ich verband das damit, dass ich ja jetzt frei von meinen Sünden war; heute denke ich, ich war einfach nur froh, dass es vorbei war. Meine Qualen in der Beichte wurden dann oft noch mit einer Umarmung zum Abschied belohnt.

In den ersten Jahren nahm er sich noch Zeit für etwas Smalltalk, später war die Lossprechung fast das Letzte, was er zu mir sagte. Obwohl ich oft noch völlig durcheinander war, stand er auf, verabschiedete sich und hielt mir die Tür auf. Wenn ich zu sehr aufgewühlt und noch am Weinen war, sagte er, ich solle mir die Zeit nehmen, die ich brauche, und dann einfach die Tür hinter mir zuziehen. Dann ging er. Ich hatte das Gefühl, rausgeworfen zu werden. Doch meine Abhängigkeit von ihm war so groß, dass ich mir nicht erlaubte, weiter darüber nachzudenken und ihm einfach nur dankbar war für all das, was er an Zeit und Energie für mich aufbrachte. Einmal habe ich ihn gefragt: »Warum tust du das alles für mich?« Seine Antwort war: »Ich bin gut zu dir, weil du es nicht bist.« Ich glaubte ihm.

Die Buße wurde zum Erziehungsmittel. Immer längere Gebetszeiten wurden mir aufgetragen. Täglich sollte ich entweder bestimmte Psalmen oder Litaneien beten oder im Stillen Gebet von zehn bis dreißig Minuten bleiben. Anfangs waren es drei Tage, an denen ich das tun sollte, später zwei oder drei Wochen, am Ende bis zur nächsten Beichte. Manchmal ging ich zur Beichte, weil ich endlich die Buße der letzten Beichte loswerden wollte.

Er war die ersten Jahre, in denen er mich begleitet hat, sehr aufmerksam. Er fragte nach, ging auf Beobachtungen ein, hatte Antworten. Irgendwann hörte das auf. Er traf sich weiter mit mir zu Gesprächen, doch er war distanzierter. Er fragte nicht mehr nach, wie es mir ging und war viel weniger aufmerksam, wenn wir miteinander unterwegs waren. Auch kamen seine Antworten auf meine Mails mit zeitlich größerem Abstand und fielen meist sehr knapp aus. Ich verstand das nicht. Mir fehlte dieser Mensch an meiner Seite, der immer tröstete, meine Probleme verstand und oft auch löste, ein gutes Wort hatte und sich durch und durch für mich interessierte. Ich fand mich mehr schlecht als recht damit ab, dass ich seine volle Aufmerksamkeit nicht mehr bekam. Einzig in unseren Vier-Augen-Gesprächen spürte ich noch etwas von der anfangs so selbstverständlichen Zugewandtheit und Nähe. Wobei es eigentlich fast nur noch Beichtgespräche waren. Es kam immer häufiger dazu, dass wir in Begleitgesprächen an den Punkt kamen, an dem er sagte: »Das, worüber wir jetzt sprechen, kann auch in einer Beichte besprochen werden.« Anfangs holte er sich noch mein Einverständnis, aber irgendwann machte er einfach das Kreuzzeichen, um mit der Beichte zu beginnen, einmal sogar, obwohl ich deutlich den Kopf schüttelte. Irgendwann waren es nur noch Beichtgespräche. Dabei war er unberechenbar. Einmal nett und zugewandt, dann beim gleichen Thema hart und unnahbar bis verletzend. Seine harten Worte hielt ich aus in der Hoffnung, noch etwas von seiner Zuwendung zu bekommen. Wenn wir uns bei anderen Gelegenheiten trafen, spürte ich über die Jahre eine wachsende Distanz. Wir hatten uns kaum etwas zu sagen. Ich kämpfte um seine Aufmerksamkeit, aber er zeigte kein Interesse mehr an mir.

Ich hatte inzwischen meine Ausbildung abgeschlossen und war umgezogen. In meiner ersten Tätigkeit begegnete mir eine junge Frau, die ganz andere, weniger enge spirituelle Ansichten hatte. Ich weiß noch, wie ich eine innere Freiheit verspürte, als sie mir sagte: Du musst nicht jeden Tag beten. Ich glaube, dieser neue Einfluss hat mir das Leben gerettet. Denn ich sah, dass es auch andere Meinungen und weniger enge Formen gab, den Glauben zu leben. Aber ich kam doch nicht von Finjas los. Wenn ich meine Eltern besuchte und damit in meiner Heimatpfarrei war, traf ich mich auch mit ihm, immer um zu beichten. Ich hatte oft das Gefühl, dass diese freie Form, den Glauben zu leben, die ich bei anderen beobachtete, für mich verboten war. Innerlich konnte ich mich nicht von dem lösen, was Finjas mir beigebracht hatte.

Jahrelang ging das so. Ich dachte freier über meinen Glauben, aber lebte ihn eng und ging weiterhin zu ihm zur Beichte. Oft hatte ich ein schlechtes Gewissen, fragte mich, ob es nur Versuchungen waren, die mir diese Freiheit versprachen.

Nach dem Abschluss meiner Ausbildung hatte ich zunächst nur befristete Stellen. Die Stellenwechsel brachten auch mehrere Umzüge mit sich. Ich schaffte es nie, wirklich an einem Ort anzukommen. Über die Arbeit hinaus lernte ich keine Menschen kennen. Ich fühlte mich auch zu kraftlos, um es zu versuchen. Die Kraft, die ich hatte, brauchte ich für meine Arbeit. In der Beichte sprach ich mit Finjas darüber, dass ich mich einsam fühlte und kraftlos. Ich war häufig krank, hatte immer wieder Erkältungen und starke Rückenschmerzen. Er sagte, ich solle mehr beten und Gott darum bitten, mir zu zeigen, was die Einsamkeit bedeutet, sie auch von Jesus füllen lassen. Und ich solle mir Kraftquellen suchen. Ich selbst schob meine Erschöpfung auf das Arbeitspensum und zeitweise auf eine schwierige Teamsituation. Heute weiß ich: Das kam nur noch obendrauf.

Als ich 34 war, entschied ich mich, eine Ausbildung zur geistlichen Begleiterin zu machen. Im Rahmen dieser Ausbildung merkte ich immer mehr, dass das, was ich mit Finjas erlebt hatte, alles andere als eine professionelle geistliche Begleitung gewesen war. Schon die Häufigkeit unserer Treffen und der teilweise fast tägliche Kontakt, so wurde mir klar, sprengen jeden Rahmen einer professionellen Beziehung. Doch ich wollte es noch immer nicht so richtig wahrhaben.

Ein deutlicher Einschnitt war dann eine Situation, in der ich ihn um einen Termin für eine Beichte bat. Ich schrieb ihm, ich habe Angst, dass ich etwas Falsches tun könnte, und dass ich mit der Beichte ein klares Zeichen dagegen setzen wolle. Er, der mich bis dahin immer ermutigt hatte, in solchen Situationen zur Beichte zu kommen, lehnte ab. Er, der oft selbst mit Ängsten kämpfte, sagte, ich würde mein Handeln von meinen Ängsten bestimmen lassen, und das könne er nicht unterstützen. Mir zog das völlig den Boden unter den Füßen weg. Ich fühlte mich hilflos, alleingelassen, weggestoßen. Ich wusste nicht, was ich tun sollte. Es folgten Tage voller Resignation. Gleichzeitig war mir klar, dass meine Gefühle völlig unpassend für die Situation waren. Vielleicht habe ich hier zum ersten Mal wirklich verstanden, dass meine Beziehung zu Finjas vergiftet war.

Kurz darauf machte ich Exerzitien, in denen mich die ganze Situation mit Finjas einholte. Ich erzählte meinem Begleiter von den Gesprächen, den Anforderungen und der ständigen Aufforderung zur Beichte. Von meinem Ringen, dass ich oft anderes in mir fühlte, als mir von außen verordnet wurde. Mein Begleiter sprach erstmals die Worte »geistlicher Missbrauch« aus. Und es überraschte mich nicht. Mir wurde klar, dass ich es eigentlich schon lange gewusst hatte, aber nicht hatte wahrhaben wollen. Und ich hatte endlich ein Wort für das, was mir passiert war. Nach diesen Exerzitien traf ich mich nicht mehr mit Finjas. Ich begann, alles über geistlichen Missbrauch zu lesen, was mir in die Finger kam. Es gelang mir aber zunächst nicht, den Kontakt zu Finjas völlig abzubrechen. Wir blieben per WhatsApp in Kontakt; er fragte immer wieder, ob ich nicht zum Gespräch, das heißt zur Beichte kommen wolle. Ich wusste nicht, wie ich mit seinen Nachrichten, seinem Fragen, wie es mir geht, umgehen sollte. Jedes Mal, wenn eine Nachricht von ihm kam, war es, als hätte man mir Eis in den Magen geschüttet, gemischt mit Betäubungsmittel. Ich war dann wie erstarrt, habe oft Stunden darüber nachgedacht, wie ich reagieren soll. Es war, als gäbe es nur noch diese Aufgabe, ihm zu antworten, und das verbrauchte alle Kräfte.

Ich suchte mir Hilfe. Mit dem therapeutischen Rückhalt schaffte ich es zunächst, mit meinen Antworten einen oder zwei Tage zu warten und sie sehr knapp zu halten. Ungefähr drei Monate nach meinem Therapiebeginn kam dann eine Nachricht, an einem Morgen, an dem ich den Tag mit Freunden im Freizeitpark verbringen wollte. Mein Gedanke war nur noch: Du Arsch machst mir diesen Tag nicht kaputt. Von diesem Tag an schaffte ich es, auf seine Nachrichten nicht mehr zu reagieren. Aber es dauerte noch vier Monate, bis ich ihn auf allen Kanälen blockierte.

Nach wie vor muss ich regelmäßig an ihn denken. Manchmal bin ich tieftraurig, manchmal wütend, manchmal fehlt er mir. An den schlimmsten Tagen fühle ich mich wie kontaminiert durch ihn, als ob er Teil meiner selbst geworden ist. Ich lerne langsam zu akzeptieren, dass er über 15 Jahre meines Lebens mitgeprägt hat und dass es dauern wird, ihn ganz loszulassen. Aber ich glaube daran, dass es besser wird, und ich beginne auch zu ahnen, was es bedeutet, frei von ihm zu sein. Es bedeutet, frei zu leben, zu atmen und auf mein Herz zu hören, mir selbst zu vertrauen und meinen eigenen Weg zu finden und zu gehen, mit Menschen an meiner Seite, die ich mir aussuche. Und es bedeutet, mein eigenes Gottesbild zu entdecken, ohne Zwang eine Beziehung zu Gott aufzubauen und meinen eigenen Interpretationen der Bibel Raum zu geben und ihnen Glauben zu schenken. Es bedeutet: endlich ich zu sein.

Ich sehe überall nur Täter

Romy Nanuk

Bis heute fällt es mir schwer, über das, was passiert ist, zu sprechen. Es geht mir nicht gut. Es ist, als hätte man dir etwas eingeimpft, und du kannst niemals Antikörper entwickeln. Du kriegst es nie wieder los.

Wir kannten uns oberflächlich von der täglichen Messe in der geistlichen Gemeinschaft, in der er der Hausgeistliche war, vom Singen im Chor und von gemeinsamen Feiern. Irgendwann abends um 21:25 Uhr kam der erste Anruf: »Ich dachte, ich rufe mal die Frau N. N. an. Wie geht es Ihnen?« Ich? Mir? Von ihm? Dem Priester, dem viele Menschen zu Füßen liegen, den so viele anhimmeln? Von dem, der so viel zu Vorträgen unterwegs ist, der im Radio spricht, zu dem von überall her die Menschen kommen? Von dem bekam ich einen Anruf!

Zuerst war ich eher auf Distanz und verklemmt am Telefon. Ich konnte mir gar nicht vorstellen, dass ich zu seinem Einzugsbereich zählte. Er fing an, intime Details von sich preiszugeben. Ich war sehr verwundert. So bekannt und vertraut waren wir doch gar nicht; wie konnte er mir solche Dinge erzählen? Mit der Zeit wurde ich immer offener. Es war ja ein Vertrauensbeweis von ihm mir gegenüber. Wir redeten über eine Stunde und verabredeten uns. Das Eis war quasi gebrochen. Es folgten regelmäßige Anrufe, WhatsApp-Nachrichten, E-Mails und vor allen Dingen Besuche über Besuche.

Wir sahen uns immer öfter, manchmal sogar mehrmals am Tag. Ich bekam Bilder von Sonnenuntergängen geschickt oder Gedichte. Wir machten viele Spaziergänge, auch im stockdunklen Wald, obwohl er wusste, dass ich davor Angst hatte. Er sei doch bei mir. Es gab Picknicks. Er sei immer für mich erreichbar, »auch nach 24:00 Uhr dürfen Sie bei mir klingeln«. Mein Hochgefühl damals konnte ich nicht mit Worten beschreiben. Es war, als würde ich dauerhaft schweben. Er gab mir das Gefühl, sein VIP zu sein. Er hatte eine tolle Ausstrahlung, war ein sehr charismatischer Mensch und entsprechend gefragt in der Kirche. Ausgerechnet ich, ich durfte mit ihm Zeit verbringen. Ich fühlte mich sicher wie nie zuvor.

In dieser ersten Phase ging es mir gut. Ich hatte Hoffnungen auf eine gemeinsame berufliche Zukunft, ein erfülltes Arbeiten, ein gutes Leben nach vielen schweren Jahren, in denen ich krank war, mich unerwünscht gefühlt habe, missbraucht worden war – Jahre, in denen ich oft nur noch sterben wollte. Er war sehr offen, für viele Themen ansprechbar. Ich hatte großes Vertrauen gewonnen. Das ließ mich aufleben. Endlich hatte ich die Person getroffen, wie im Märchen. Den Erlöser. Ich habe Zeit und Raum vergessen für diesen Priester. Er honorierte meine Einsätze, die ich ihm entgegenbrachte im beruflichen Bereich, beim Kochen oder Singen, mit Blumenarrangements. Ein unbeschreibliches Hochgefühl. »Wir sind ein Dream-Team, ein Erlöserteam«, schrieb er. »Wir ergänzen uns, gehören zusammen, keiner kann uns trennen, wir sind Medizin füreinander.« Er gab mir das Gefühl, das ich noch nie in meinem Leben gehabt hatte: etwas ganz Besonderes zu sein. Durch seine zahllosen Kontakte spürte ich kaum noch den Boden unter den Füßen. Er lachte immer und immer wieder und bestätigte stets seine Feststellungen: »Wir sind unzertrennlich, auch gegen den Durcheinanderwerfer.« Er hat mit mir Pläne gemacht, wie ich mit ihm genau in meinem Fachgebiet zusammenarbeiten könnte. Ich dachte, dieser Priester ist für mich der Himmel auf Erden. Endlich kommt die Ernte nach all den Jahren des Missbrauchs.

Von Beginn unseres Kennenlernens an spielte die Bibel eine wichtige Rolle. Er zitierte oft aus dem Evangelium, und diese Zitate setzte er so ein, dass sie passend für mich waren. Ich verließ mich voll auf seine Interpretation. Er hat von Beginn an spirituellen Einfluss auf mich genommen. In Dankbarkeit für seine Zuwendung näherte ich mich der geistlichen Gemeinschaft immer mehr an, durch Besuche, Blumengestecke und so weiter. Es war meine Form, danke zu sagen. Er war mehrmals mit mir im Dunkeln zu einer Kapelle gefahren, zu der er den Schlüssel besaß. Alles geschehe im Namen des großen Regisseurs, wie er Gott stets nannte. Das sagte er immer wieder. »Gott möchte mit uns beiden Heilsgeschichte schreiben«, hieß es in einer seiner Nachrichten. Sehr oft trugen seine täglichen Predigten meine Themen. Diese Handschrift zog mich immer mehr in seinen Bann; ich dachte, er meint es ernst mit mir, sogar in der Öffentlichkeit. Er sagte, wir seien füreinander bestimmt, unsere Seelen kennen sich, es sei alles Gottes Handschrift. Ich kam selten aus der Kirche heraus, mein Leben bestand aus Beten, Messe, Laudes, Vesper, Rosenkranz. Für etwas anderes hatte ich kaum Zeit. Schließlich musste ich Gott genug danken. Der Priester versicherte mir, dass er es auch tat. Dazu kam, dass der Priester sich immer wieder meldete und sagte, ich solle auf ihn warten, ich wäre sicher in meiner Intuition. Er würde immer wieder umfallen, käme aber bald zu mir. Er würde täglich beten, dass sein Herz aus Stein zu Fleisch werde, wie der Prophet gesagt hatte.

Über einen längeren Zeitraum bekam ich einmal pro Woche die Krankensalbung. Dreimal erneuerte ich das Taufgelübde. Er hatte gesagt, an mir sei etwas Satanistisches, eventuell wie bei vielen anderen Frauen, die er kenne und die satanistisch oder besessen seien. »Ich kann nicht auch noch für Sie beten, ich bete für so viele Frauen«, sagte er. Ich bekam das Exorzismusgebet mit nach Hause, ich solle es täglich beten. Bei gemeinsamen Gebeten fuchtelte er oft mit einem großen Kreuz über mir oder um mich herum. Er hatte eigens einen Koffer mit irgendwelchen Teilen, Kreuze und andere Dinge. Bei diesen Handlungen bekam ich Ängste, Ängste und nochmal Ängste! Irgendwie muss meine Seele sehr negativ besetzt sein, ich bin kein guter Mensch, wenn so ein Aufwand für mich betrieben werden muss. »Ein Lkw mit Weihwasser würde bei Ihnen nicht ausreichen«, sagte er einmal. Der Priester wusste, was ich hinter mir habe. Er machte es nicht besser, sondern nur noch schlimmer.

Er fuhr mit mir zu den Orten meines Missbrauchs. Dort musste ich fluchen und die Toten beschimpfen. Es dauerte etliche Minuten, ich äußerte immer wieder: »Ich kann das nicht, ich kann das nicht. Ich will weg hier.« Er gab mir die Hand, am liebsten hätte ich sie gar nicht mehr losgelassen, innerlich war ich am Beben, ich zitterte, hatte Brechreiz und massive Ängste. »Dies müssen wir alle halbe Jahr wiederholen«, so die Aussage des Priesters. Anschließend musste ich auf seine Anweisung Teppiche schlagen, um mich abzureagieren. Die Bilder, die das bewiesen, schickte ich ihm. Als ich das später meiner Therapeutin erzählte, erfolgte bei mir eine tiefe Retraumatisierung.

Den Menschen in meinem Umfeld fiel meine Veränderung auf. Meine neue Art aufzutreten beziehungsweise mein Verhalten kamen nicht gut an. Man sprach mich teilweise darauf an: »Du hast ja nicht mehr alle Tassen im Schrank!« »Wie bist du denn drauf, hat man dich bekehrt?« Man nahm immer mehr Abstand von mir, auch eines meiner Kinder: »Mutter, lass die Finger von dem Priester, der ist ja nicht ganz dicht. Er hat mich schon zweimal angerufen und nach dir ausgehorcht.« Das Gleiche hörte ich von Bekannten. Ich dachte, scheinbar mag mir niemand meinen Wandel gönnen. Irgendwie stand ich allein da. Komisch. Ich bin Gott doch näher als zuvor?!? Sieht und merkt das niemand? Ein Arzt fragte mich, ob ich in einer Sekte sei; er habe wenig bis kaum Zweifel, dass es so sei. »Ich kann nur für Sie hoffen, dass dieser Geistliche integer ist.«

In der Anfangsphase hatte ich mich in einem schwebenden Zustand gefühlt. Ich war zu Leistungen fähig, die ich von mir selbst gar nicht kannte. Doch irgendwann ging's bergab: Nervenzusammenbruch. Da war er wieder, der Sektenführer, wie der Arzt ihn beschrieb. Ängste, immer mehr Ängste bauten sich auf, Panikattacken, monatelang Weinkrämpfe, Therapie, sedierende Medikamente, Klinik. Autoaggressionen, ich schlug mich selbst. Ich war suizidal. Nach der ersten Zeit, in der der Priester so viel Zeit mit mir verbracht hatte und ich mit ihm, war es nun anders geworden. Es war ein ständiges Off-and-on, Heiß-und-kalt. Tage, Wochen ohne ein Lebenszeichen. Ich habe gedacht, der Kummer frisst mich bei lebendigem Leib. Ich war nur noch mit dem Messer unterwegs, damit ich mich jederzeit umbringen konnte. Immer wieder schrie ich: Gott, hol mich, ich kann nicht mehr.

Besonders schlimm fühlte ich mich, wenn der Priester mir von den anderen Frauen berichtete. In der Therapie erklärte man mir, damit wolle er bei mir Leistungssteigerung und Eifersucht auslösen. »Sie halten nicht die nächste Wange hin, wir sind auch nicht bei der Bergpredigt. Er ist Ihr Dompteur und Sie sind die Marionette.« Die Fachärztin für Trauma und Psychotherapie diagnostizierte bei dem Priester Narzissmus. Es brauche ein sofortiges Kontaktverbot, ich solle alle Medienzugänge sperren. Jedoch: Der Priester verschaffte sich persönlich Zugang, er stand öfters an meiner Haustür, schickte mir auf dem Postweg Geschenke. Wenn Gott doch Menschen nach seinem Ebenbild geschaffen hat, er uns liebt – warum quält er mich so mit diesem Priester?

Ich erinnere mich an die vielen Geschenke von den anderen Frauen, zig Tupperdosen standen in seiner Küche. Er bekam viele Besuche, war übermäßig beliebt, die Frauen kamen von überall her, standen teilweise vor der Tür oder man sah sie rauskommen. Er war in Vereinen oder Verbänden für Frauen tätig. Wenn ich nachfragte, sagte er: »Gleich kommt eine andere Frau, für Sie habe ich keine Zeit. Ich bin heute und morgen mit einer Frau unterwegs.«

Dann wieder erzählte er mir sehr vertrauliche Dinge. Dinge, von denen nur ich sowie sein geistlicher Begleiter wissen würden. Zum Beispiel, dass dieser geistliche Begleiter und er mit einer kranken Studentin zum »Bebeten« fuhren, sie sei besessen. Er wisse von mehreren Frauen, die besessen seien. Ich weiß, dass einige wegen ihm suizidal waren und bis heute sind. Bei mir war es so, dass er eines Tages von jetzt auf gleich seine Ordensregeln ins Spiel brachte und sagte, wir dürften keinen Kontakt mehr haben. Es sei denn, ich würde mit ihm arbeiten – oder ich würde suizidal, dann hätten wir alle Zeit der Welt. Ich habe mich bei mehreren Ordensmitgliedern erkundigt, sie kennen diese Regeln nicht.

Einmal erzählte er mir von einer Frau, der er nach der Beichte als Buße auflegte, seine Haushälterin zu sein. Sie sei aber nicht fähig gewesen, seine Anliegen zu seiner Zufriedenheit auszuführen. Ich jedoch sei eine Haubenköchin. Er äußerte sich auch erregt zum Thema Frauen in der Kirche und Priestermangel. Es gebe keinen Priestermangel, im Gegenteil.

Er müsse sich bemühen, dass er genug Arbeit bekomme, es reiche gerade für ihn, ausgelastet sei er nicht. Deswegen fahre er sogar ins Ausland (ich habe ihn mehrfach zum ICE-Bahnhof gefahren und nachts abgeholt), um Taufen und Trauungen zu vollziehen. Frauen in bestimmten Positionen hätten in der Kirche nichts zu suchen; es gebe nicht genug Aufgaben, es sei in der Bibel nicht vorgesehen. Und dann sagte er noch, wenn er bei der täglichen Messe die Schwestern X und Y beobachten würde, sähe er so eine Gier in ihren Augen, sie würden ihm am liebsten den Kelch aus den Händen reißen.

Es fiel mir schwer, einen Umgang mit meinen Erfahrungen zu finden. Mehr noch, ich habe mich selbst daran gehindert. Wer will mir das denn glauben? Ein geweihter Mann gegen eine Frau. Die Frau ist doch immer das sexuelle Lustobjekt. Niemand würde mir glauben. Es sind so viele Frauen, die neben, vor und hinter ihm stehen, da hätte ich keine Chance. Er verwies mich oft auf eine Schwester, die überall mit ihm hingehen würde, daran könne ich mir mal ein Beispiel nehmen.

Irgendwann habe ich versucht, Gehör zu finden, aber niemand war zuständig. »Ich verbinde, ich verbinde, ich verbinde.« Wissen wollen sie alles, machen tut keiner was. »Ich verbinde.« Immer Schutz für die Täter. Wir Opfer kennen für diese Taten keinen Radiergummi und keinen Knopf, worauf man drücken kann, wenn die Zeit abgelaufen ist. Im Gegenteil, durch die Kirche wird das Gefühl vermittelt: »Du willst doch nicht wirklich ...?« »Sind Sie sich sicher?« »Der arme Mann verliert sein Gehalt, seine Stellung!« »Er hat halt einen Fehler gemacht.« Aber das stimmt nicht; die armen Männer, die begehen mit ihrem Missbrauch keine Fehler, sondern eine Entscheidung. Fehler passieren unüberlegt. Die Kirche übt nach außen durch das Auftreten in Priester- beziehungsweise Ordenskleidung immer noch eine große Macht aus. Bischöfe usw. sollten keine Berufskleidung tragen, sondern Zivil. Im Kloster sagte man mir, ich solle alles in Jesu Hände geben, dann wäre ich es los. Nach dem Motto: Alles unter einer Decke, nur nichts an die Öffentlichkeit.

Aus meiner heutigen Sicht fehlt massiv die Werbung, wohin betroffene Frauen sich wenden können. Wenn man zögert, stimmt schon etwas nicht. Ich würde es nicht mehr so lange mit mir herumtragen, dafür braucht es Begleitung. Aber das Selbstbewusstsein der Missbrauchsopfer wurde zerstört. Man muss etwas gegen diese Kirche unternehmen; dieser faltenreiche Mantel bietet genug Schlupflöcher für die Täter. Sie werden befördert, geschützt, als ob es Brillanten wären. Die Opfer werden beschimpft und mit Kampagnen und Gegenanzeigen bestraft. Wenn ich könnte, würde ich kreuz und quer durch Deutschland reisen, Vorlesungen halten und Opfer an meine Seite nehmen. Ihr braucht diesen Ballast nicht ganz allein zu tragen, wehrt euch!!! Kirchliche Missbrauchstäter können doch nicht an Gott glauben. Sie sind Schauspieler mit einer Maske und verschiedenen Gesichtern. Wenn wir nichts tun, wird sich nichts ändern.

Ich war so oft in der Kirche – heute kann ich nicht mehr beten. Ich sehe überall nur Täter.

Betroffenenberichte

Teil 2: Spiritualisierte Machtausübung

So kann Sterben auch aussehen

Salome Kühne

Meinen letzten Tag in der Gemeinschaft verbrachte ich in unserer Missionsstation in einem anderen Land. Ein Burnout hatte mich aus meinem Leben und meinen Aufgaben herausgerissen, und die Oberin – sie war auch meine geistliche Begleiterin – hatte gemeint, ich solle mit ihr in diese Missionsstation kommen, so käme ich auf andere Gedanken. Das zeigt, was sie von meinem Nicht-mehr-Können und meinem Zustand hielt. Ich war richtig krank und es hätte nicht ausgereicht, einfach »auf andere Gedanken zu kommen«. Nach einem Konflikt, den wir während dieses letzten Aufenthalts hatten, bat ich sie, mir Zeit zum Nachdenken und zum Antworten zu lassen, wenn sie mir Fragen stellte. Ich bat sie auch, mir ihre Ansicht nicht so heftig entgegenzuschleudern, wenn wir nicht gleicher Meinung waren; dies drangsaliere mich, so könne ich nicht mehr klar denken. Darauf erwiderte sie: »Du bist ja wirklich krank.« Ich solle doch zu denen gehen, die mir den »emotionalen Schmaus« geben würden. Sie fuhr fort: »Du erträgst einfach meine Stärke und Klarheit nicht. Du kannst mit der Wahrheit nicht umgehen, die ich aus einer Gabe Gottes heraus klar erkennen kann. Bei dir hilft das beste Waschmaschinenprogramm nicht mehr.« Die Oberin bezeichnete sich oft als Waschmaschine, die mich reinigen müsse.

Glasklar erkannte ich: Hier muss ich weg. Ich bat um ein Flugticket, und drei Tage später saß ich im Flugzeug nach

Hause. Nachdem bei einer Visitation viel Bedenkliches ans Licht gekommen war, hatte der Bischof der Gemeinschaft einen Coach zur Seite gestellt. Diesen Coach der Gemeinschaft rief ich noch vom Missionsland aus an. Obschon er mir in früheren Gesprächen Macht- und spirituellen Missbrauch bestätigt hatte, sagte er mir nun, er wolle sich nicht in diese Angelegenheit einmischen. So kam ich zunächst zurück in die Niederlassung meiner Gemeinschaft in meinem Heimatland. Dort erzählte ich nichts von meinen Erlebnissen und Empfindungen. Ich wollte nicht Parteien schaffen. Aber ich merkte sofort, dass ich nicht mehr in der Gemeinschaft leben konnte. Ich konnte keinen Gottesdienst besuchen, kein Gebetbuch in die Hand nehmen, ohne in unerträgliche Zustände zu geraten. Ausdrucksstarke Musik ertrug ich nicht mehr. Ich musste allein essen, da ich die Gemeinschaft nicht mehr aushielt. Sehr bald kam ich bei einer Freundin unter und blieb dort bis zum Eintritt in die Klinik. Es war die traurigste Weihnacht meines Lebens. Bis dahin hatte ich keinen Gedanken daran aufkommen lassen, nicht in die Gemeinschaft zurückzukehren. Nun aber ließ ich ihn zu, womit sich unter meinen Füßen ein zusätzlicher Abgrund auftat.

Ich hatte in jungen Jahren intensiv mit der Frage gerungen, wie ich mein Leben vor Gott leben solle. Nach einem starken Berufungserlebnis ließ ich meinen damaligen Freund, mit dem ich eine sehr bereichernde und stärkende Beziehung gehabt hatte, zurück und trat mit Mitte 20 in ein Klausurkloster ein. Weder meine Mutter noch meine Freundinnen und Freunde glaubten, dass ich bleiben würde. Ich war freiheitsliebend, reiste gern und liebte den angeregten Austausch mit anderen. Das geschenkte Berufungserlebnis ließ mich jedoch über Jahrzehnte dranbleiben, bis es schließlich zum Bruch kam.

Die Novizenoberin in diesem klausurierten Kloster war eine charismatische Persönlichkeit. Sie machte schon damals Gesprächsbegleitung und Aufarbeitungsgespräche, auch mit uns Novizinnen. Sie war überzeugt von ihrem Charisma und davon, selbst keine geistliche Begleitung nötig zu haben. Nach einigen Jahren brach sie zusammen mit anderen und mit Unterstützung des Bischofs auf, um eine neue Gemeinschaft zu gründen (sie ist die Oberin in meiner Geschichte). Ihre Begründung: Sie hätte in ihrem charismatischen Wirken vom klausurierten Umfeld nicht die volle Unterstützung. Ich hatte die ewigen Gelübde noch nicht abgelegt und konnte deshalb nicht mit anderen Professschwestern über diese Fragen sprechen und war auch nie bei einer Klausurtagung dabei. Hätte ich an den Versammlungen teilnehmen können, hätte ich die andere Sicht auch gehört – so kannte ich aber nur die Sicht dieser Novizenoberin. Ich glaubte ihr und zog mit ihr mit. Anfangs waren wir neun Schwestern, drei davon mussten aber schon sehr bald wieder gehen, auch das hatte mit der Oberin zu tun.

Das Klausurkloster hatte zu einer bestimmten Ordensfamilie gehört. Ich wäre gern Teil dieser Gemeinschaft geblieben, aber das war kein Thema. Es hieß immer wieder, es müsse eine neue Gemeinschaft sein. Wir durften auch nicht von außenstehenden Personen Rat holen und der Kontakt zu anderen Schwesterngemeinschaften wurde uns verwehrt. Die Oberin argumentierte, niemand von außen würde das Problem verstehen, und wir würden der Gemeinschaft schaden, wenn wir etwas hinaustragen würden. Außerdem rate der Bischof, wir sollten weder Treffen noch Weiterbildungen mit anderen Ordensleuten besuchen, denn andere Gemeinschaften würden uns als Gefahr wahrnehmen.

Ich litt sehr unter unserem Abgesondertsein. Wenn ich allerdings die Anordnungen hinterfragte, stieß ich auf Unverständnis, Ablehnung und Empörung, oder dann wurde der Bischofsberater vorgeschoben als Begründung für bestimmte Anweisungen. Untereinander durften wir nichts besprechen, das hätte als Intrige gegolten. Da ich meine Berufung nicht aufs Spiel setzen wollte, lernte ich, Fragen und Zweifel gar nicht erst aufkommen zu lassen. Stellte ich doch einmal Fragen, wurde ich emotional ausgegrenzt, sodass ich auch deswegen noch zurückhaltender wurde. Das führte zu gesundheitlichen Krisen: Ich bekam gravierende und qualvolle psychosomatische Schmerzen. Eine Ärztin riet mir, eine Fasten- und Wanderwoche zu besuchen. »So etwas tun wir als Kloster nicht«, hieß es. Somit hatte ich meine Probleme weiterhin. Eine der älteren Schwestern wurde uns als großes Vorbild im Ertragen von Schmerzen hingestellt, ihre Haltung immer wieder zur Nachahmung empfohlen. Eine andere Frau, die einige Jahre später zu uns kam, wurde uns als Vorbild des Gehorsams präsentiert. Immer wieder, immer wieder. Und nirgends gab es eine Möglichkeit, sich die Fragen und Eindrücke vom Leib zu reden. Denn die Oberin war nicht nur unsere Oberin, sondern auch unsere spirituelle Begleiterin und unsere Ökonomin.

Bezüglich der spirituellen Ausrichtung herrschte in der Gemeinschaft ein Hü und Hott. Einmal war die Verehrung Gottes, des Vaters, sehr wichtig, um die Jahrtausendwende waren es dann andere Botschaften, die wir immer wieder hören mussten. Auf meinen Einwand, diese Botschaften seien düster und würden lähmend wirken, erwiderte die Oberin, ich wolle mich der Realität nicht stellen. Als ich widersprach, wurde ich als unwissend abgefertigt (ich war damals 43). Immer wieder wechselten die spirituellen Ausrichtungen und lösten die vorausgehenden jedes Mal weitgehend ab.

Nachdem wir ungefähr zehn Jahre als Gemeinschaft unterwegs waren, wurde ein Visitator zu uns geschickt. Inzwischen hatte ich so verinnerlicht, dass nichts nach außen zu tragen sei, dass dies ein Verrat an der Gemeinschaft wäre, dass niemand von außen das Geschehen der Gemeinschaft verstehen könne, dass ich auch da nichts von meinen Fragen und Zweifeln äußerte.

Eine Mitschwester, nennen wir sie Maria, war Therapeutin und konnte ihren Beruf auch bei den Gästen ausüben. Eines Tages meinte die Oberin, Schwester Maria nehme ihr »die Männer weg«. Sie kamen nun nicht mehr, oder nicht mehr so oft, zu ihr in die Gesprächsbegleitung, da sie (und auch die Frauen) bei Sr. Maria waren. Diese liebe Mitschwester wurde unter allerlei Verdächtigungen in ein befreundetes Kloster geschickt. Wir durften nicht mehr mit ihr sprechen, was mir fast das Herz brach. Viele neue Schwestern kamen, wurden auf Händen getragen, aber irgendwann ereignete sich immer etwas, was angeblich nur in der geistlichen Begleitung zur Sprache kommen durfte. Da wir nur die Sicht der Oberin hören durften, verließ die jeweilige junge verheißungsvolle Mitschwester ungehört, gezeichnet und einsam die vorher so eng gelebte Gemeinschaft.

In unserer Gemeinschaft war ich die Ansprechperson für die Langzeitgäste, alles Menschen in besonderen Lebenssituationen. Einmal im Jahr fuhren wir zusammen für einen Erntetag zu meiner Herkunftsfamilie. Mutti kochte jeweils für uns alle, und nach dem Essen ernteten wir Früchte. Dieses private Eingeladensein schätzten unsere Langzeitgäste sehr. Kaum zurück, wurde ich im Kloster so dringend zu einer Sitzung gerufen, dass die Langzeitgäste mich fragten, ob ich denn so unentbehrlich sei. Die Sitzung war allerdings gar nicht dringend. Meine Wahrnehmung war vielmehr, es war eher eine von vielen Schikanen und Sticheleien. Wenn viele Leute anwesend waren, musste in der kleineren Kapelle während der Gebetszeiten und der hl. Messe öfter das Fenster geöffnet werden. Mit der Zeit fing die Oberin an, mich in den heiligsten Momenten aufzufordern, das Fenster zu öffnen. Wartete ich einen Moment, ging sie demonstrativ selbst. Alles Sprechen unter vier Augen half nicht weiter. Entlastung erfuhr ich erst, als ich aufgrund meines Dienstes den Sitzplatz ändern konnte.

Ein Priester aus einem anderen Land kam jedes Jahr zu uns. Einmal meinte er, nun sei er schon so viele Male gekommen und noch immer sei keine von uns Schwestern in eine Aufgabe in seinem Land eingestiegen. Da sagte ich: »Wenn wir beim nächsten Besuch zehn Schwestern mehr wären, könnten wir sicher darüber sprechen.« Darauf wurde mir vorgehalten, ich wolle mich als Leiterin profilieren, dabei sei ich für so einen Einsatz sowieso zu alt. Ein anderes Mal machten wir einen Einkehrtag mit den Erstkommunionkindern, die ich vorbereitete, und ihren Eltern. Als ich nun mit den Kindern auf dem Weg in die Hauskapelle war, sprach die Oberin mich an und meinte, nun solle ich es auskosten, vorn zu stehen, ich wolle mich ja schließlich gern darstellen. Diese Bemerkung machte sie in einem Moment, wo ich 25 Kinder um mich hatte, mit denen ich gleich eine Gebetszeit halten wollte.

An einem Wochentagsnachmittag hatten wir ein, zwei Stunden Austausch mit Gästen und Gemeinschaft. Mögliche Themen waren Glaube, Beziehungen, Natur und Welt. Da der Meditationsgarten gerade so vielfältig am Blühen war, schlug ich vor, eine Gartenführung zu machen. Unter großen Vorhaltungen unterstellte mir die Oberin, ich wolle mich wichtigmachen. Sie ließ mich in ihr Büro rufen. Dort saß noch eine Schwester. Sie meinten, nun hätte ich wieder »so Augen«. Man sehe es mir direkt an, dass »etwas Böses« aus mir spreche. Sie beteten über mir um Befreiung. Ich zermarterte mir Kopf und Herz, um herauszufinden, wo ich dem Bösen Einlass gewährt hätte. Ich brauchte Wochen und Monate, um da herauszukommen. Die Gartenführung machte dann ein Langzeitgast, der mit mir den Garten betreute, um die Situation zu entspannen und es nicht vor den Gästen zum Eklat kommen zu lassen.

Einmal hatte ich für zu schnelles Fahren mit dem Auto Bußgeld zu bezahlen. Es war innerorts und ich war, nach Abzug der Toleranz, fünf km/h zu schnell gefahren. Ich bat die Oberin, diese Buße zu begleichen, und erklärte, es tue mir leid für die unnötigen Ausgaben, aber so etwas könne vorkommen, es sei so eine minimale Abweichung. Da fuhr sie mich an, ich müsse mich immer verteidigen und wolle immer Recht haben. Die Situation eskalierte. Die Oberin war beleidigt, wurde laut und theatralisch – und ging so in die Gemeinschaft. Weil ich sie angeblich nicht verstand, war sie das Opfer. Tagelang grenzte sie mich aus, bis es auch anderen Mitgliedern auffiel und sie mich fragten, was ich getan hätte. Darauf gab ich keine Antwort – ich durfte ja nicht sprechen. Solches kam immer wieder vor. Mit der Zeit fragte ich mich, was ich überhaupt noch einbringen sollte und konnte – aber ich wollte meiner Berufung treu bleiben.

Ich war zuständig für den Großeinkauf für die Kirche und den Gästehaushalt. Wir hatten viele Tagesgäste, die zum Essen blieben, und so hatte die Oberin öfters Wünsche, die ins Geld gingen. Ich musste vor dem Einkaufen jeweils niederknien, um sie um den notwendigen Betrag und den Segen zu bitten. Jedes Mal seufzte sie: »So viel Geld!«, was bei mir schon im Voraus Bauchschmerzen auslöste.

In der Gemeinschaft hatten wir uns zugesagt, einander freizustellen, wenn unsere Eltern unsere Unterstützung bräuchten, um zu Hause sterben zu können. Nun wurde meine Mutter krebskrank. Bald sah man, dass keine weiteren Eingriffe helfen könnten. Als die Situation es erforderte, dass Tag und Nacht jemand bei Mutti war, bat ich um solche freien Tage. Nun war es jedes Mal ein Spießrutenlauf: Die Oberin sah nur die Seite der Gemeinschaft und dass ich schon wieder fehlen würde. Ich war bei meinen Aufgaben in der Gemeinschaft sehr pflichtbewusst, und meine Mutter hatte uns bei vielen großen Anlässen geholfen und war eine Wohltäterin der Gemeinschaft. Dass nun die Oberin trotzdem so sichtbar ihr Wort brach, ließ in mir etwas zerbrechen. Von nun an setzte ich noch mehr auf die Hilfe Gottes, der mir doch so fernblieb. Vor allen Pflichten setzte ich mich in der Morgenfrühe vor das Allerheiligste und hielt den Abgrund des Nichts und den Sturm für eine Stunde aus.

Emotional wurde es für mich immer schwieriger, in der Gemeinschaft zu leben. Einmal hatten wir in der Runde der Schwestern von einem schwierigen Erlebnis mit einem Bischof gesprochen. Da sagte ich: »Der ist für mich gestorben.« Nun wurde mir vorgehalten, ich wünschte ihm den Tod. Sie nahmen mir nicht ab, was ich selbst über mich sagte, ihre Sicht war die richtige. Sie zwangen mich zu widerrufen. Hätte ich es nicht schlussendlich getan, wäre ich als ungehorsam und rechthaberisch emotional ausgegrenzt worden. Ab und zu hatte ich Gespräche mit einer Psychiaterin, die mit der Gemeinschaft befreundet war. Ich beschrieb ihr, wie meine emotionalen, schwarzen Einbrüche begonnen hatten. Sie hörte mir zu und gab mir Medikamente. Auf meine Frage, ob es denn keine Therapie gebe, damit ich nicht immer wieder solche Einbrüche hätte, meinte sie, es gäbe schon Möglichkeiten, da käme ich aber vom Klosterleben weg. Dies wollte ich auf keinen Fall.

Meine Nächte waren nicht mehr erholsam. Jede Woche erwachte ich etwa zweimal von selbst ob meines lauten Schreiens, oder dann hörten es andere und weckten mich auf. Mein Gehör schmerzte mit der Zeit so, dass ich kräftiges Orgelspiel nicht mehr ertrug. Ich entwickelte Strategien, um meinen Pflichten trotz allem nachkommen zu können, und am Abend sank ich dann todmüde in einen traumstarken Schlaf. Dass ich am Abend so müde war, dass ich um Dispens von der Komplet bat, stieß auf wenig Verständnis.

Der Coach, der uns aufgrund der Konflikte zur Seite gestellt war, sagte in den Gesprächen, er wolle die Vergangenheit ruhen lassen und in die Zukunft schauen. Auf meinen Wunsch, auch die Vergangenheit und die Strukturen anzuschauen, ging er nicht ein. Diesen Coach traf ich einige Monate nach meinem Austritt wieder. Er meinte: »Es wäre schöner, wir würden uns in der Gemeinschaft begegnen.« Der Visitator (zweiter Leiter im Bistum) fragte mich ein Jahr nach meinem Zusammenbruch, nach einem Jahr des Ringens um Gesundung: »Wann gehen Sie wieder zurück?« Beide hatten mir erlebten Macht- und spirituellen Missbrauch attestiert, nun wollten sie mich wieder in der Gemeinschaft sehen. Ich sagte dazu: »Kann eine Frau, die vergewaltigt worden ist, wieder zum Täter zurückkehren, wenn der nicht bereit ist, Therapien zu besuchen?« Priester, bei denen meine Geschichten beim Beichtgespräch zum Thema wurden, gaben mir die Absolution ohne ein Trostwort oder ein Zeichen des Verständnisses. Diese Erlebnisse waren für mich nochmals wie ein Missbrauch meines Vertrauens. Wo sind Hirten, wo sind Menschen, die hinhören können? Ich bin ihnen, wenn überhaupt, eher außerhalb des Kirchengefüges begegnet.

Heute bin ich sehr dankbar, dass ich unterscheiden kann zwischen dem, was Kirche sein könnte, und dem, was Versagen der Menschen ist. So kann ich meinen Weg mit Christus weitergehen. Nach vier Jahren des äußeren Abstands vom Kloster darf ich sagen: So gut wie jetzt ging es mir nie. Der totale Zusammenbruch zwang mich, alles loszulassen – aber meinen Gott habe ich nicht gelassen.

Und der Friede Gottes, der allen Verstand übersteigt, wird eure Herzen und euren Sinn bewahren in Christo Jesu (Phil 4,7).

Missbrauch unter dem Deckmantel des Gehorsams

Gertrud Joseph

»Wenn du zu uns kommst, um mit uns zu leben, dann zeigt uns das, dass Gott uns nicht ganz vergessen hat.« Dieser Satz traf mich zutiefst. Es war in den Bergen eines tropischen Landes, weitab vom Rest der Welt, isoliert, ohne Straßen, weder Telefon noch Gesundheitseinrichtungen, vergessen von der Regierung. Endlich konnte ich dort so leben, wie meine Überzeugungen im Ordensleben herangereift waren. Dasein mit benachteiligten Menschen, ihre Sorgen, Nöte und Hoffnungen teilen, mit ihnen nach Auswegen aus dem Elend suchen.

Heute bin ich fast 70 Jahre alt, aufgewachsen in der Mitte des letzten Jahrhunderts in einer katholischen Familie. Katholische Frömmigkeit mit den entsprechenden Rollenvorgaben für Mann und Frau, für Priester und Laien prägte mich nachhaltig. Gehorsam gegenüber den Eltern war selbstverständlich und religiös untermauert. Heute frage ich mich, wie viel diese Erfahrungen dazu beigetragen haben, dass ich in der Ordensgemeinschaft oft mit viel Opferbereitschaft gehorsam war, wo ich aus heutiger Sicht mich hätte wehren müssen.

Die Ordensgemeinschaft, zu der ich fast 20 Jahre lang gehörte, schätze ich bis heute. Die Grundidee passt zu dem, was ich suchte und mir je länger desto wichtiger wurde. Ich bin dort vielen Frauen begegnet, die ich bis heute in guter Erinnerung habe, und ich pflege mit einigen eine freundschaftliche

Beziehung. Die Gemeinschaft möchte ich nicht als solche kritisieren, aber aufzeigen, welche Folgen es hat, wenn Leitende nicht begleiten, sondern bestimmen, und dies mit dem Anspruch, Gott selbst zu repräsentieren.

Mit Mitte 20 bin ich in die Ordensgemeinschaft eingetreten, welche weltweit Niederlassungen hat und deren Mitglieder in kleinen Gemeinschaften oft an kirchenfernen Orten leben. Jede Gruppe hat eine Oberin, mehrere Niederlassungen bilden eine Region, jeder Kontinent ist im Generalrat vertreten. Die weltweite Gesamtverantwortung liegt bei einem Team von Frauen, von denen ich die meisten als sehr kompetent und mitmenschlich wahrnahm. Ein kleiner Prozentsatz der Schwestern arbeitet in Berufen, mit denen sie dazu beitragen, den Unterhalt für alle zu sichern. Die meisten aber leben mit Menschen an Orten am Rand der Gesellschaft.

Als Postulantin bekam ich den Auftrag, in meinem Beruf als Pflegefachfrau zu arbeiten und so zum Lebensunterhalt der Gemeinschaft beizutragen. Eigentlich hatte ich einen anderen Wunsch ausgedrückt. Aber ich nahm den Auftrag mit Eifer wahr, auch wenn die große Verantwortung, die mir übertragen wurde, oft belastend war.

Während des Noviziats wurde uns mitgeteilt, dass die Gemeinschaft Mitschwestern für eine Gründung in einem tropischen Land sucht. Ich war dazu bereit, und aus Rom teilte man mir mit, dass eine Pflegefachfrau im Team sehr willkommen sei, weil man damit rechnen müsse, dass wir mit tropischen Krankheiten zu kämpfen hätten. Der Bischof hatte bereits begonnen, ein Krankenhaus zu bauen, und er vertraute darauf, dass der Himmel ihm Personal schicken werde. Wenig später, nach meinen ersten Gelübden, kam ich dort an. Sprache, Brauchtum, Tropenkrankheiten, alles war für mich komplett neu. Die Verantwortliche hatte mit dem Stellvertreter des inzwischen verstorbenen Bischofs meine Anstellung für die pflegerischen Dienste vereinbart. Wir waren der Überzeugung, dass diese Aufgabe zum Charisma der Gemeinschaft passe, da die Patientinnen und Patienten von der Gesellschaft sehr geächtet und vernachlässigt wurden. Gleichzeitig war die Gemeinschaft froh um diesen bescheidenen Lohn für ihren eigenen Lebensunterhalt. Bei Besuchen vonseiten des Generalrates wurde meine Aufgabe als berechtigt und sinnvoll bewertet.

Nach ein paar Jahren kehrte ich in mein Heimatland zurück, studierte auf dem dritten Bildungsweg Theologie und freute mich, bald die ewigen Gelübde ablegen zu dürfen und danach wieder in mein Einsatzland zurückzukehren. Aber eine Schwester auf Leitungsebene in Rom stellte sich quer. Meine Tätigkeit gelte nicht als Einsatz gemäß dem Charisma der Gemeinschaft. Stattdessen musste ich ein Jahr in meiner Heimat eine im Orden übliche Arbeit verrichten. Erst danach wurde ich zu den ewigen Gelübden zugelassen. Ab und zu gab es Mitschwestern, die noch nicht einmal in demselben Land wie ich lebten, die meine pflegerische Arbeit als nicht dem Charisma entsprechend beurteilten. Es tat zwar weh, aber ich wehrte mich nicht, denn ich wusste: Nicht ich hatte meine Aufträge gewählt, ich hatte sie im Gehorsam an- und mit viel Herzblut wahrgenommen.

Schließlich wurde ich nach meinen ewigen Gelübden wieder in dieselbe Mission in Übersee entsandt. Im dortigen Umfeld fühlte ich mich wie ein Fisch im Wasser. Da tauchte eine Schwierigkeit auf, die mich sehr forderte. Die Schwester, die seit der Gründung die Verantwortung trug, hatte die Höchstzeit für ein Leitungsamt schon seit Monaten überschritten. Nach den Ordensregeln ist die Leitungszeit begrenzt. Sonst war es üblich, dass eine abtretende Verantwortliche sich eine

Sabbatzeit gönnt, um der Nachfolgerin einen guten Freiraum zu ermöglichen; in ihrem Fall hieß das, dass sie das Land hätte verlassen müssen (wir hatten damals nur eine Niederlassung dort). Für eine Gruppen- oder Landesverantwortliche sind die ewigen Gelübde gefordert. Also kamen nur eine weitere Schwester oder ich für die Nachfolge in Frage. Meine Mitschwester lehnte dies kategorisch ab. Ich meinerseits strebte nicht danach, wurde jedoch ungewollt zur Konkurrenz, denn die bisherige Verantwortliche fand nur sich selbst für diese Aufgabe geeignet und wollte trotz der anderslautenden Ordensregeln unbedingt im Amt bleiben.

Gleichzeitig war unsere Gruppe gewachsen, und wir konnten eine Zweitgründung angehen. Die meisten einheimischen Schwestern und ich wünschten eine Niederlassung in ländlichem Gebiet, was durchaus im Sinne der Grundidee des Ordens war. Die Verantwortung in dieser Gruppe sollte ich übernehmen. Die bisherige Verantwortliche entschied aber im Alleingang anders und setzte die Wahl eines Ortes in derselben Stadt durch, damit sie uns möglichst oft besuchen – um nicht zu sagen kontrollieren – konnte. Gleichzeitig beharrte sie darauf, die geistliche Begleitung aller zu übernehmen.

In meiner Abwesenheit hatte sie neue Erfahrungen mit einer Methode zur Begleitung von Menschen mit traumatischen Erlebnissen gemacht. Sie war ganz begeistert davon, und ohne die erforderliche Ausbildung zu absolvieren, wollte sie uns alle mit dieser Methode begleiten. Ein an und für sich nützliches psychologisches Hilfsmittel wurde bei ihr religiös überhöht, im Gehorsam verlangt – mit nachhaltigen Konsequenzen. Wie konnten sich junge einheimische Mitschwestern dagegen wehren? Sie hätten ja riskiert, weggeschickt zu werden. Ich wehrte mich dagegen und betonte, dass niemandem eine solche Begleitung aufgezwungen werden dürfe. Der

Vorwurf des Ungehorsams kam einmal mehr. Bisher betraf er Kleinigkeiten; z.B. wurde ich vorgeladen, um meinen Ungehorsam zu rügen, weil ich nach dem Wecker nicht sofort aus dem Bett sprang; oder weil ich in unserer Werkstatt, wo wir zu dritt oder viert auf engstem Raum arbeiteten, manchmal das Schweigen brach. Aber diesmal betraf es eine andere Dimension: Darf eine Verantwortliche verlangen, alle Mitschwestern mit ihrer Methode zu begleiten, und dies mit der Begründung, dass auch das eine Art sei, dem Willen Gottes zu gehorchen? Um meinen guten Willen zu bekunden und in der Hoffnung auf Frieden willigte ich ein. Aber die so erzwungenen Treffen belasteten unsere Beziehung stark.

Dann geschah etwas Unglaubliches: Die Verantwortliche reiste in die Hauptstadt, um eine Schwester des Generalrates am Flughafen abzuholen. Erst als sie unterwegs war, erfuhr ich, dass sie diesen Besuch angefordert hatte, um mich wegschicken zu können. Ich fiel aus allen Wolken, schlaflose Nächte folgten. Die Schwester des Generalrates sprach mit jeder Einzelnen, aber ich kann mich an keine gemeinsame Aussprache erinnern. Ergebnis: Aus Respekt vor den Sitten des Landes sei es nicht möglich, die verantwortliche Schwester wegzuschicken. Deshalb müsse ich gehen.

Mit anderen Worten: Die Verantwortliche blieb – unter einer fadenscheinigen Begründung – im Leitungsamt, obwohl sie hätte abgelöst werden müssen. Es war eine Missachtung der Ordensregel, die doch gerade in einem solchen Fall hätte Wegweiser sein müssen. Weil einige Mitschwestern wertschätzend über mich geredet hatten, versuchte die Schwester des Generalrates mich damit zu trösten, dass sie mich in ihre Heimatregion einlud. Aber der Schmerz steckte tief. Da damit zu rechnen war, dass der Antrag auf das neue Visum mindestens ein Jahr brauchen würde, bat ich, diese Zeit in meiner

Heimat zu verbringen. Da kam der nächste Schock: Zwar riet Rom mir, diese Zeit zu nutzen, um meine Wurzeln zu vertiefen. Aber in meiner Heimatprovinz gab es keinen Platz für mich. Überraschenderweise sollte ich selbst in den benachbarten Ländern um Aufnahme ersuchen. Das tat noch mehr weh als von der Mission weggeschickt zu werden. Es war mir unvorstellbar, wie ich im Ausland meine Wurzeln vertiefen sollte. Warum hat es in einer Provinz mit mehreren Niederlassungen keinen Platz für mich? Erst später erfuhr ich, dass die Ortsverantwortliche des Missionslandes sogar in meine Heimat geschrieben hatte, ich sei psychisch krank. So weit kann man gehen, um an einer Macht zu bleiben, die Dienst sein sollte. Unsere Ordensgründerin meinte mit Nachdruck, Gehorsam sei nur möglich, wenn alle Beteiligten sich ehrlich ausdrücken könnten. Warum tolerieren Verantwortliche solche Missbräuche?

Eine andere Ordensgemeinschaft gewährte mir Asyl. Eine ebenso kompetente wie religiöse Psychologin half mir, das Erlebte und meine Kindheit besser einzuordnen. Ein riesiges Geschenk, von dem ich bis heute noch zehre.

Nach mehreren Monaten durfte ich doch in eine Niederlassung meiner Heimatprovinz, fand dort auf Zeit eine Arbeit. Aber der Ruf war mir vorausgegangen, ich sei psychisch krank, und das Gemeinschaftsleben war dementsprechend schwierig. Ich beantragte eine Zeit des Alleinlebens in der Hoffnung, mein inneres Gleichgewicht wiederzufinden. Ich durfte mich von dem Erlebten nicht weiter krankmachen lassen. Wie erlösend war es, dass ich innerhalb einer Woche eine bezahlbare Wohnung und eine Arbeitsstelle fand! Die Arbeit war herausfordernd, der Lohn gering. Ich investierte einen Teil davon in eine gute Begleitung, die in der Diözese angeboten wurde. Gleichzeitig delegierte die Provinz eine Schwester, die den Kontakt mit mir aufrechterhalten sollte. Auf diese Treffen freute ich mich und bereitete mich gut vor, aber bei jeder Begegnung sagte sie irgendwann: »Mir scheint, du hast dir noch nicht genügend überlegt, auszutreten!« Niederschmetternd. Warum konnte sie kein einziges Mal über die Lippen bringen: »Ja, wenn es dir gut geht und wenn du wieder zurückkommen möchtest – dann komm. Sei willkommen«? Sie erzählte von ihrer eigenen »Midlife-Krise«. Dies hatte nichts mit meiner Geschichte zu tun.

Im Gespräch mit meiner Begleitung seitens der Diözese wurden mir zwei Sachlagen klar: Einerseits machte die Gemeinschaft keinen Schritt auf mich zu, benannte die Ungerechtigkeiten nicht als solche. Andererseits hatte ich eine Verantwortung meiner eigenen Gesundheit gegenüber. Vor allem die Verleumdungen machten mich krank. Ich entschied, die Gemeinschaft zu verlassen. Der Prozess der Trennung war schmerzhaft.

Ein paar Mitschwestern empfanden die Geschehnisse als sehr ungerecht. Bevor ich den Austritt aus der Gemeinschaft definitiv entschied, bat ich um ein Gespräch in Rom. Antwort: Das Problem solle auf Provinzebene gelöst werden. Aber gleichzeitig konnte vorher eine Generalrätin das Meer überqueren, um mich wegzuschicken!? Es scheint, als wären die Rechte je nach Stellung in der Gemeinschaft anders. Unser Orden hatte Regeln definiert, die besonders in Krisen Richtlinien sein sollten, doch als es in meinem Fall zu so einer Krise kam, bezeichneten sich die Generalrätinnen in Rom – ansonsten sehr taffe Frauen – diesem Missbrauch gegenüber als machtlos. Sie gestanden mir sogar ein, dass in diesem Fall die Ordensregeln missachtet wurden. Es bleibt ein Geheimnis, weshalb solcher Machtmissbrauch unter dem Deckmantel des Gehorsams Gott gegenüber nicht entlarvt wurde.

Mein Entscheidungsprozess dauerte ein Jahr. Danach kehrte Friede in mich zurück. Schon während der Formalitäten zum Austritt taten sich überraschend schnell neue Türen auf. Auch ohne Orden im Hintergrund konnte ich wieder in meine Adoptivheimat in die Tropen zurückkehren. In einer so ähnlichen Gegend hätte ich mir unsere zweite Niederlassung gewünscht. Hier gab es keine Ärzte. Von einer Pflegefachfrau ernst genommen zu werden, haben die Menschen trotz der sehr bescheidenen Mittel geschätzt; manchmal war es für sie ein Element auf dem Weg zur Genesung. Wenn Traurigkeit mich überfallen wollte, dass wir dies nicht als Gemeinschaft leben konnten, spürte ich trotzdem, dass ich das Richtige tat. Der Schwerpunkt des Ordens, vernachlässigten und missachteten Menschen nahe zu sein, wurde nun im Pastoralteam konkret gelebt: Priester, Katechet und Angestellte wurden wie eine Familie im Dienst einer Pfarrei, in der kaum jemand arbeiten wollte.

Es ist wunderbar, wie viele Türen seither aufgegangen sind. Meine letzte Lebensphase wird sich sicher anders gestalten, als wenn ich wohlbehütet in einer Gemeinschaft altern würde. Aber neue Türen werden aufgehen.

»Wenn du gehst, gehe ich auch!«

Marietta Klein

Ich trat Mitte der 1980er-Jahre in ein kontemplatives Kloster ein. Ein paar Monate vor mir waren zwei Frauen dort eingetreten; wir wären zu dritt gewesen im Postulat.

Meine Eltern brachten mich am Tag meines Eintritts zum Kloster. Während sie mein Gepäck ausluden, klingelte ich an der Klosterpforte. Die Oberin öffnete, zog mich sofort hinein und sagte: »Gut, dass ich dich allein sehe! Ich musste vor drei Tagen die anderen beiden Postulantinnen wegschicken. Es war unmöglich mit ihnen. Aber wir reden da nicht mehr drüber, das ist jetzt Vergangenheit. Sag bitte deinen Eltern nichts, dass sie sich keine Sorgen machen!«

Ich spürte, dass ich keine Fragen stellen durfte. Aber mich beschäftigte und verunsicherte ab dem Moment die Frage: »Was haben sie falsch gemacht, was könnte ich falsch machen, dass ich weggeschickt werde?« Ich sah später, dass ihre Fotos aus dem Fotoalbum entfernt wurden. Darüber gesprochen wurde nie mehr.

Als ein paar Monate später nochmal eine Schwester das Kloster verließ, ohne es vorher anzukündigen oder sich von uns zu verabschieden, wurden meine Unsicherheit und Angst noch größer. Dazu kam, dass die Oberin mir sagte, sie würde es nicht ertragen, wenn ich auch wieder gehen würde. »Wenn du gehst, gehe ich auch!« Plötzlich lastete auf meinen Schultern die Zukunft des ganzen Klosters.

Ich wollte es möglichst richtig und gut machen – aber das war oft nicht möglich. Immer wieder wurde ich gelobt für etwas, das ich tat, und ein paar Tage später dafür kritisiert. Als ich die Oberin einmal darauf ansprach, dass ich das nicht verstehen würde, ein paar Tage zuvor hätte sie etwas ja gut gefunden und jetzt nicht mehr, meinte sie: »Gott will uns demütig; wenn ich dich nur lobe, wirst du hochmütig.« Ein Beispiel aus der Fastenzeit ist mir hier besonders im Gedächtnis hängen geblieben. Ich sollte mir einen besonderen Vorsatz fassen und ihn mit der Oberin besprechen. Ich meinte, ich würde gern früher aufstehen und Yoga machen vor der ersten Gebetszeit während der Fastenzeit. Die Oberin stimmte zu. Nach ein paar Tagen sprach sie mich an und meinte, man würde förmlich spüren, dass ich schon in Gebetshaltung käme, wenn ich die Kapelle betrete, das sei sehr gut. An Ostern fragte ich, ob ich weitermachen könne. Sie stimmte sofort zu, weil ja alle profitieren würden, wenn ich schon so innerlich gesammelt in die Kapelle käme. Eine Woche später rief sie mich zu sich und beschimpfte mich, dass ich nur immer etwas Besonderes sein wolle, niemand würde früher aufstehen und Yoga machen, ich solle mich nicht aufspielen und denken, ich sei etwas Besseres. Ich war völlig überrascht und auch verletzt und gab die Praxis wieder auf.

Ein anderes Verwirrspiel für mich waren Besuche im Kloster. Einige Menschen aus meinem Bekanntenkreis suchten das Kloster immer wieder auf für stille Tage. Wenn ich fragte, ob ich sie kurz sprechen dürfte, schüttelte die Oberin den Kopf und meinte, ich würde noch zu sehr an meinem alten Leben hängen, ich müsse ganz frei werden für Gott. So fragte ich bald nicht mehr. Da lud sie mich plötzlich ein zu einem Gespräch mit dem Gast. Ich freute mich – und fragte bei der nächsten Bekannten wieder – und bekam eine verärgerte Antwort, warum ich denn fragen würde, ich sei im spirituellen Leben definitiv noch nicht so weit ... Das ging ein paar Mal so, bis ich merkte: Wenn ich selbst darum bat, jemanden sprechen zu dürfen, war das »zu sehr mit der Welt und meinen Bedürfnissen beschäftigt«; wenn ich nicht aktiv nachfragte, schien ich der Oberin ›frei‹ zu sein und deshalb ermöglichte sie mir eine Begegnung. Es wurde dann sehr speziell, als eine ganz besondere Freundin für einen Tag im Kloster weilte. Die Oberin kannte sie von meinen Erzählungen und wusste, was sie mir bedeutete. Ich wusste aber, wenn ich fragen würde, ob ich sie sehen darf, würde es nicht möglich sein. Ich musste warten, ob die Oberin aktiv wurde. Inzwischen war es Abend, ich räumte nach dem Abendessen noch das Refektorium auf und wandte mich zur Tür. Mir wurde bewusst, dass jetzt der allerletzte Moment sein würde, in dem die Oberin mich noch ansprechen könnte an diesem Tag. In mir war eine große Spannung. Ich sehe mich noch heute, 30 Jahre später, die Refektoriumstür öffnen. Als sie offen war, sprach die Oberin mich an. »Möchtest du eigentlich gern deine Freundin sehen?« Ich stand völlig hilflos und ratlos da, was konnte ich jetzt antworten? Würde ich ganz ehrlich Ja sagen, könnte das bedeuten, dass ich sie deshalb nicht sehen dürfte. Würde ich Nein sagen, genauso. Nach einer gefühlt sehr langen Pause erlöste mich die Oberin und meinte: »Komm, wir gehen gemeinsam zu ihr.« Allein durfte ich meine Freundin nicht sprechen, aber wir beide waren so glücklich, dass wir uns überhaupt sehen durften. Ich erzählte ihr von meiner klösterlichen Arbeit. Sie fragte mich daraufhin: »Macht es dir Freude?« Die Oberin antwortete an meiner Stelle: »Natürlich macht es ihr Freude, das sehe ich!« Diese Frage, ob mir etwas Freude machen würde, beschäftigte mich danach weiter. Durch die ›klösterliche Erziehung‹, in der ich meine Bedürfnisse möglichst loslassen sollte, um frei zu werden für Gott, wusste ich gar nicht mehr wirklich, was mir Freude bereitete.

Eines Tages kündigte mir die Oberin an, dass sie meinen Tag der Einkleidung festgelegt hatte. Es war zwar für mich seltsam, dass sie mich nicht fragte, ob ich denn Novizin werden wollte, aber ich hatte inzwischen viel zu viel Angst, etwas falsch zu machen, sodass ich dazu nichts sagte. Zudem hätte ich auch nicht gehen können; mir steckte noch zu sehr das Wort »Wenn du gehst, gehe ich auch« in den Knochen. In den Tagen vor der Einkleidung war ich ganz im Schweigen und hatte ausschließlich Zeit für das Gebet. Ich hatte inzwischen so viel Kritik erfahren, so viel Rückmeldungen über meine Verhaltensweisen, die alle nicht klösterlich genug, nicht demütig genug seien, dass ich nicht wusste, wie ich überhaupt Novizin werden könnte. So wurde mein Gebet in diesen Exerzitien: »Gott, bitte lass mein Ich sterben, dass nur noch meine Hülle übrig bleibt und die Oberin darin hineinfüllen kann, was eine gute Ordensfrau ausmacht.«

Bald nach dem Noviziatsbeginn begannen unregelmäßige ›Gespräche‹ mit der Oberin, zu denen ich zitiert wurde. Sie hatte sich jeweils vorbereitet und sagte mir sehr drastisch, was ich alles falsch machen würde. Sie machte das so eindringlich, dass ich jeweils zu weinen begann. Meistens wurde sie dann wieder versöhnlicher und versuchte, mich aufzubauen. Jedes Mal, wenn wieder so ein ›Gespräch‹ anstand, nahm ich mir vor, dieses Mal nicht zu weinen, aber es gelang mir nicht. Immer wieder versicherte mir die Oberin, dass dies der einzige Weg sei, eine gute Ordensfrau zu werden. Sie würde mir das alles ja nur sagen, um mir zu helfen. Aber schließlich wolle Gott uns demütig. Und Gott wolle, dass wir uns allein an ihm festmachen. Deshalb würde er uns alle anderen Sicherheiten und alles, an dem unser Herz hängt, nehmen.

Diese und ähnliche Worte über Gott führten dazu, dass sich in mir ein Gottesbild entwickelte, in dem Gott mich straft, um mich zu erziehen. Ein Gebet aus dieser Zeit:

Ich spüre
die Striemen Deiner Peitsche, Herr,
auf meinem Rücken.
Bewege ich mich,
platzt die dünne Kruste wieder auf.
So kauere ich in der Ecke.
Tränen fließen über mein Gesicht.
Jede fragt: Warum?

Ich entwickelte einen Schuldkomplex – ich war ja nie sicher, ob das, was ich tat, gut und richtig war, selbst wenn es mir so gesagt wurde – im nächsten Gespräch konnte es wieder anders gedeutet werden.

Einmal hatte ich Sakristeidienst und löschte die Altarkerzen nach einem Gebet aus. Eine andere Schwester kam in die Kapelle und öffnete die Fenster. Durch einen Luftzug fiel eine Kerze um und ein wenig vom noch flüssigen Wachs floss auf das Altartuch. Ich war in dem Moment schon ein paar Meter entfernt vom Altar, eigentlich hatte ich mit dem Umfallen der Kerze nichts zu tun. Aber ich erschrak so sehr und hatte das Gefühl, dass ich ja doch nur immer alles falsch machen würde. Es war mir verboten worden, in der Kapelle zu weinen, wenn andere anwesend waren. So unterdrückte ich die Tränen. Abends in der Anbetung spürte ich, dass ich die Tränen nicht mehr länger zurückhalten könnte und verließ deshalb die Kapelle und ging auf mein Zimmer. Eine halbe Stunde später öffnete sich energisch die Tür, die Oberin kam herein und schrie mich an: »Willst du mich etwa umbringen? Willst du, dass ich einen Herzinfarkt bekomme? Was fällt dir ein, einfach so aus der Anbetung wegzugehen? Und überhaupt bist du schon den ganzen Tag so komisch ... Denk bloß nicht, dass ich das nicht merke!« Ich stammelte – noch erschrockener und schuldbewusster als zuvor – dass es mir leidtäte, es sei wegen der Kerze am Morgen, ich hätte das wirklich nicht gewollt ... Als sie meine Tränen sah, beruhigte sie sich wieder, ich tat ihr wohl leid, auf jeden Fall setzte sie sich neben mich aufs Bett, nahm meinen Kopf in ihre Hände und drückte ihn an ihre Brust, sodass ich ihre Herztöne hören konnte. Mich verwirrte das völlig. Zum einen war ich ausgehungert nach Zuwendung und Anerkennung, zum anderen war es ja gerade diese Person der Oberin, die mich immer wieder so heftig kritisierte.

Nach einem Jahr kamen zwei neue Postulantinnen. Ich war froh, nicht mehr allein zu sein, und dachte: »Wenn ich jetzt gehe, wird die Oberin trotzdem bleiben.« Es machte mich freier, wirklich darüber nachzudenken, ob ich bleiben wollte. Bis zum Austritt verging aber noch eine ganze Weile.

Einmal, als ich fest entschlossen war zu gehen und es der Oberin mitteilte, wurde sie sehr ernst und meinte: »Ob du gehst oder nicht, entscheide ich! Hast du denn vergessen, was du dem Bischof versprochen hast bei deiner Einkleidung?« Ich war sehr erstaunt. Aber dann kamen wieder so viele Vorwürfe, auch, dass ich ja meine Berufung verraten würde, und dass ich endlich lernen solle, mich am Herrn festzumachen. Ich begann wieder zu weinen. Dieses Mal kam der ›Umschwung‹ bei der Oberin nicht so schnell. Ihre Vorwürfe trafen mich ins Herz. Irgendwann weinte ich nicht nur, ich schluchzte und zitterte am ganzen Körper. Nie mehr sonst in meinem Leben habe ich so heftig geweint wie in dieser Situation. Irgendwann wurde die Oberin wieder sanfter. Sie meinte, sie würde mir verzeihen. Unter Tränen bedankte ich mich bei ihr und versprach, dazubleiben.

Mich beschäftigte aber noch die Frage, ob das denn wirklich wahr sei, dass ich als Novizin versprechen würde, zwei Jahre zu bleiben. Deshalb machte ich nach der Komplet noch einen kurzen Abstecher in die Bibliothek und wollte im CIC (Codex Iuris Canonici) nachschauen. Aber die Oberin kam hinzu und nahm mir das Kirchenrechtsbuch aus der Hand mit den Worten: »Das ist jetzt nichts für dich!« Es dauerte ein paar Wochen, bis der CIC wieder für alle zugänglich in der Bibliothek stand.

Wenn ich im Gebet darum rang, ob ich gehen oder bleiben sollte, fühlte ich mich oft wie Judas, ich wollte »meine Berufung nicht verraten«, wie es mir immer wieder gesagt wurde, ich wollte nicht »Judas werden«. Ich wollte aufrichtig Gott suchen und lieben. Eines Tages wurde mir im Gebet eine ganz tiefe Erfahrung von Angenommensein geschenkt. Ich verstand plötzlich: Für Gott ist es egal, WO ich ihn suche, es geht nur darum, DASS ich mit ihm verbunden bin. Das machte mich innerlich sehr frei. Diese plötzlich geschenkte innere Freiheit ließ mich die folgenden Wochen sehr glücklich und frei das Klosterleben genießen. Ich teilte der Oberin mit, dass ich in nächster Zeit keine ›Gespräche‹ mehr wollte; ich würde mich melden, wenn ich etwas zu besprechen hätte. Zuerst respektierte sie es. Dann aber begann die Oberin wieder, mich zu fragen, was passiert sei, und dass sie ein Recht darauf habe, zu wissen, was mit mir sei. Ich verweigerte mich weiterhin. Daraufhin sagte sie mir, dass ich das beichten müsse. Es gab nur einen Beichtvater, der ca. alle sechs bis acht Wochen ins Kloster kam, und alle Schwestern beichteten der Reihe nach bei ihm. Ich hatte schon vorher mehrfach darum gebeten, einen anderen Beichtvater zu erhalten, weil ich kein Vertrauen zu diesem älteren Herrn finden konnte, aber die Oberin bestand darauf, dass es für mich besser sei, bei ihm zu beichten. Ich würde nur wieder etwas Besonderes sein wollen. Mein Vertrauen zu ihm hatte ich ganz verloren, als er mir einmal im Beichtgespräch sagte, die Oberin habe ihm etwas erzählt und er wolle mir da wirklich ins Gewissen reden, dass das, was ich da gemacht hätte, nicht gut sei ... Wie sollte ich jemandem vertrauen, der sich mit der Oberin solidarisierte statt nachzufragen und auch meine Sicht kennenlernen zu wollen? Als der Beichtvater das nächste Mal ins Kloster kam, suchte sie mich direkt vor meiner Beichte noch einmal auf und sagte mir: »Ich habe dir gesagt, was du zu beichten hast. Ich sage es dir noch einmal im Heiligen Gehorsam! Geh und beichte es!« Ich war also gehorsam und versuchte, dem Beichtvater meine Situation zu schildern. Das Gespräch verlief katastrophal. Er deutete mein Verhalten so, dass ich wohl in die Oberin verliebt sei und nicht damit umgehen könne, dass sie eben meine Oberin sei; das könne vorkommen, aber ich müsse lernen, damit zu leben. Seine leibliche Schwester würde auch Frauen lieben und sei deshalb in einer Psychiatrie. Aber auch das sei kein schlechtes Leben. Wie er auf diese Deutung kam, verstehe ich bis zum heutigen Tag nicht.

Mir wurde klar, dass ich nun wirklich gehen sollte. In einer großen inneren Freiheit teilte ich es der Oberin mit. Sie nickte und meinte, sie hätte mich ja auch gar nicht zur Profess zulassen können, wenn ich das Gespräch mit ihr verweigere. Dann weinte sie und fragte, ob wir nicht nochmal gemeinsam um meine Berufung beten sollten. Oder ob ich bleiben würde, wenn ich meinen Beichtvater frei wählen könnte. Sie hielt mir sogar den Telefonhörer hin und sagte: »Ruf einen Priester an, den du kennst, dass er kommen soll. Wenn er ans Telefon geht, ist das ein Zeichen Gottes, dass du doch bleiben sollst.« Ich war sehr verwundert über diese plötzlich umgedrehten Rollen, wusste aber: Es ist richtig, dass ich jetzt gehe.

Das Kloster war dem Bischof unterstellt. Eine Freundin drängte mich nach dem Austritt, das Gespräch mit dem Bischof zu suchen und ihm von meinen Erfahrungen zu erzählen. Zuerst wollte ich nicht, es kam mir wie ein Verrat vor. Aber als meine Freundin dann meinte, dann würde *sie* mit dem Bischof reden – es gehe doch darum, weitere junge Frauen, die vielleicht eintreten wollten, zu schützen –, gab ich nach und schrieb dem Bischof. Er lud mich zu einem Gespräch ein, und ich erzählte sehr offen von alldem, was ich erlebt hatte. Er hörte einfach zu. Zum Schluss des Gespräches fragte ich den Bischof, was er nun unternehmen wolle. Er meinte, er habe schon vorher Ähnliches über dieses Kloster gehört und deshalb würde er sich nun von diesem Kloster distanzieren, dass man seinen Namen nicht mehr damit in Verbindung bringen würde. Er wolle nicht in so eine Sache hineingezogen werden. Das tat er dann auch – er wusste davon, und obwohl er verantwortlich gewesen wäre, hat er sich einfach zurückgezogen und den Dingen ihren Lauf gelassen.

Nach meiner Klosterzeit fand ich recht bald eine neue Arbeitsstelle. Mein damaliger Arbeitgeber machte mich immer wieder darauf aufmerksam, dass ich mich nicht vor ihm verbeugen müsse und auch ehrlich antworten könne, wenn er mich etwas fragen würde. So begann ich, das im Kloster gelernte Verhalten wieder zu verlernen. Zweimal wurde es wichtig, diese Erlebnisse in einem therapeutischen Setting nochmal zu betrachten. Sonst wäre es mir wahrscheinlich auch nicht möglich gewesen, meinen Weg im Glauben weiterzugehen. Meine jetzige geistliche Begleiterin sagte mir, als ich ihr ein paar Geschichten aus dieser Klosterzeit erzählt hatte, dass sie mich nicht wiedererkennen würde – die verängstige Frau mit diesen Schuldkomplexen und die Frau, als die sie mich heute erleben würde, hätten wenig gemeinsam. Ein Zeichen dafür, dass ich es gut verarbeiten konnte.

Vor ein paar Jahren fühlte ich mich nochmal vom kontemplativen Leben angezogen, sodass ich mich erneut einem Kloster anzunähern begann. Es wurde mir aber bald klar, dass ich in meinem Alter und mit meiner Lebenserfahrung nicht in ein so enges Gefüge hineinpasse und vor allem auch kein zweijähriges Noviziat mehr machen könnte, in dem Menschen, die jünger und psychologisch und im Personalwesen weniger geschult sind als ich, für mich verantwortlich wären und ich das gleiche Noviziatsprogramm wie eine 20-Jährige durchlaufen müsste. Der große Unterschied zu meiner ersten Klostererfahrung ist aber, dass bei der kürzlich gemachten Erfahrung Entscheidungen nie mit »Gottes Willen« erklärt wurden; dass niemand behauptete, meine Berufung zu kennen; dass keine Willkür im Spiel war, die mit »du musst demütiger werden« begründet wurde. Schlechte Vorgesetzte kann man überall finden, innerhalb wie außerhalb eines Klosters oder der Kirche. Spiritueller Missbrauch beginnt für mich dort, wo alles spirituell gedeutet und verbrämt wird. Wo die Oberin sich zwischen die Seele und Gott stellt, weil sie glaubt zu wissen, was Gott will.

»Ich kenne dich besser als du dich selbst«

Veronika Nowak

Ich habe länger mit mir gerungen, ob ich zu meinen Erfahrungen mit geistlichem/spirituellem Missbrauch erzählen möchte, denn die Missstände offenzulegen, macht mir Angst. Ich bin so geprägt. Das macht man nicht. Es könnte gefährlich sein für mich. Das Bild der Kirche, wie es in den Menschen ist, könnte dadurch ins Wanken kommen.

Geboren wurde ich nach dem Konzil und bin aufgewachsen in einer religiös geprägten Familie, in der der sonntägliche Gottesdienst ebenso selbstverständlich war wie Tischgebete und das Gebet vor dem Schlafengehen. Als Schülerin erlebte ich Mobbing und hatte eine schwere Zeit. Hilfe fand ich im Glauben. Ich erlebte mein Leben als von Gott durchdrungen. Das Gefühl einer tiefen Verbundenheit war einfach da. Nach Abschluss der Berufsausbildung bin ich in eine Ordensgemeinschaft eingetreten. Ich spürte in mir die Gewissheit, dass Gott mich dazu berufen und dorthin geführt hat. Es war wie nach Hause zu kommen.

Eine der ersten Schwestern, die ich vor meinem Eintritt kennengelernt hatte, war Schwester Margaretha. Sie war sehr charismatisch, hatte Ausstrahlung. Ich freute mich, dass sie meine Begleitschwester durch Kandidatur und Postulat wurde. Dass sie dann auch Noviziatsleiterin wurde und ich ihre Novizin, darüber war ich sehr froh. Aus Erzählungen der älteren

Schwestern wusste ich, dass früher die Novizinnen keinen Kontakt zu Professschwestern haben durften. Obwohl dies so nicht mehr war, war diese Vorstellung noch in den Schwestern verwurzelt. So war ich dabei – und dennoch von ihnen irgendwie durch eine unsichtbare Barriere getrennt. Schwester Margaretha erzählte mir, dass sie in ihrem Noviziat sehr unter ihrer Leiterin gelitten hatte. Sie wolle mir das bestmögliche Noviziat ermöglichen. Doch schon bald nach der Einkleidung wurde es schwierig. Sie verhielt sich mir gegenüber anders als bisher. In Gegenwart von Dritten forderte sie immer wieder meine Bestätigung ein, dass ich ein tolles Noviziat habe und sie die beste Leiterin sei. Die älteren Schwestern erinnerten sich gern an ihr Noviziat in großen Gruppen von jungen Frauen und sprachen von »Nestwärme«. Sie waren davon überzeugt, dass wir beide eng befreundet waren.

Ich war von Schwester Margaretha in allem abhängig, auch in der Frage, ob ich Erstprofess machen kann. Die Meinung der jeweiligen Leiterin spielte in der Entscheidung der Ordensleitung eine große Rolle. Für mich war das Noviziat eine der schwierigsten Zeiten meines Lebens, an deren Ende ich mich zum ersten Mal ernsthaft mit Suizidgedanken als möglichem Ausweg beschäftigte. Ich stand vor einem Dilemma: Ich wollte nicht austreten, denn ich war überzeugt, dass das mein Weg war. Aber so zu leben hielt ich auch nicht aus.

Das Noviziat wurde auch Formation genannt, weil der Nachwuchs ja passend geformt werden musste. Obwohl ich eine erwachsene Frau war, wenn auch jung und unerfahren, war mir hier die Rolle eines Kindes zugeteilt, dem man beibringen musste, was richtig und was falsch ist. Zudem musste im Kloster um alles gebeten werden, ob man etwas brauchte oder ob man ein Geschenk behalten durfte. Der komplette

Lohn ging an die Gemeinschaft. Alles Notwendige bekam man vom Orden gestellt. Für alles andere (Telefongebühren, Briefmarken, vor allem Geschenke für Familie und Mitschwestern zu den unzähligen Anlässen, besondere eigene Wünsche) bekam jede eine Art Taschengeld von 125,– Euro im Jahr, auf mehrere Auszahlungstermine verteilt.

Jede Woche hatte ich mit Schwester Margaretha ein Schriftgespräch über das Tagesevangelium. Sie deutete die Texte, und es gelang ihr regelmäßig, mir anhand der Bibelstellen meine »Verfehlungen« aufzuzeigen. Sie kontrollierte mein Zimmer und zählte wie bei einem Kleinkind bis drei, als ich noch rasch etwas wegräumen wollte (eine für sie als Geschenk bestimmte Bastelarbeit). Meine Bitte, einen neuen Unterrock zu bekommen, weil meiner am Gummiband verschlissen war, wies sie ab. Sie wollte, dass ich übte, bei der stillen Anbetung zu knien, weil das im Kloster so üblich war. Das Knien tat mir weh und ich war dadurch mehr mit meiner erzwungenen Körperhaltung beschäftigt als mit dem Gebet an sich. Außerdem bestimmte sie, dass ich im Schwesternchor in der Mitte des Gestühls sitzen musste, obwohl ich lieber hinten gesessen hatte. Bei einer Novizin, die nach mir kam, gab es keine solchen Vorgaben.

Schwester Margaretha war für mich Noviziatsleiterin und geistliche Begleiterin zugleich. In Gesprächen mit anderen Schwestern zitierte sie meine Aussagen aus vertraulichen Gesprächen. Es wurde über mich gelacht.

Von Anfang an sagte sie: »Ich kenne dich besser als du dich selbst.« Damit hatte sie den Freibrief, alles zu be- und verurteilen, und ich musste mich selbst und alles, was ich sagte, dachte und fühlte, in Frage stellen. Ein Aspekt dabei war, alles zu reflektieren. Wenn ich nun aber ihr gegenüber Rückmeldungen gab, dann war sie beleidigt. Sie sagte zu mir:

»Mein Verhalten ist nur die Reaktion auf dein Fehlverhalten.« Nichts konnte ich ihr recht machen. Bildhaft gesprochen war es so: Sagte sie, ich soll linksrum gehen und ich ging linksrum, wurde ich hinterher kritisiert, weil ich nicht rechtsrum gegangen war.

Einmal war geplant, dass die sogenannten jüngeren Schwestern zusammen ins Kino gehen würden, um den Film »Die Passion« anzusehen. Ich durfte laut Anweisung von Schwester Margaretha nicht mit, weil ich das nicht verkraften würde. Ich hatte darum gebeten, mir Bescheid zu geben, wann sie gehen. Doch sie waren einfach weg, und ich wurde von älteren Schwestern überrascht gefragt, warum ich im Haus sei. Sie hatten gedacht, ich wäre dabei, und wunderten sich, warum nicht. Ich war stinkwütend. Als sie zurückkamen, stellte ich Schwester Margaretha zur Rede. Sie antworte: »Ich wusste, dass du dich so aufführen würdest. Deshalb habe ich dir nichts gesagt.«

Dass Schwester Margaretha bestimmte, welche Termine ich wahrnehmen musste oder welche ich nicht wahrnehmen durfte, war Alltag. Ich gehorchte, weil sie mitentschied, ob ich bleiben durfte.

Bereits während des Noviziats habe ich in einer sozialen Einrichtung gearbeitet. Als eine Wallfahrt nach Italien mit unserer Klientel und Kolleg*innen bevorstand, durfte ich nicht mit, da das erste (kanonische) Jahr vorsieht, im Mutterhaus zu bleiben. Ich war enttäuscht, aber schluckte es runter. Die Novizin, die nach mir kam, durfte mit Schwester Margaretha im kanonischen Jahr an der Wallfahrt nach Italien teilnehmen. Sie begründete es damit, dass das Mutterhaus dort sei, wo die Noviziatsleiterin war. Ich erlebte es häufig, dass mir gegenüber mit verschiedenerlei Maß gemessen wurde.

Zwischen den Schwestern gab es fast keine gesunde Nähe und Distanz. Normal war eine durchgehende gegenseitige soziale Kontrolle, Machtspiele und eine große Distanz. Inmitten der Gemeinschaft viel Einsamkeit. Aber es gab auch einige Mitschwestern, die grundsätzlich zu nahe kamen, den persönlichen Raum nicht einhielten, das Gegenüber übergriffig anfassten: »An dich wächst ja gar nichts hin.«

Von Anfang an wurde vieles gerügt, z. B. wenn ich eine andere Körperhaltung beim Gebet oder Gottesdienst einnahm, wenn meine Haare zu sehr aus dem Schleier herausrutschten, wenn ich zu knapp kam, wenn ich zu laut lachte. Früher, so erzählte man mir, mussten Mitschwestern beichten, wenn sie zwei Stufen auf einmal nahmen, wenn sie gerannt sind, wenn sie sich im Spiegel oder in der Fensterscheibe angesehen oder mal gepfiffen hatten, weil »die Muttergottes weint, wenn Mädchen pfeifen«. Obwohl das von mir teilweise nicht mehr verlangt wurde, war das alles noch da. Wurde ich zur Oberin gerufen oder stand ein Gespräch an, fragte ich mich voller Sorge: »Was könnte sein? Was habe ich falsch gemacht?« Ich durfte mich auch nicht über etwas freuen, das ich geschafft hatte, weil Stolz eine Sünde war und ich es ja einzig Gott zu verdanken hatte, der mir diese Fähigkeiten oder was auch immer geschenkt hatte. Aber alles, was schieflief, hatte ich zu verantworten und musste dafür Rechenschaft ablegen.

Im Kloster war Angst immer allgegenwärtig. Allein spazieren gehen war eigentlich von früher her nicht erlaubt, weil zu gefährlich. Zu zweit spazieren gehen war erlaubt, aber nicht gern gesehen, wegen sogenannter Partikularfreundschaften. Gemeint waren sexuelle Beziehungen der Schwestern. Zu dritt unterwegs zu sein war das Ideal. Die Atmosphäre von Angst vor der Außenwelt schufen alle gemeinsam.

Männer der Kirche standen auf einem Sockel und für sie wurde alles getan, bis hin zum Bügeln der Unterwäsche. Wenn ein Priester etwas sagte, dann wurde möglich, was vorher abgelehnt worden war, z. B. das spätere Ansetzen der morgendlichen Gebetszeit. Der Rücktritt des Papstes versetzte das Kloster in einen Schockzustand und in Traurigkeit. Eine ältere, Orgel spielende Mitschwester, für die ein normaler Gottesdienst schon nervenaufreibend ist, war wochenlang völlig durch den Wind. Denn sie sollte für den Einzug des Bischofs spielen, der einem zehnminütigen Gebet in der Kirche vorausging.

In meinen Berufen hatte ich viel mit Menschen zu tun. Nicht immer war ich zu den vorgegebenen Zeiten im Kloster zurück. Manchmal konnte ich nicht weg, weil jemand auf meine Hilfe angewiesen war oder ich ein Gespräch nicht abrupt beenden wollte. Die Begegnung mit Menschen war für mich eine Gottesbegegnung, und ich wollte niemanden stehen lassen, nur weil die Glocke läutete. Früher war es im Kloster normal gewesen, die Bedürftigen stehen, sitzen oder liegen zu lassen, wenn Gebetszeit oder Gottesdienst war. Gebet war wichtiger. Ich musste mich deshalb permanent rechtfertigen. Es zählte nicht, dass ich berufliche Verpflichtungen hatte und damit die Gemeinschaft finanziell mittrug. Je mehr Druck aufgebaut wurde, desto mehr entstand in mir der Wunsch, mich dem zu entziehen und bewusst über diese Zeiten im Dienst zu sein. Bis heute ertrage ich es nur schwer, wenn mir feste Strukturen vorgegeben sind, weil im Kloster alles der Tagesstruktur untergeordnet wurde.

Durch die Überalterung der Gemeinschaft wurden immer mehr Aufgaben auf die jüngeren Schwestern umgelegt. Eine Mitschwester, die zusammengebrochen war, musste eine von ihr geliebte Tätigkeit aufgeben, obwohl diese ihr Freude machte und Kraft gab. Sie wurde angewiesen, nur noch das zu tun, was für die Gemeinschaft notwendig war. Außerdem war es wichtig, immer etwas zu tun. Herumsitzen ohne Tätigkeit war Faulheit. Gebet war ebenfalls Leistung. Es gab Schwestern, die bis acht Uhr morgens schon fünf bis sieben Rosenkränze gebetet hatten. Eine andere Schwester wusste bei der Anbetung in Stille nicht mehr, was sie noch tun sollte, weil sie ihre täglichen Gebete alle schon gesprochen hatte.

Als ich selbst erste Anzeichen für einen Burnout hatte, wurde mir »aus Sorge um mich« verboten, eine Gruppe Jugendlicher nach Rom zu begleiten, obwohl die Ärzte grünes Licht gegeben hatten. Kurzfristig musste ich, die einzige weibliche Begleitperson, absagen. Das war mir sehr peinlich. Die Ausübung eines Hobbys außerhalb des Klosters, wie ich es mir als Ausgleich und Kraftquelle vorstellte, erlaubte die Oberin nicht. Erschöpft war ich zu dem Zeitpunkt schon seit Jahren. Begonnen hatte es, als ich vor dem Studium in der Klosterzeit das Fachabitur nachholte. Meine Hausarbeiten schrieb ich auf einem mir von außerhalb geschenkten PC, der sonst weggeworfen worden wäre. Ich schrieb abends und nachts. Oft bis nach Mitternacht. Nicht selten wurde es ein oder zwei Uhr. Um fünf Uhr klingelte der Wecker für das Morgengebet. Ab diesem Zeitraum war ich chronisch erschöpft; später traten gesundheitliche Probleme auf, die letztlich zu Therapie und starken Medikamenten führten. Dazu kam ein weiteres existenzielles Dilemma. Ich hatte die Ewige Profess abgelegt und arbeitete in dem Beruf, den ich liebte. Damit waren alle Ziele erreicht. Alles war vorhersagbar bis ins Detail: der Ablauf jedes Tages und Jahres, jedes Festes, einfach alles. Ziele und Wünsche, die im Kloster erfüllbar gewesen wären, konnte es bei diesen Rahmenbedingungen nicht mehr geben. Ich war doch noch jung und trotzdem war alles bis zum Tod festgelegt. Dies belastete mich sehr und verstärkte die gesundheitlichen Probleme um ein Vielfaches. So bat ich schließlich um Exklaustration und trat am Ende der Freistellung ganz aus.

Bei meinem Abschied aus der Gemeinschaft habe ich nicht offen gesagt, was mir im System Kloster und Kirche schwer geworden ist oder wie sehr ich mich auch innerlich vom Glauben entfernt hatte. Ich wollte in Frieden gehen und die Möglichkeit haben, den einen oder anderen Kontakt zu halten. Deshalb habe ich es so dargestellt, als ob es ausschließlich an mir gelegen hat. Bereits im Abschlussgespräch und dann erneut auch in ihren Abschiedsworten vor allen anderen sagte die Oberin: »Man kann seine Berufung auch verlieren.« Ich selbst hatte in dem Moment keine Möglichkeit mehr, etwas dazu zu sagen. Aus der Sicht meiner ehemaligen Mitschwestern habe ich meine Berufung verloren. Im Nachhinein haben viele es ja kommen sehen. Bei mir, bei anderen, die gegangen sind. Wer austritt, wird nicht mehr genannt. Diejenige ist nicht treu geblieben und hat versagt.

Von manchen ehemaligen Ordensfrauen weiß ich, dass ihnen der Glaube nach wie vor viel bedeutet. Ich selbst habe während meiner Zeit im Kloster den Glauben verloren, weil meine Art zu glauben nicht genug Raum hatte. Ich konnte meinen Glauben nicht leben in dieser Form, zu festgelegten Zeiten vorgegebene Texte sprechen zu sollen, Lieder zu singen, bestimmte Körperhaltungen einzunehmen. Inzwischen frage ich mich sogar, ob es überhaupt einen Gott gibt. Vieles ist schwer für mich, z.B. das Feiern von Gottesdiensten, allein schon der Aufenthalt in einem Kirchengebäude und vieles andere.

Ich bin überzeugt, dass ich kein Einzelfall bin, sondern eine von vielen. Ich kenne viele Lebensgeschichten ausgetretener Ordensfrauen. Die Erfahrungen sind erschreckend ähnlich. Es war und ist schwierig und braucht viel Zeit, nach dem

Austritt einen neuen Weg zu finden, was Lebensumstände, die eigene Identität und Spiritualität anbelangt. Ich könnte mir vorstellen, dass manche es gar nicht wagen, ihren Glauben insgesamt zu hinterfragen. Auch noch den Glauben zu verlieren, wäre für viele sehr schlimm. Der Glaube ist ein letzter Halt. Man wird ja auch so erzogen und beeinflusst, dass es nicht leicht ist, dazu zu stehen, dass einem auch der Glaube nichts mehr bedeutet. In der katholischen Kirche gibt es leider keine Kultur, über Zweifel zu sprechen. Sobald es nicht mehr um gemeinsame Suche nach Sinn und um Begegnung geht, sondern darum, ein System und seine Strukturen aufrechtzuerhalten, läuft ein religiöses System in etwas hinein, das nicht mehr gut sein und guttun kann. Es gibt kirchliches Leben, in dem Menschen frei miteinander ihren Glauben leben und sich für das Gute in der Welt einsetzen. Das durfte und darf ich erfahren, zum Glück. Aber ich denke: Da, wo es geschieht, geschieht es trotz des unguten Systems.

Abschließend möchte ich sagen: Ich fühlte mich berufen, und diese Motivation trug mich. Wenn man spirituellen und strukturellen Missbrauch erlebt und zudem der gesamte Glaube in Frage gestellt wird, so wie das bei mir war, dann stellt sich natürlich die Sinnfrage. Ich bin dieser Frage lange nachgegangen und sehe es jetzt so: »Der Sinn des Lebens ist es, zu leben.« Ich brauche keine besondere Aufgabe zu erfüllen, muss nichts Großes leisten. Für mich gilt jetzt: Ich kenne mich selbst am besten und weiß, was ich brauche, damit es mir gut geht, und auch, was mir schadet. Dazu brauche ich keinen Glauben, keine Glaubenswahrheiten oder bestimmte religiöse Rituale, keinen Gott. Ich lebe – das ist für mich genug.

Ich habe mich entschieden, zu gehen und dadurch zu bleiben

Sr. Teresa Jakobs

Anmerkung der Herausgeberinnen: Sr. Teresa Jakobs ist noch vor Fertigstellung dieses Buches völlig überraschend gestorben. Sie hat nach dem Schreiben ihres Beitrags ein langes Gespräch mit uns geführt. Uns Herausgeberinnen wurde deutlich, wie wichtig es Sr. Teresa war, durch ihren Bericht dazu beizutragen, dass in Zukunft Fälle wie der ihre verhindert werden können.

Das Schreiben über meine Erfahrungen im Kontext meiner Ordensgemeinschaft ist eine erneute Reflektion meines Erlebens. Ich schreibe – und gleichzeitig spüre ich eine Blockade, eine ›Lähmung‹, die Leib und Seele nochmals berührt. So vieles taucht auf, zeigt sich spürbar und braucht Aufmerksamkeit. Mir wird nur zu deutlich, dass ich über Jahre in meiner Ordensgemeinschaft geistlichem Missbrauch auf Leitungsebene begegnet bin. Ich habe zuvor nicht glauben können, dass in einem religiös geprägten und tradierten Umfeld im Sinne der Gründergeschichte geistlicher Missbrauch geschieht und geschehen kann.

Die Begeisterung und Entschiedenheit, mich auf einen Weg in einen geistlichen Kontext zu begeben, fußt für mich in der Intention Jesu Christi und darin, »wie Er diese Kirche gestiftet hat«: menschenwürdig und heilsam zu sein, in der Geistkraft Gottes, des Schöpfers allen Lebens. Die Begeisterung und Entschiedenheit, mich auf ein Leben in meiner Ordensgemeinschaft einzulassen, gründet dagegen im charismatischen Geist der Gründerpersönlichkeit, die authentisch und menschennah angesichts der Zeichen der Zeit eine Antwort gab, die Strahlkraft in der Gesellschaft hinterlassen hat und weiterwirkt. Am Anfang standen also Begeisterung und Entschiedenheit. Heute fühle ich mich als Nestbeschmutzerin, weil ich all das, was nicht im Sinne des Gründers sein kann und doch auf ihn zurückgeführt wird, benennen möchte.

In meinem Fall konzentriert sich das meiste auf das Handeln einer bestimmten Leitungsperson, der Provinzoberin. Sie hatte mir das Amt der Hausoberin in einem Konvent angetragen, in dem sie auch selbst mitlebte. Ich sollte den Konvent und die Schwestern »in völliger Freiheit« spirituell begleiten. Ich habe eine Ausbildung zur geistlichen Begleitung und weiß, dass ich in diesem Bereich besondere Kompetenzen habe. Im Verlauf meiner Zeit kamen dann aber sehr bald große Stoppschilder, z.B. bei Entscheidungen mit einzelnen Schwestern oder auch dem ganzen Konvent. Meine Entscheidungen wurden unterlaufen oder auch ganz zurückgenommen. Die Provinzoberin sagte dann: »Das ist eine Fehlentscheidung, das ist so nicht okay.«

Ich habe lange nicht erkannt, wie sie vorging, denn es waren oft unmerkliche Manipulationen. Zu mir hatte sie immer gesagt, ich sei fähig für dieses Amt, geistlich, professionell und menschlich – im Hintergrund aber agierte sie gegen mich. Als ich beispielsweise mit einer Mitschwester in einem Findungsprozess gearbeitet habe, es ging um Ablösung und Klarheit in finanziellen Dingen, und wir auf eine gute Weise eine Entscheidung getroffen hatten, mit der die Schwester einverstanden war, hat die Provinzoberin danach mit der Schwester nochmal eigene Gespräche geführt und alle Entscheidungen zurückgenommen. Dadurch war nicht nur meine geistliche Kompetenz in Frage gestellt, sondern die Schwestern waren verwirrt und fragten sich, woher diese Verwirrung kam, die Dinge waren doch entschieden. In dieser Situation bekamen die Schwestern dann von ihr Zuwendungen, die ich nicht geben konnte, z. B. Urlaub, Geld oder andere Geschenke. Das hat die Entscheidungen und den Weg, den ich mit den Schwestern gegangen bin, unterlaufen.

Da sie Provinzoberin war, hatte sie eine Hausoberin gebraucht, zu deren Aufgaben es gehörte, ein Seniorenstift aufzubauen, die Leitungsstruktur zu verjüngen usw. Sie gab mir zunächst einen großen Vertrauensvorschuss, bezog mich sogar in vertrauliche Informationen ein und signalisierte mir, dass ich mit ihr gut würde zusammenarbeiten können. Sie sagte: »Ich brauche dich, du kannst das, du musst mich unterstützen.« Und: »Nun schauen wir mal, wie dein Gehorsam aussieht.« Das war es, was sie eigentlich wollte. »Du hast doch Gehorsam gelobt und jetzt tust du etwas, das dem Gehorsam nicht entspricht.« Gehorsam wurde also immer als Druckmittel gebraucht. Heute würde ich sagen, dass ein solcher Gehorsam falsch und missbräuchlich ist.

Sobald ich kritische Anmerkungen gemacht habe, einmal sogar eine gemeinsame Mediation vorschlug, hat sie abgeblockt. An dem Punkt sagte sie dann, ich sei die Unfähige. Sobald Augenhöhe zwischen uns da war, hat sie mich fallen lassen wie eine heiße Kartoffel. Ich habe das als Erniedrigung und Verunglimpfung meiner Person und meiner spirituellen Ausrichtung erlebt. Denn sie hat auch anderen Schwestern gesagt, dass ich unfähig und meine geistliche Begleitung nicht alltagstauglich sei; sie hat dadurch polarisiert und manipuliert, das ist das Schlimmste dabei. Da spüre ich immer noch, dass sie mich und andere Schwestern stark missbraucht hat.

Im Ordensleben sind geistliches Leben und die Prozesse, die wir auf der Leitungsebene gehen, oft so miteinander verwoben, dass es nicht zu trennen ist. Wir sind auf einem geistlichen Weg, wir leben unsere Konstitutionen, die uns dienen müssen. Die Provinzoberin hat meine geistliche Kompetenz *und* meine Leitungskompetenz geschwächt, beides hing zusammen.

Ein geschwächtes und geistlich abhängig gemachtes System, in dem religiöse Botschaften verformt werden, stützt solche Personen wie die Provinzoberin. Das ist ein Phänomen, das ich übrigens auch in unserer Diözese beobachte. Viele unserer Schwestern haben nicht mehr die Kraft, dagegen anzugehen, sie haben Angst vor den Konsequenzen und beziehen deshalb auch nicht klar Stellung. Sie befürchten, erniedrigt zu werden und Zuwendung zu verlieren. Wenn ich nicht so reagiere, wie meine Oberin das möchte, falle ich aus der Zuwendung heraus. Das hat aber zur Folge, dass man Konflikte nicht mehr durchtragen kann, und dann ändert sich nie etwas bei der Leitung. Wir fragten uns oft, wo Konflikte zu lösen sind. Die Provinzoberin sagte dann: »Jetzt bete erstmal.« Ich meine, dass das nicht funktionieren kann: Man geht in die Kapelle und kommt geläutert wieder heraus? Konfliktlösung Gebet? Geh vor den Tabernakel und dann hat sich alles gelöst? Leider haben viele diese Order befolgt.

Einige weitere Beispiele für jahrzehntelangen geistlichen Missbrauch im Orden möchte ich noch erzählen:

Da ist die Verformung in der wöchentlichen Beichte. Ich habe es nicht mehr so erlebt, hätte es auch nicht praktiziert. Aber viele der älteren Schwestern berichten bis heute davon. Sie hätten oft nicht gewusst, was sie überhaupt beichten sollten. »Ich habe dann irgendwas gesagt, nur damit ich meine

Ruhe hatte«, hat eine Mitschwester immer gesagt. Alle Schwestern mussten damals zu einem einzigen Beichtvater, das waren große Zwänge. Der Priester kam ins Haus und die Schwestern waren ihm praktisch ausgeliefert. Es waren Aufpasserinnen da, die kontrollierten, ob man auch hinging. Die älteren Schwestern erzählen immer wieder, wie sie an einen Beichtvater gebunden waren und dass das mit viel Druck und Scham verbunden war. Weil in der Beichte vom Priester auch aktiv nachgefragt wurde: »Wie oft betest du?« »Wie aufmerksam betest du?« etc. Über andere, körperliche, intime Fragen, die verletzend und schambesetzt waren, haben die Schwestern nicht gesprochen.

Bei meiner Beurteilung zur Ewigen Profess ging es auch um folgende Fragen: »Wie lebt die Schwester ihre Jungfräulichkeit? Wie lebt die Schwester ihren Gehorsam?« Das musste in den Bericht hinein. Ich fand das schon damals unmöglich, so etwas in den Bericht zu schreiben.

Einmal kam eine ältere Schwester – sie war früher Schulleiterin – zu mir und erzählte, dass sie den Rosenkranz nicht mehr täglich beten könne und bat mich, ob ich sie davon entbinden könne. Das hat mich sehr bestürzt und befremdet: Wie geistlich abhängig ist denn diese Schwester? Dieses Erlebnis ist 20 Jahre her.

Zurück zu meinen Erfahrungen mit der Provinzoberin: Auch die Ordensleitung hatte Schwierigkeiten, mit ihr umzugehen. Man brauchte sie, z. B. um finanzielle Dinge zu regeln, das konnte sie wirklich gut. Ich finde aber, sie müsste versetzt werden, und zwar in einen Bereich, wo sie keinen Schaden mehr zufügen kann. Doch das geschieht nicht. Narzisstische Persönlichkeiten wie sie haben oft ein Charisma, sie können täuschen und haben ein doppeltes Gesicht. Ihre Macht kann sich – spirituell verpackt – lange gut halten. Auch, weil die Ordensleitung keine Entscheidung trifft. Man hat nur die Wahl zwischen Regression und Gehen.

Ich selbst habe mich schließlich entschieden, mein Amt als Hausleiterin zurückgegeben, und bin als Ordensfrau in die pastorale Arbeit in einer Gemeinde gegangen, gemeinsam mit einer Mitschwester. Wir wurden auf diesem Weg gut geistlich begleitet. Man braucht Verbündete. Ich biete heute viel geistliche Begleitung an, arbeite mit alten Menschen und bin unabhängig. Dadurch, dass ich gegangen bin, habe ich mir meine Ordensberufung erhalten. Wäre ich in dem Haus mit der Provinzoberin geblieben, hätte ich meine Ursprungsberufung verloren. Wäre ich im System geblieben, hätte ich meine Berufung nicht retten können. Ich habe mich entschieden, zu gehen und dadurch zu bleiben. Meine Berufung, die ich gespürt habe und bis heute spüre, lässt mich im Orden bleiben. Ich fühle mich heute frei. Das Schlimme aber ist, dass die Amtsträgerinnen im Amt bleiben. Wenn sie nicht wirklich etwas Schlimmes machen, bleiben sie. Ich bin gegangen, die Verursacherin bleibt. Die Missbraucher bleiben. Das ist auch in der Pastoral oft so. Warum ist das nicht zu durchbrechen? Das muss doch geändert werden!

Ist alles Gnade?

Elisabeth Eicher

»Wechselnde Pfade, Schatten und Licht, alles ist Gnade, fürchte dich nicht.« – Dieser Liedvers begleitet mich, während ich meine Erlebnisse mit spirituellem Missbrauch niederschreibe.

Im neunten Schuljahr hatte ich nach der Beichte eine tiefe Christuserfahrung; ich spürte einen inneren Ruf und die Sehnsucht, ganz für Christus und sein Reich da zu sein, und wollte so gern Priesterin werden. Diese Erfahrung teilte ich nach einiger Zeit mit einer Klosterfrau, zu der ich Vertrauen hatte. Sie redete es mir gründlich aus und sagte, dass nur Männer Priester werden könnten! Das wusste ich damals auch, aber ich war traurig und ratlos und wusste nicht, was dieser Ruf dann soll. Diese Schwester machte mich später auf einen kirchlichen Beruf und auf verschiedene Schwesterngemeinschaften aufmerksam, aber keine zog mich an. Ich suchte eine dynamische, geschwisterliche Gemeinschaft, die sich dem Aufbau des Reiches Gottes im Hier und Heute stellt.

Als Jugendliche fand ich Anschluss an eine Jugendgruppe und lernte dadurch eine internationale Schwesterngemeinschaft kennen. An dieser Gemeinschaft gefiel mir die gute Altersdurchmischung, viele junge Schwestern; sie war international, und die Schwestern hatten verschiedenste Berufe von kontemplativen Schwestern bis zu Professorinnen, sie trugen je nach Aufgabe Zivil oder ein Schwesternkleid. Drei junge Schwestern erzählten mir von ihrer Ausbildung in Religionspädagogik und Gemeindepastoral im Ausland. Das sprach mich sehr an und ein Jahr später begann ich dieses Studium.

Die Schwestern in meiner Heimat erlebte ich als viel freier und natürlicher als die Schwestern, die ich im Auslandsstudium kennenlernte. Der Kontakt zum Leitungsteam der Schwestern in der Heimat war hilfreich. Es waren zwei grundverschiedene Frauen, die sich aber gut ergänzten. Ich konnte alles fragen und auch meinen Frust über die Schulleiterin und Teile der Ausbildung ansprechen. Das tat gut und ich fühlte mich verstanden und entschied mich in einem intensiven Ringen, zunächst das Studium zu beenden und dann nach einem Berufsjahr in diese Gemeinschaft einzutreten.

Während dieses Berufsjahres kamen Zweifel an meiner Entscheidung auf. Ich erzählte es einer Schwester und sagte, dass ich überlegte, ob ich nicht vor dem Eintritt noch ein theologisches Aufbaustudium machen sollte. Sie meinte, das könne ich auch nach dem Noviziat machen. Es könne sein, dass ich meine Berufung verlieren würde, wenn ich jetzt nicht auf den Anruf Gottes hörte und antwortete. Ich ließ mich davon einschüchtern und die Angst kroch in mir hoch, meine Berufung zu verlieren. Der Priester im Beichtgespräch half mir auch nicht weiter. Ich war allein mit meiner Angst und lernte nicht, auf meine Herzensstimme zu hören und zu vertrauen. Rückblickend ärgert mich auch das Gottesbild, das mir mit dieser Aussage untergeschoben wurde. So blieb ich bei meinem Entschluss.

Das Besorgen der von der Zentralleitung vorgeschriebenen Aussteuer war eine Kröte, die ich zu schlucken hatte. Bis hin zur Unterwäsche war alles genau vorgeschrieben, was ich mitbringen sollte, z. B. lange Hosen und lange Unterhemden.

Einige Mitschwestern kürzten die Unterhemden; sie mussten sich neue anschaffen. Man begründete das mit der Jungfräulichkeit. Im Geschäft sagte ich, dass ich die Sachen für meine Großmutter brauche. Als ich zu Hause alles wusch, sah meine Mutter mich ungläubig an und fragte, ob ich das anziehen würde. Ich sagte ihr, das sei Nebensache. Erst später ging mir auf, dass das keine Nebensache war, sondern Einflussnahme bis in den Intimbereich, verbrämte Jungfräulichkeit, welche sich an einem vorkonziliaren Marienbild orientierte – keine Spur von der fragenden und ringenden Maria: »Wie soll das geschehen?« (Lk 1,34) oder vom Magnificat (Lk 1,46ff).

Durch diese Engführung wurde ich in ein bestimmtes Frauenbild hineingezwängt, das für mich nicht authentisch war. Es ging nicht um die innere Freiheit, um reife Persönlichkeiten, die auch in der Zivilkleidung ihren originellen Ausdruck fanden, sondern um einen Mainstream, der de facto eine Entpersönlichung war, obwohl die Theorie genau das Gegenteil besagte. Hosen sind bis heute verpönt und als burschikos verschrien. Als ich mit einer Jugendgruppe eine mehrtägige Fahrradtour mit Übernachtung im Freien vorbereitete, teilte ich der Leiterin vorab mit, dass ich in Hosen unterwegs wäre, weil das die zweckmäßigste Kleidung für dieses Unternehmen war. Sie war geschockt und sagte, dass sie das in der Regionalleitung besprechen müsse. Bis zu meiner Abreise hörte ich nichts mehr. Bei einem späteren Treffen, wo es wieder einmal um Zivil ging, sagte sie, sie hätten mir ja damals die Hosen erlaubt. Vieles blieb auf dem Niveau der 1950er-Jahre stecken. Damals reflektierte ich das nicht, sondern nahm es einfach in Kauf. Erst Jahre später, als ich erlebte, dass auch Schwestern aus Asien und Afrika in dieses Kleiderschema hineingepresst wurden und ich eine Afrikanerin in ihren geschlossenen Halbschuhen leiden sah, dämmerte mir langsam, was da mit den Einzelnen geschah. Keinerlei Rücksicht auf die verschiedenen Kulturen, auf die Buntheit der Saris und der afrikanischen Kleidung. Wenn ich das ansprach, wurde mir gesagt, dass die jungen Schwestern das so wollen, auch als Treue zum Ursprung. Für mich war es zum Heulen. Am schlimmsten war es für mich, als nach dem Fall des Eisernen Vorhangs die jüngeren Schwestern aus den kommunistischen Ländern ins Zentralhaus geholt wurden. Das Tragen des Schwesternkleides wurde als Höhepunkt gefeiert. Einige der älteren Schwestern waren die Jahre zuvor im Gefängnis gewesen. Ihre reiche Lebenserfahrung wurde kaum ausgewertet und nicht für die ganze Kongregation fruchtbar gemacht. Welche Chancen für die Weiterentwicklung der ganzen Gemeinschaft wurden hier verpasst und in festgefahrenen Formen erstickt!

»Erst schafft der Geist eine Form, dann frisst die Form den Geist auf.« Das war ein Wort, das die Gründerin oft zitierte, das aber leider in der Gemeinschaft sehr wirksam war. Die Form und das Äußere waren sehr wichtig. Das internationale Noviziat fand im Ausland statt. Wir waren völlig abgeschnitten von den anderen Schwestern, den Herkunftsfamilien, dem bisherigen Freundes- und Berufskreis. Telefonate waren nicht erwünscht, Handys gab es noch nicht. Einmal monatlich konnte man den Eltern oder Geschwistern einen Brief schreiben, der ungeöffnet durch die Hand der Noviziatsleiterin zur Post ging. Wir waren angehalten, ja keine Interna mitzuteilen.

»Geschlossenheit« war ein wichtiges Wort; wir waren jetzt ja in einer neuen »gesegneten Familie«, von der wir alles bekämen, was wir bräuchten. Alles, was sich im Laufe der Ordensgeschichte bewährt hatte, würden wir in unserer Gemeinschaft wiederfinden, so die Theorie. Alle Ausbildungszeiten weltweit liefen, ohne ausreichende Rücksicht auf die verschiedenen Kulturen, nach dem gleichen Schema ab. Theoretisch wurde viel von Freiheitserziehung, von starken Persönlichkeiten und allen möglichen Idealen gesprochen, aber die praktische Umsetzung fehlte. Die zur Verfügung stehende geistliche Literatur war sehr schmal, Tageszeitungen gab es keine. Es hieß, dass uns die Noviziatsleiterin informieren würde, bevor die Welt unterging.

Der Noviziatsunterricht wurde nebst der Noviziatsleiterin von drei hochbetagten, liebeswürdigen Schwestern erteilt. Sie erzählten nebst ihrem Stoff viele Episoden aus früheren Zeiten und von der Gründerin. Aber es war keine systematische Einführung, die ein spirituelles Fundament mit aktueller Theologie für die weitere Schwesternzeit gegeben hätte. An dieser ›spirituellen Mangelernährung‹ leide ich manchmal noch heute. So lernte ich z. B. *Lectio divina* erst nach meinem Austritt kennen und schätzen. Wir hatten viel Zeit für die Ausbildung, aber sie wurde nicht genutzt, um uns ein solides Fundament für die heutige Zeit mitzugeben.

Für unsere Ausbildungsgruppe sollten wir z. B. ein gemeinsames Lied erarbeiten. Wir trugen zusammen, was uns in der Nachfolge Christi und als »kleine Maria« wichtig war. Eine Schwester erstellte daraus ein Lied. Ich war entsetzt, als der Vorschlag zurückkam, da hieß es u. a.: »Die Jünger füllten die Krüge mit Wasser.« Geht nicht, fand ich, bei der Hochzeit in Kana waren es die Diener (Joh 2,7). Aus der Gruppe gab es noch andere kritische Rückmeldungen. Da platzte der Noviziatsleiterin der Kragen, wir seien wie »übertünchte Gräber« (vgl. Mt 23,27), würden uns als gnädige Fräuleins aufspielen und hätten ständig etwas zu kritisieren. Es war eine lange, heftige Standpauke, bevor sie uns in die Stille entließ. Wir waren keine Revoluzzerinnen, die Rede war für mich überzogen. Ich hatte den starken Impuls, meine Koffer zu packen und zu gehen, aber ich blieb, weil ich nicht bei der ersten Schwierigkeit davonlaufen wollte. Dringend hätte ich jemanden gebraucht, mit dem ich über solche Vorfälle hätte Klartext reden können. Aber es gab niemanden! Einmal entdeckte ich in der Kirche meinen früheren geistlichen Begleiter und freute mich, ihn zu sehen. Als er die Kirche verließ, ging ich auch hinaus. Die Noviziatsleiterin kam hinter mir her und sagte, ich solle jetzt nicht dem Priester nachlaufen, ich sei im Noviziat. So hatte ich keine Gesprächsmöglichkeit. Monatlich kam ein alter Priester für die Einzelbeichten ins Haus, aber das war keine geistliche Begleitung. Letzteres existiert in dieser Gemeinschaft bis heute nicht.

Vieles geschah atmosphärisch: Schlimm war für mich immer wieder, dass mal sehr subtil, dann auch mit Paukenschlag gearbeitet wurde, über Stimmungsmache. Es war allen klar: Kritik war nicht erwünscht, Hinterfragen auch nicht. Die Theorie war eine andere, da war von Freimut, Offenheit, mitverantwortlichem Gehorsam die Rede und wie heilig der Gründerin die innere Freiheit und die Persönlichkeitsentwicklung war.

Der Noviziatsleiterin war es sehr wichtig, dass wir persönliche Probleme und Fragen nicht untereinander besprachen, sondern mit ihr oder mit der Generalleiterin. Monatlich fand ein verbindliches Gespräch mit der Noviziatsleiterin statt, später mit der jeweiligen Hausleiterin. Es ging um Rechenschaft zu den verschiedenen Gebetsübungen, ob sie eingehalten wurden. Zudem musste das persönliche Kassenbuch vorgelegt werden. Es gab damals ein minimales Taschengeld (30.– Euro), von dem alles gekauft werden musste (Hygieneartikel, Kleidung, Schuhe, Briefmarken, kleine Geschenke ...). Eigentlich war klar, dass diese Kassenbuch-Regelung auf einem Missverständnis beruhte, die Gründerin wollte das nicht! Aber diese Fehlentscheidung wurde nicht korrigiert. Als ich später einen geistlichen Begleiter hatte, obwohl das nicht vorgesehen war, nahm ich in einer schwierigen Situation mit ihm telefonischen Kontakt auf. Er war im Ausland und es entstanden Kosten von über 10,– Euro. Der Zähler ließ sich nicht umstellen. So schrieb ich ins Kassenbuch nur die Buchstaben »GWE«, und prompt wurde ich gefragt, was das bedeutet. Ich sagte »Gott weiß es«. Die Hausleiterin bohrte nach, ich aber schwieg. Das hatte kein weiteres Nachspiel, aber für mich wurde klar, dass ich für weitere Gespräche eine andere Lösung finden musste. So legte ich mir eine schwarze Kasse zu. Die Rechenschaft erlebte ich nicht als hilfreich. Manchmal war es entmündigend, kleinmachend, bloßstellend, Macht ausübend, nicht förderlich für eine gesunde Persönlichkeitsentwicklung und keine Unterstützung für die aktuellen beruflichen und spirituellen Herausforderungen.

In Postulat und Noviziat mussten wir unsere Krankenkassenprämien vom Ersparten bezahlen. Auch das habe ich damals geschluckt. Später wurde diese Praxis geändert. Erst bei meinem Austritt, nach rund 20 Jahren, merkte ich, dass während des Postulats, des Noviziats und der längeren Ausbildungszeiten keine Rentenbeiträge einbezahlt wurden, obwohl wir durch die Praktika voll in den Arbeitsprozess eingespannt waren. Bei externen Anstellungen während der Schwesternzeit floss das ganze Gehalt selbstverständlich in die Gemeinschaftskasse; die Schwester bekam das, was sie für ihren Lebensunterhalt brauchte und was dem Armutsgeist entsprach. Was genau das war, entschied die zuständige Leiterin, da konnte man Unterstützung oder Unverständnis erfahren. Nach einem Autounfall hatte ich massive Rückenschmerzen, die sich vor allem nachts bemerkbar machten, trotz Physiotherapie. Ich meldete dies der Leiterin. Sie sagte, sie habe eine gute Matratze für mich. Es stellte sich dann heraus, dass die Matratze 20 Jahre alt und im Gästehaus aussortiert worden war. Ich probierte sie trotzdem aus und sagte, dass es nicht geht. Nach einigem Hin und Her konnte ich in einem bestimmten Geschäft eine neue Matratze besorgen, aber sie war nicht kompatibel mit dem Bettgestell, wenn auch besser als alles Bisherige. Ich sagte nichts mehr. Nach meinem Austritt besorgte ich mir als Erstes ein kompatibles Bettgestell mit Matratze, was für meine Gesundheit sehr förderlich war.

Missbrauch des Armutsgeistes ist für mich auch die Vernachlässigung der Gesundheitsvorsorge für ältere oder kranke Mitschwestern. Als ich eine über 90-jährige Mitschwester besuchte, die früher verschiedene Leitungsämter innehatte und der die Gemeinschaft sehr viel zu verdanken hatte, stellte ich mit Entsetzen fest, dass ihr links oben fünf Zähne fehlten. Schockiert sprach ich sie an und fragte: »Kannst du so noch kauen?« Sie sagte, das zu richten käme viel zu teuer, so kaue sie halt nur noch rechts. Ich war sprachlos und traurig, denn das Geld dazu wäre ja da gewesen; ich konnte aber nichts ändern, weil ich der Schwester sonst Ärger eingehandelt hätte. Eine 40-jährige Mitschwester erkrankte mitten in ihrem Berufsalltag an Brustkrebs. Ihre Regionalleiterin kam mit zu einer Arztbesprechung. Während sich die Schwester wieder anzog, hörte sie, wie die Regionalleiterin zum Arzt sagte: »Keine aufwändigen Therapien!« Die Schwester war schockiert und enttäuscht, dass so eine Aussage nicht mit ihr abgesprochen wurde. Für meine Mitschwester war das wie ein »Todesurteil«. Innerhalb eines Jahres starb diese Schwester. Ich war sehr traurig über den Tod dieser Mitschwester. Sie war eine starke Frau mit vielen Talenten, die sie aber in der Gemeinschaft nicht entfalten konnte. In der Nacht vor ihrer

Beerdigung weinte ich sehr stark. Am Morgen sagte mir eine Mitschwester: »Wir trauern doch nicht wie die, die keine Hoffnung haben!« (vgl. 1 Thess 4,13).

Nach dem zweijährigen Noviziat wurden in meiner Heimat die Minimalbeiträge für eine spätere Rente einbezahlt, das war aber nicht in allen Ländern so. Beim Austritt hatte ich in meiner Altersvorsorge trotzdem ein Loch von rund 50.000,– Euro. Das verunsicherte mich total. Was würde geschehen, wenn ich erkrankte und arbeitsunfähig würde? Meine Existenzängste waren so groß, dass ich bei Verwandten und Freundinnen das Geld zusammenbettelte, um die Nachzahlung zu machen. Das geliehene Geld konnte ich allmählich zurückerstatten, teilweise wurde es mir auch geschenkt. In anderen Fällen zahlte die Gemeinschaft den ganzen Fehlbetrag ohne Aufhebens nach. Andere ausgetretene Mitschwestern im Rentenalter mussten sich ans Sozialamt oder ihre Herkunftsfamilien wenden, um nach dem Austritt eine Lebensgrundlage zu haben. Dies, obwohl diese Schwestern oft jahrzehntelang schwer für und in der Gemeinschaft gearbeitet haben, oft auch in leitenden Stellungen. Zu meiner Zeit gab es keine fairen, einvernehmlichen Lösungen, geschweige denn eine Anerkennung und Wertschätzung der geleisteten Dienste. Geld war da, aber es wurde lieber in repräsentative Bauten statt in die Schwestern investiert.

Zurück zu meinem Weg in dieser Kongregation. Mir schien es normal, dass nach dem Tod einer Gründerin verschiedene Fragen und Ansichten auftauchen, wie das Charisma der Gründung in jeder Generation neu umgesetzt werden muss. Diese Spannungen brachen auch bei uns auf. Aber es gab keine transparente Konfliktlösung. Nachdem ein Mitglied aus der Generalleitung ausgetreten war, gab es von der Generalleiterin ein striktes Schweigegebot, dass wir über die Fragen, die jetzt aufgebrochen waren, nicht untereinander sprechen durften, nur mit Vorgesetzten. Statt alle einschlägigen Schriften der Gründerin und der Gründungszeit allen Interessierten zugänglich zu machen, wurde eine nicht näher bezeichnete Studiengruppe eingesetzt, über deren Zusammensetzung und Arbeit haben wir aber nichts erfahren. Die Deutungshoheit über die Schriften der Gründerin stand de facto nur der damaligen Generalleiterin zu. Die meisten Mitverantwortlichen nickten ihre Verlautbarungen ohne Widerspruch durch. Zwar konnten für die nächste Generalversammlung (= GV) Anträge gestellt werden, die Schriften der Gründerin standen aber nicht umfassend und offiziell zur Verfügung. Durch intensive Recherchen konnte ich mir einiges besorgen. Ich erstellte in vielen Nachtstunden meine Anträge und reichte sie mit den Ausarbeitungen vieler anderer Mitschwestern ein. Diese Anträge wurden einmal kopiert und aufgelegt, flossen aber nicht in die Arbeit der GV ein. Auch der Prozess während der GV wurde nicht transparent gemacht, sondern lediglich die Beschlüsse mitgeteilt, die noch dazu teilweise den Satzungen widersprachen. Ein römischer Würdenträger antwortete auf die Frage, was er von dieser Kongregation halte, kurz und knapp: »Inzucht«.

Von der römischen Kongregation für die Institute des geweihten Lebens wurden nacheinander zwei Vertreter ernannt, die in unserer Schwesternkongregation mithelfen sollten, die Einheit wieder herzustellen. Der Ersternannte gab seine Aufgabe bald schon wieder zurück; der zweite war in seinem Bistum dafür bekannt, dass er auch in verfahrenen Situationen zu einer gemeinsamen Lösung verhelfen konnte. In unserer Kongregation hatte er keine Chance, weil die Generalleitung die Zusammenarbeit de facto verweigerte. Seine Strategie wäre gewesen, mit zwei gleich starken Gruppen ins Gespräch zu kommen und die Probleme auf den Tisch zu legen, nach dem Willen der Gründerin zu forschen und Lösungen zu erarbeiten. Das funktionierte jedoch nicht, weil auch die »leitungstreuen« Schwestern eine Zusammenarbeit verweigerten. Also blieb ihm nur die Gruppe derer, die als »Linke«, »Untreue«, »nicht hinter der rechtmäßigen Leitung Stehende« verschrien und diffamiert wurden. Zudem bestimmte die Generalleitung, dass diese Treffen im Zentralhaus stattfinden mussten, also nicht an einem neutralen Ort, wie es der römische Vertreter gewünscht hatte.

Von verschiedenen Leitungs- und Mitschwestern wurde ich beschimpft, weil ich in diesem Kreis mitwirkte. Eines Tages wollte ich zu einem Treffen mit ihm fahren, doch zuvor rief mich die Regionalleiterin an und verbot mir, mit dem Auto zu diesem Treffen zu fahren, aus Umweltschutzgründen. Ich sagte ihr, dass es mich freut, dass sich die Kongregation auch um den Umweltschutz kümmert, dass ich aber auf das Auto angewiesen sei, weil ich mit den öffentlichen Verkehrsmitteln nicht rechtzeitig eintreffen könnte, da ich morgens noch beruflich gebunden war. Sie bestand auf den Öffentlichen und riet mir, dies als Vorsehung zu sehen und nicht zu dem Treffen zu fahren.

Mitten in diesen Spannungen war ich mit meiner Junioriatsgruppe in der Vorbereitung auf die Ewige Profess zu einer mehrwöchigen internen Ausbildungszeit im Ausland. Es war eine furchtbare Atmosphäre des Misstrauens und der genauen Beobachtung, wer mit wem Kontakt hatte. Hier einige krasse Beispiele aus dieser Zeit im Ausland:

Vor der Ewigen Profess war eine Art Lebensbeichte angesagt. Auf Wunsch der Gründerin sollten zwei Priester zur Auswahl stehen. In unserer Gruppe gab es aber nur einen

Priester. Für mich gehört die Beichte zum Forum Internum, und ich wählte einen anderen Priester, mit dem ich schon mehrere Gespräche hatte, der mich und meine Geschichte in etwa kannte. Im Speisesaal stand ein Schächtelchen mit den Nummern für die Reihenfolge bei der Beichte beim vorgegebenen Priester. Da ich nicht vorhatte, dorthin zu gehen, zog ich keine Nummer. Vor dem Mittagessen hielt mir eine Schwester das Schächtelchen hin und fragte aufdringlich: »Hast du schon eine Nummer gezogen?« Weil ich keine Diskussion wollte, zog ich eine Nummer und legte sie später in der Hauskapelle ins Schächtelchen zurück. Kurze Zeit danach warf mir die Schwester Feigheit vor, weil ich die Nummer einfach zurückgelegt hätte. Ich sagte ihr, dass die Beichte ins Forum Internum gehört.

Vor der Ewigen Profess schrieb ich der Generalleiterin einen sehr persönlichen, vertraulichen Brief, in welcher Haltung ich meine Profess ablegen würde; und ich sagte ihr, wie manipulativ die Junioratsleiterin ihren Unterricht gestaltete und ständig gegen die angeblich »Linken« in der Gemeinschaft hetzte, indem sie zwar über den Gehorsam sprach, aber den Freimut nicht mehr erwähnte, der der Gründerin so wichtig gewesen war. Tage später lud mich die Generalleiterin zu einem Gespräch ein, bei dem sie mir vorwarf, dass mein Brief schwer sündhaft sei. Ich war konsterniert und dachte, dass sie mich einschüchtern und verunsichern wollte, und fragte nach. Sie sagte, weil ich geschrieben hatte, dass der Brief vertraulich sei, hätte ich sie gehindert, der Sache nachzugehen. Ich antwortete, dass sich das problemlos hätte klären lassen, wenn sie mich angerufen und nachgefragt hätte. Das nahm sie kommentarlos zur Kenntnis.

Drei Wochen später rief ich die Generalleiterin an und sagte ihr, dass der Unterricht im Juniorat immer noch tendenziöser würde. Indirekt – aber für alle sei klar, dass mit der Rede über die »Linken« ich und eine Mitschwester, ich nenne sie hier Sr. Petra, gemeint waren. Die Junioratsleiterin würde uns auch »Privatfreundschaft« unterstellen, was einer lesbischen Beziehung gleichkommen würde (was klar nicht der Fall war). Da hakte die Generalleiterin ein und sagte, man würde uns zwei eben oft zusammen sehen. Es kam zu einem Gruppengespräch, bei dem einige sehr auf Sr. Petra herumhackten, was ich äußerst unfair fand. Die Generalleiterin meinte, dass ich falsches Mitleid mit Sr. Petra hätte. Mehrfach sagte sie mir: »Halte dich raus! Nimm Abstand von Sr. Petra! Mach dich frei!« Ich war fix und fertig durch so eine intensive Bedrängung. Sie wurde immer bedrohlicher: »Wenn du nicht hörst, wirst du mit hineingezogen.« Sie sagte weder, aus was genau ich mich heraushalten sollte, noch, wo ich hineingezogen würde; es war einfach eine massive Bedrohung und ich konnte meine Tränen nur mühsam zurückhalten. Um Raum und Abstand zu gewinnen, sagte ich, dass ich mir das Ganze überlegen müsse. Wieder klang es sehr eindringlich: »Aber allein! Halte dich raus, sonst wirst du hineingezogen und du musst die Folgen selbst tragen!« Ich habe mich in meinem Leben noch nie so bedrängt, bedroht und ausgeliefert gefühlt wie in diesem Moment. Dann sagte sie mir: »Du hast mir doch vor der Ewigen Profess so einen vertrauensvollen, offenen Brief geschrieben und jetzt tust du dich so schwer ...« (Genau diesen Brief hatte sie vor kurzem noch als »schwer sündhaft« bezeichnet.) Zum Abschluss des Gesprächs sagte sie, dass sie mit der Leiterin wegen des Unterrichts sprechen würde. Die Gruppe hätte nichts gegen mich, aber ich solle den Kontakt zu Sr. Petra abbrechen. Ich ging in mein Zimmer und weinte lange und heftig. Später kam die Junioratsleiterin auf mich zu, auch sie bedrängte mich – ohne Angabe von Gründen –, den Kontakt zu Sr. Petra abzubrechen. Ich schwieg nur. Bei der nächsten Begegnung sagte mir Sr. Petra, dass die Junoriatsleiterin ihr mitgeteilt habe, dass ich den Kontakt zu ihr abbrechen würde. Da erzählte ich Sr. Petra alles, was geschehen war, und dass die Aussage der Leiterin nicht stimmte. Uns beiden war klar, dass wir in Kontakt bleiben würden, auch wenn wir wenige Wochen später wieder in unsere verschiedenen Regionen zurückkehren würden.

Kurze Zeit später führte die Generalleiterin in einem Vortrag zu den offenen Sach- und Strukturfragen aus, dass das ausgetretene Mitglied der Generalleitung versucht hätte, die Generalleitung entgegen der eigenen Gewissensüberzeugung zu einem Entschluss zu führen. Dies schien mir sehr unglaubwürdig, und in einem späteren persönlichen Gespräch sagte ich der Generalleiterin, dass ich nach dieser Aussage mein Vertrauen in sie verloren hätte. Als unsere Gruppe zum Abschlussgespräch nach der Ewigen Profess bei ihr war, sagte sie vor der ganzen Runde, dass ich ihr gesagt hätte, dass ich kein Vertrauen mehr zu ihr hätte. Meine Mitschwestern waren entsetzt über mich, und eine Schwester entschuldigte sich bei der Generalleiterin für meine Aussage. Ich war sprachlos und verstummte immer mehr. Dadurch wurde ich in dieser Gruppe definitiv zur Außenseiterin und erlebte mich ausgegrenzt. Mit der Zeit erhielt ich auch die Rundbriefe unserer Ausbildungsgruppe nicht mehr.

In der Gemeinschaft bestand die Möglichkeit, dass man sich für ein paar Wochen oder Monate an einen stillen Ort zurückziehen und ganz in der Kontemplation leben konnte. Diesen Wunsch meldete ich schriftlich bei der Generalleiterin. Später teilte mir die Regionalleiterin mit, dass diesem Wunsch nicht stattgegeben würde. Ich fragte nach der Begründung. Sie erklärte mir, dass ich nicht religiös sei. Nachdem ich einmal geschluckt hatte, fragte ich nach, woran sie das festmachen würde. Sie erklärte mir: »Weil du hinter der Generalleiterin nicht den lieben Gott siehst.« Ich erklärte ihr, dass ich kein Problem habe, in jedem Menschen, auch in der Generalleiterin, das göttliche Fünklein zu entdecken, dass es aber sehr problematisch wird, wenn die Generalleiterin mit Gott gleichgesetzt wird.

Trotz all dieser schrecklichen Erlebnisse dachte ich zunächst nicht an einen Austritt, sondern hoffte wider alle Intrigen und Manipulationen, dass in einer religiösen Gemeinschaft die Wahrheit auf den Tisch kommen müsse und sich alles bei der nächsten Generalversammlung klären würde. Zehn Jahre harrte ich so aus. Eines Tages erfuhr die Regionalleiterin, dass ich in der Gemeinde auch Fastenkurse mit christlichem Yoga anbot; die Yogastunden verantwortete ein ausgebildeter Leiter. Ich wurde zu einem Gespräch zitiert, in dem sie mir verbot, weiter Fastenkurse mit Yoga anzubieten. Sie interessierte sich in keiner Weise dafür, wie ich die Fastenwochen gestaltete, sondern sagte zu Beginn, das wäre halt so ein Trend heute. Unsere Gemeinschaft wollte nicht, dass eine Schwester Yoga macht. Dabei berief sie sich auf Mutter Basilea Schlink (Mitgründerin der evangelikalen Darmstädter Marienschwesternschaft), mit der wir absolut nichts zu tun hatten. Wie ich das Verbot bei meinem Dienstvorgesetzten rüberbringen würde, interessierte sie nicht, auch nicht, dass das zu meinem Pflichtenheft gehörte.

Trotz allem aber hatte ich es im Beruf gut, ich war in einem funktionierenden Team, meine Arbeit in der Gemeinde wurde anerkannt und geschätzt. Während einer externen Weiterbildung in meiner Berufsgruppe mussten wir Gesprächsprotokolle schreiben. Als ich mein Protokoll vorstellte, fragte mich der Kursleiter unvermittelt: »Wie erging es dir in diesem

Gespräch, was hast du gefühlt?« Ich konnte es nicht sagen. Mit Schrecken wurde mir klar, dass ich meine eigenen Gefühle zurückgedrängt und nicht mehr wahrgenommen habe. Was war in der Gemeinschaft nur aus mir geworden? Was machte ich mit meinen Gefühlen, warum musste ich mich so abschotten, um zu überleben? Da bin ich innerlich erschrocken, aber auch aufgewacht.

Monatlich musste ich in unser Regionalhaus fahren für ein internes Gruppentreffen. Das war für mich sehr anstrengend und wenig hilfreich. Nach jedem Treffen brauchte ich zwei bis drei Tage, bis ich mich wieder erholte. Es fiel mir nicht auf, dass ich langsam, aber sicher depressiv wurde. In der Arbeit funktionierte ich weiter und überspielte vieles. Als ich aber auf der Heimfahrt von einem der Treffen plötzlich und ungewollt von der Autobahn auf eine Landstraße wechselte, die in der Umgebung als »Todesstrecke« bekannt ist, merkte ich, was los war. Ja, es waren da Bäume, in die ich gut hätte hineinfahren können – aber das wollte ich nicht, ich wollte leben. Ein anderes Mal fuhr ich mit dem Fahrrad über eine hohe Brücke, auch hier kam der Impuls: Stürze dich hinunter! Es ist genug! Ich kann nicht mehr! Ich war sehr erschrocken, wie heftig dieser Impuls war. Aber ich wollte keinen Suizid begehen. Dann erholte ich mich von einer Erkältung nicht mehr und ging schließlich zum Hausarzt. Der riet mir dringend zu einer Auszeit von mindestens drei Wochen. So konnte ich, nach Rücksprache mit der zuständigen Leiterin, mich in ein stilles Bergkloster zurückziehen. In dieser Zeit wurde mir klar, dass es so nicht weitergehen konnte, dass diese Gemeinschaft mich nur noch krank macht und dass es keine Aussicht auf eine Änderung gibt. Im Ringen mit Gott wurde mir sehr klar, dass ich das Indult für den Austritt einreichen musste, auch wenn ich an meine Berufung zu einem Leben nach den evangelischen Räten glaube.

Zunächst sprach ich mit dem zuständigen Bischof über meine Situation. Er verstand mich sehr schnell und sicherte mir auch zu, dass ich meine derzeitige Anstellung selbstverständlich behalten könne. Das war sehr hilfreich. Verletzend und bedrückend waren die Gespräche mit der Regionalleiterin, sie zeigte keinerlei Anerkennung und Wertschätzung für die 20 Jahre, die ich voll in der Gemeinschaft in den verschiedensten Aufgaben mitgearbeitet hatte.

Erst rückblickend kann ich sagen: »Alles ist Gnade, fürchte dich nicht.« In der Gemeinschaftszeit hätte ich das nicht sagen können. Jetzt kann ich das sagen, weil es wirklich ein Geschenk ist, dass ich den Absprung, so schmerzlich er war, geschafft habe, dass ich neu auf Gott hören konnte, wo ich jetzt an seinem Reich mitbauen kann in der Nachfolge Christi: Einfach da sein für Gott, für die Nöte und Fragen der Menschen von heute. Nach meinem Austritt haben mir die geistliche Begleitung, jährliche Privatexerzitien, Gesprächs- und Maltherapien geholfen, die leidvollen Erfahrungen zu verarbeiten. So konnte ich nach 30-tägigen Exerzitien beten: »Herr, verzeihe ihnen, denn sie wissen nicht, was sie mir und vielen anderen angetan haben.« Das *Kyrie eleison* konnte ich auch für das beten, was ich selbst an Gutem unterlassen und in Gedanken getan habe.

Epilog

Als dieser Artikel geschrieben war, entschloss ich mich nach intensivem Ringen, mit der aktuellen Regionalleiterin, ich nenne sie hier Sr. Gratia, Kontakt aufzunehmen. Wir kannten uns nicht, sie kommt aus einer anderen Region und war nicht in meine damaligen Auseinandersetzungen involviert. Mir war es wichtig, dass ich wieder Einsicht nehmen konnte in mein Begleitschreiben zu meinem Austritt, das nicht mehr in meinem Besitz war. Das Gespräch fand statt und eine Kopie meiner damaligen Unterlagen wurden mir übergeben. Sr. Gratia und ich konnten auf Augenhöhe und geschwisterlich miteinander sprechen. Alle meine Erwartungen wurden bei weitem übertroffen, keine meiner Befürchtungen traf ein. Einige der sehr schwierigen Situationen konnte ich ansprechen, Sr. Gratia war sehr betroffen. Am Schluss des Gespräches sagte sie mir, dass es ihr sehr leidtäte, was ich alles durchmachen musste. Sie entschuldigte sich glaubwürdig für die Gemeinschaft. Ich sagte Sr. Gratia, dass ich bislang nur beten konnte: »Vater, vergib ihnen, sie wissen nicht, was sie tun« (Lk 23,34); ab heute kann ich auch sagen: »Ja, ich verzeihe euch und ich bitte auch um Verzeihung, wo ich die Liebe schuldig geblieben bin.« Mir fiel in diesem Moment ein schwerer Stein vom Herzen. Bevor ich wieder heimfuhr, schrieb ich in das Fürbittbuch der Kirche: »SCHALOM – DANKE!«

Mögen alle Betroffenen hörende Menschen aus ihren ehemaligen Gemeinschaften, in ihren Diözesen oder bei Fachpersonen finden, damit Versöhnung und Heilung geschehen kann. Mein Wunsch ist es, dass in allen Gemeinschaften von externen Fachleuten Schulungen zum spirituellen Missbrauch stattfinden und dass es in den Bistümern Ombudsstellen gibt, die Schwestern in Konfliktsituationen beraten und unterstützen.

Wenn wir uns erinnern, bekommen wir uns zurück

Felizitas Veith

»Wenn wir uns erinnern, bekommen wir das Verlorene zwar nicht zurück, aber wir bekommen uns zurück.«[1] Dieser Satz aus Schreibexerzitien vor einigen Jahren hat viel in mir bewegt und er half mir, darüber zu schreiben. Über Verlorenes. Über Dinge, Menschen und Jahre. Und davon, vielleicht etwas wiederzufinden. Und vor allem: meiner Erinnerung zu trauen.

Mit einer tiefen Sehnsucht im Herzen, im Vertrauen auf Gottes Geistkraft und mutig genug, meiner Berufung zu folgen, bin ich in eine apostolische Ordensgemeinschaft eingetreten. Damals war ich knapp 40 Jahre alt, Theologin, und ich hatte wegen des Ordenseintritts meine bisherige Arbeitsstelle buchstäblich an den Nagel gehängt. Was für eine Entscheidung. Aber da war die große Sehnsucht nach dem »Mehr« im Leben. Glauben tiefer leben zu wollen. Kirche mitzugestalten, zu verändern. Viele Jahre zuvor hatte ich bereits andere Formen von Ordensleben bzw. geistlichem Leben in Gemeinschaft angeschaut und mal für einige Zeit mitgelebt. Aber da merkte ich, dass es für mich nicht passte.

[1] Dörrie, Doris, Leben, Schreiben, Atmen. Eine Einladung zum Schreiben, Zürich 2019, 61.

Mein Leben war geprägt von einer tiefen Spiritualität, und aus dieser konnte ich leben und Kraft schöpfen. Was hatte mich also bewogen, in dieses Kloster einzutreten?

Ich war dort einige Jahre zuvor zu Exerzitien gewesen und Sr. Elisabeth war meine Begleiterin. Während dieser Zeit kam plötzlich wieder die Frage nach meinem Platz im Leben auf. Die Frage nach einem Leben in einer Ordensgemeinschaft war wieder geweckt. Ich hatte ein gutes Leben und einen guten Job, der mir Spaß machte – ich war motiviert und engagiert, fühlte mich glücklich, lebendig, lebensfroh. Und doch lag da plötzlich wieder das Thema Orden auf dem Tisch. Es interessierte und faszinierte mich wieder – die Frage nach dem »Mehr« im Leben.

Nach den Exerzitien blieb der Kontakt zu Sr. Elisabeth bestehen. Und auch die Frage nach einem Leben in einer Ordensgemeinschaft blieb. Ich lernte eine ihrer Niederlassungen kennen. Dort gab es einige jüngere Schwestern und das Leben wirkte nach außen »ganz normal«. Anders, als ich es bei einigen anderen Gemeinschaften erlebt hatte. Angesprochen hat mich vor allem ihr Ansatz, die Menschen in den Mittelpunkt zu stellen, ihren jeweiligen Situationen, Brüchen und Verwundungen nicht auszuweichen. Berührt hat mich auch die Art und Weise, wie sie Gebetszeiten gestaltet haben – oft in frauengerechter Sprache, mit Austausch zu den Texten, nicht in einer kalten Kirche, sondern in einer kleinen Kapelle im Schwesternhaus. Dieses Miteinander, so wie es nach außen wirkte, hat mich fasziniert – so natürlich, engagiert und partizipativ. Und ich konnte mir vorstellen, dort einzutreten. Ich konnte für die Ausbildung in diese Niederlassung gehen. Dort wurde ich gut aufgenommen und ich bekam von den Schwestern immer wieder gesagt, dass sie mich gern in der Gemeinschaft wollten.

Tat ich mich bisher mit Entscheidungen schwer, war ich mir jetzt sicher, die richtige Entscheidung getroffen zu haben. Es war alles so klar und so stimmig. Es »passte«. Ohne irgendwelche Zweifel. Ich hatte gefunden, wonach ich gesucht hatte. Und auch keine meiner Freund*innen zweifelte die Entscheidung an. Einige bestärkten mich sogar darin. Ich weiß noch, wie glücklich und mit »wehenden Fahnen« ich ins Kloster aufgebrochen bin. Ich hatte alles auf eine Karte gesetzt. Baute keine Sicherheiten ein. Einen Plan B – den gab es für mich in dem Fall nicht.

Sechs Jahre nach meinem Eintritt in den Orden bin ich ausgetreten. Das, was ich in dieser Zeit im Orden erlebt habe, war etwas, das mein Leben komplett verändert hat – etwas, das *mich* verändert hat. Ich war am Ende meiner Kräfte. Gebrochen. Ein Wrack. So vieles war innerlich zerstört. Sehnsucht, Ziel und Sinn waren wie ausgelöscht. Vertrauen ging verloren. Stück für Stück und Jahr um Jahr hatte ich meine Lebendigkeit, mein Lachen, meinen Humor, meine Kreativität und sogar mein Vertrauen in Gott verloren. Ich habe mich verloren. Ich war nicht mehr die lebensfrohe und engagierte Frau. Nicht mehr die, die ich mal war. »Die Zeit war schlimm – die schlimmste Zeit meines Lebens.« Das habe ich oft gesagt, wenn mich jemand nach meiner Zeit im Orden gefragt hat. Gefühlt habe ich in dieser Zeit so viele Tränen vergossen wie in meinem ganzen Leben davor nicht.

Nach meinem Austritt versuchte ich, das Kapitel »Orden« und die ganzen sechs Jahre wegzupacken. Ich wollte mit nichts und niemandem aus dem Orden noch etwas zu tun haben. Auch nicht mit denjenigen, die bereits vor mir ausgetreten waren. Und vor allem: Ich hatte absolut genug von Gesprächen, Begleitung, Reflexionen. Ich wollte neu anfangen.

Mein Leben wieder neu aufbauen. Nach und nach und Stück für Stück bekam ich wieder Boden unter die Füße. Und immer mal wieder sind die Schatten aus dieser Zeit »vorbeigehuscht« – und haben mich mal mehr, mal weniger eingeholt. In den letzten Jahren dann immer mehr. Das mit dem »einfach Wegpacken« geht eben nicht. Einige Jahre nach dem Austritt begann ich zu ahnen, dass meine Erfahrungen etwas mit geistlichem Missbrauch zu tun haben könnten.

Erst viel später, als 2019 das Buch »Spiritueller Missbrauch in der katholischen Kirche« von Doris Wagner herauskam, hat das Ganze für mich einen Namen bekommen. An vielen Stellen fand ich mich wieder. Und ich begann, mich damit auseinanderzusetzen. Je mehr ich darüber gelesen und erfahren habe, desto mehr kamen tiefer Schmerz, Trauer und Tränen. Ich bekam eine Ahnung davon, dass mich meine Wahrnehmung nicht täuschte, sondern ich ihr trauen konnte. Aber ich war längst noch nicht so weit, jemandem von dem Erlebten zu erzählen. Geschweige denn, sagen zu können: Ich habe geistlichen Missbrauch erlebt. Ich brauchte Zeit. Erst weitere zwei Jahre später hatte ich den Mut, mir Hilfe und Unterstützung zu holen, weil ich merkte: Das Thema bestimmte mich so, dass ich mit jemandem darüber reden musste. Ich brauchte jemanden mit professionellem Hintergrund. Die Beraterin sagte mir: »Das, was Sie da erlebt haben, war massiver geistlicher Missbrauch.« Erst dieser Satz und die professionelle Begleitung machte es mir möglich, auf diese Zeit im Orden zurückzuschauen und erlebte Situationen zu deuten, denn damals konnte ich es nicht so klar sehen, wie ich es heute beschreiben kann.

Was bleibt? Manches sind konkrete Situationen. Manches sind Dinge, die sich damals über die Jahre hinweg entwickelt haben. Manches so subtil, dass es gar nicht so greifbar ist. Und manches so unfassbar, dass ich es noch immer nicht in Worte fassen kann. Da war vordergründig das Elitäre – dieses »wir sind anders als die anderen, wir sind besser« und das Sich-Abheben von anderen geistlichen Gemeinschaften. Da gab es im Kloster selbst eine klare Hierarchie, Manipulation, Intrigen, Doppelbotschaften. Unausgesprochene Regeln schwebten im Raum. Es wurde benannt, was falsch war, aber nie gesagt, was denn nun gilt. Eigentlich konnte ich es nur immer wieder falsch machen. Ständig schwang die Idealisierung der älteren Schwestern mit – wie großartig sie sind, was sie geleistet haben und immer noch leisten und wie dankbar jede Einzelne für ihre Begleitung ist. Anfangs stimmte ich da mit ein. Aber mit der Zeit, als sich vieles wiederholte und Jahr um Jahr gleich klang, fand ich es merkwürdig. Da war der Kontaktabbruch zur Familie und zu Freund*innen. »Sie tun dir nicht gut«, wurde oft gesagt. Und ich bekam mit, dass das bei den anderen Schwestern, die vor mir eingetreten waren, auch so war. Also hinterfragte ich das nicht und dachte, das muss so sein – im Kloster –, und es hieß, dass der Orden die »neue Familie« sein sollte.

Da war Kontrolle – beispielsweise in einem nicht nur einmal geschriebenen Satz übers Handy: »Wo steckst du?« Da waren die unausgesprochenen Prinzipien wie »alle machen alles«. Beispielsweise tauchte man als Schwesterngemeinschaft zusammen in Gemeindegottesdiensten oder kirchlichen Veranstaltungen auf – und ging sofort auch wieder geschlossen, ohne groß ein Wort mit den anderen Gemeindemitgliedern gewechselt zu haben.

In den sechs Jahren reduzierte sich nach und nach die Anzahl der Schwestern. Die einzige Erklärung der Regionaloberin: »Da trennt sich die Spreu vom Weizen«, und »wir sehen, wer ›wirklich‹ dazugehört.« Erst jetzt im Nachhinein erkannte ich, dass diejenigen, die Fragen stellten oder widersprachen, nach und nach »rausgemobbt« wurden – Anne, Katharina, Nicola und später ich. Mit jeder, die die Gemeinschaft verließ, wiederholte sich etwas in der Art des Umgangs und in einer Art Sündenbock-Mentalität. Wer eigene Ideen hatte und dadurch »störte«, wurde so behandelt, dass sie irgendwann selbst ging. Auch ich erlebte Abwertung, Erniedrigung, Beschimpfungen – vor den Mitschwestern und sogar in der Öffentlichkeit.

Es mischten sich die Positionen, Rollen, Verantwortlichkeiten. Eine Mitschwester war gleichzeitig geistliche Begleiterin, verantwortlich für das Noviziat vor Ort und auch Exerzitienbegleiterin für die jungen Schwestern. Und außerdem die Leiterin der Niederlassung. Über allem schwebte wie ein Damoklesschwert nach außen hin das Redeverbot. Wenn Gespräche mit der eigentlichen Noviziatsleiterin stattfanden, sagte die Oberin jedes Mal vorher zu mir, dort nichts von dem zu sagen, was ich mit ihr besprochen hatte. Ziemlich merkwürdig. Doch in dem Moment bzw. in der Situation hatte es etwas von »sich zugehörig fühlen«. In mir gab es eine Zerrissenheit. Wie sollte ich mit der Noviziatsleiterin im Gespräch sein, ohne etwas zu erzählen davon, wie es mir gelingt, mich in die Ordensgemeinschaft einzuleben? Davon, was gelingt oder was schwerfällt? Oder was ich hinterfrage? Oft wand ich mich in den Gesprächen irgendwie mit Worten heraus oder schwieg. Daraus folgte natürlich, dass ich als verschlossen galt und wenig teilte. Das nahm ich in Kauf.

Über den Glauben, die Beziehung zu Gott, wurde in der Begleitung kaum mehr geredet. Ich sei ja ein spiritueller Mensch und mir müsse man nichts mehr beibringen, wurde mir gesagt. Das war so etwas Absolutes. Aber geht es auch da nicht um einen Weg?

In den Gesprächen wurde viel psychologisiert. Ich sollte lernen, mein Inneres nach außen zu bringen. Da müsse ich »durch«, um in der Nachfolge Jesu zu stehen. Für mich war es anstrengend und schlimm. Immer mehr baute sich der Druck auf, in den Begleitgesprächen »liefern« zu müssen. Bei all dem Druck hatte ich das Gefühl, ich lebte mehr in der Vergangenheit als im Hier und Jetzt. Bis mir schließlich in einer Zeit der Stille alles um die Ohren flog und eine Welle von Bildern und Gefühlen über mich hereinstürzte und mich innerlich mitriss. Ab diesem Zeitpunkt hielt ich Stille einfach nicht mehr aus und damit war auch meine Kraftquelle weg.

Mir wurde in Begleitgesprächen der Eindruck vermittelt, ich solle das Leid als Auftrag Gottes ertragen und mich dadurch für das Wirken Gottes öffnen. Anstatt – nach meiner Vorstellung – in der Klostergemeinschaft miteinander den Glauben zu leben und Kirche und Welt ein Stück weit zu verändern, drehte sich vieles meist nur um Konflikte, um das Miteinander, das Leben in der Gemeinschaft. Im Nachhinein kam es mir vor wie in einer Therapiegruppe. Alles wurde reflektiert: das Zusammenleben, wie ich mich einbringe, was ich gesagt oder auch nicht gesagt habe. Ich erinnere mich an eine Situation, bei der es einen Konflikt gab, der dramatisiert wurde. Und wieder einmal gab es ein »klärendes« Gespräch mit der betroffenen Mitschwester, mir und der Leiterin. Mir wurde – nicht das erste Mal – vorgeworfen, »falsch« reagiert zu haben, »schuld« zu sein am Konflikt und wieder einmal bei der anderen ein Thema ausgelöst zu haben. Ich war echt am Verzweifeln. Ständig lebte ich unter einem enormen Druck, alles »richtig« zu machen. Völlig abstrus. Wieso sollte ich dafür verantwortlich sein, was die andere nun gerade triggert oder Gefühle auslöst, mit der die andere überfordert ist? Ich verstand es einfach nicht, aber ich bekam das Gefühl, »falsch« zu sein, schuld zu sein und nicht richtig reagiert zu haben.

Nach den vielen Auseinandersetzungen bzw. den Klärungsgesprächen war ich einmal so verzweifelt, dass ich »heimlich« mit einer Freundin telefonierte. Heimlich fühlte es sich an, weil »der Kontakt mit ihr mir ja nicht gut tat«. Ich war wirklich so verzweifelt, dass ich die Freundin angefleht habe, ob sie nicht eine Idee hat, was ich noch machen kann, damit das Zusammenleben funktioniert. Sämtliche Strategien, die ich mir bisher zurechtgelegt hatte, halfen einfach nicht. Ich habe noch ihre Stimme im Ohr, wie sie sagte, bloß nicht zu glauben, dass nur ich immer schuld sein sollte an den Konflikten. Und dass ihr das alles ziemlich merkwürdig vorkommt, wie da mit mir umgegangen wird. Aber irgendwie hörte ich das nicht. Ich strengte mich immer mehr an. Doch je mehr ich mich anstrengte, mich zu ändern, auf das zu achten, wie ich reagiere, was ich sage und tue oder eben auch nicht, desto mehr habe ich mich verloren. Ich kämpfte und wollte nicht aufgeben, hatte ich doch so viel meines bisherigen Lebens dafür aufgegeben, geopfert, und so viel investiert. Wie oft habe ich mich nachts in den Schlaf geweint. Wie oft habe ich gedacht, ich muss da durch. Jede Etappe auf dem Weg war eine Hoffnung, dass es besser werden würde. *Noch bis zu den Exerzitien – dann wird es besser. Noch bis zur Profess – dann wird es besser.* Aber das wurde es nicht. Kurzfristig vielleicht. Aber rückblickend ging es mir von Jahr zu Jahr schlechter. Ich war verzweifelt. Zweifelte an mir. Manchmal wusste ich weder aus noch ein. Manchmal hatte ich das Gefühl, verrückt zu werden. Mein Körper zeigte immer mehr Symptome. Ich war an einem Punkt, an dem nichts mehr ging. Ich hatte keine Chance

– egal, was ich tat oder eben nicht –: Ich konnte es niemandem rechtmachen. An diesem Punkt angekommen, fasste ich den Entschluss, aus dem Orden auszutreten.

Jetzt im Nachhinein fühlt sich manchmal alles so surreal an. So unwirklich. Wie in dem Film »Timm Thaler oder das verkaufte Lachen«. Eine Freundin sagte mir: »Du warst früher so humorvoll und lebendig. So wie jetzt kenne ich dich gar nicht.« Dieser Satz hat mich nachdenklich gemacht. Selbst zu dem Zeitpunkt hatte ich keine Ahnung davon, in welch toxischem Gefüge ich steckte.

Immerhin nahm ich dadurch wahr, dass ich mich verändert hatte. Wohin waren meine Freude und die Lebendigkeit? Das Lachen? Mein Humor? Und überhaupt das Hinterfragen? Die Gabe, im allergrößten Chaos objektiv zu bleiben und Dinge auf den Punkt zu bringen? Wo war in alldem die Nähe Gottes? Alles war so unfassbar weit weg.

Und heute? Immer mehr beginne ich, die Ausmaße des geistlichen Missbrauchs zu verstehen, zu begreifen. Und es betrifft alle Ebenen – vor allem auch die geistliche, religiöse, spirituelle Ebene –, meinen Glauben und meine Gottesbeziehung, die dadurch zutiefst erschüttert wurden. Waren es anfangs Trauer und Schmerz, Unsicherheit und Zweifel, mischen sich inzwischen in mir Vorwurf und Zorn. Denn heute weiß ich, dass die Leiterinnen im Mutterhaus damals von den Strukturen und Machtkonstrukten in unserer Niederlassung wussten und niemand wagte, das anzusprechen, geschweige denn, etwas zu ändern. Für mich ist das Ganze einfach nur unfassbar.

In meiner Zeit der Aufarbeitung begegne ich Menschen, die mir zuhören. Die mir glauben. Die mir mit Respekt, Behutsamkeit und Achtsamkeit begegnen. Die mit mir aushalten.

Die mich dabei unterstützen, wieder zu einer inneren Freiheit zu kommen, aus der ich leben und vielleicht auch wieder glauben bzw. aus dem Glauben Kraft schöpfen kann. Dafür bin ich zutiefst dankbar.

Trotz allem bleibt es manchmal ein Spagat, den Alltag gemeistert zu bekommen mit alldem, was da ansteht. Es sind Höhen und Tiefen, Zweifel und Gewissheit und täglich neu das Ringen darum, mit den Folgen des Missbrauchs irgendwie umzugehen.

Falsch verstandener Gehorsam macht krank

Sr. Maria Kurg

»Angst ist ein Machtinstrument, das an vielfältigen Punkten seinen Einsatz findet und uns oft daran hindert, zu tun, was wir für richtig halten [...] Ängste verhindern Mut und Selbstvertrauen manchmal so stark, dass wir beides ganz und gar verlieren, sodass wir Feigheit für eine Tugend halten.« (Joachim Gauck, Rede vom 23. 3. 2012 anlässlich seiner Vereidigung zum Bundespräsidenten)

Feige war ich nie – und gerade deswegen hat mich dieses Zitat von Joachim Gauck sehr beeindruckt, als ich es in meiner schweren Zeit im Kloster hörte. Ich habe erlebt, wie sehr Angst das Leben bestimmen kann und wie schwer es ist, aus Enge und Druck heraus selbstbestimmt zu handeln. Ich habe einen Weg gefunden, mich zu befreien, und doch ist es immer wieder schmerzlich, weil ich mich um meine Berufung betrogen fühle.

Rückblickend hatte ich bereits in der Jugend, in meinem Heimatort, eine innere Verbindung zu dem Heiligen und großen Ordensgründer, der mich während meiner tiefen Suche fasziniert hat. Der Weg bis zu meinem Klostereintritt hat allerdings lange gedauert. Ich habe eine Berufsausbildung und ein Studium absolviert und danach in einem Beruf gearbeitet, wo ich auch heute noch für einzelne Aufträge angefragt werde.

Mein Beruf erfüllte mich lange; irgendwann aber kam in mir eine Sehnsucht nach Tiefe und Erfülltheit auf. Es zog mich immer wieder in Kirchen, und schließlich fand ich ein Kloster, wo ich ein Jahr mitleben konnte. Dabei bin ich meiner Berufung nähergekommen, war aber weiterhin auf der Suche.

Vor etwa 20 Jahren habe ich den Schritt gewagt. Ich wurde in der kontemplativen Gemeinschaft, deren Ordensgründer mich so fasziniert hatte, ins Noviziat aufgenommen. Es war eine kleinere Gemeinschaft, in der es Schwestern gab, die in einem Aufgabenbereich außerhalb der Klausur des Klosters tätig waren und auch außerhalb wohnten. Die meisten Schwestern aber lebten und wohnten innerhalb der Klausur nach den Regeln unseres Ordens. Zu den Letzteren gehörte ich. Diese Gruppe war insgesamt eher konservativ ausgerichtet, die andere eher progressiv. Die Leiterin des Klosters gehörte zur konservativen Gruppe, den Ton gaben aber mehr die Progressiven an. In dieser Konstellation gab es natürlich Konfliktpotenzial, doch gleichzeitig tat es der Gemeinschaft gut, dass nicht alles stromlinienförmig ausgerichtet war. Die Leiterin des Klosters war dann auch meine Noviziatsleiterin.

Rückblickend sehe ich diese Ämterhäufung kritisch, auch weil ich im Lauf der Zeit erlebte, dass diese öfter vorkam. Da die klösterlichen Strukturen in sich schon die Möglichkeit zur Machtausübung geben, wurde die Ämterhäufung benutzt, um sich auf eine subtile Weise abzusichern und eine ›Hausmacht‹ aufzubauen. Im Noviziat habe ich das noch nicht so wahrgenommen, denn in dieser Phase war ich noch nicht voll in die Gemeinschaft integriert. Aber auch dort waren schon schräge Dinge vorgefallen. Sehr oft beklagte sich die Noviziatsleiterin bei uns über die Schwestern der Gemeinschaft. Zum Beispiel sprachen wir einmal über das richtige Verhalten im Chor. Sie kritisierte dann bei uns die vielen Fehler der Konventsschwestern, und wir mussten daraufhin, in einer Art Theaterstück, die Einzelnen bloßstellen, ihnen ihre Fehler vorführen und zeigen, wie es richtig gemacht werden sollte. Mir persönlich hat das sehr leidgetan. Wir mussten das tun, weil die Noviziatsleiterin in ihrem Amt als Klostervorsteherin unfähig war, die Schwestern selbst zu kritisieren oder zu korrigieren.

Während meiner Klosterjahre gab es Zeiten, in denen ich sehr glücklich war. Ich liebte den Orden, dessen Geist und die Spiritualität. Zunehmend war es aber für mich immer wieder ein Auf und Ab. Ich hatte oft Angst und Not und stand allein da. Ich wurde zum Teil innerhalb der Gemeinschaft auf subtile Weise ausgegrenzt, auch weil ich meiner inneren Stimme folgte. Es kam eine Zeit, die von Machtausübung und Druck geprägt war und in der blinder Gehorsam gefordert wurde. Nur mit einer Schwester konnte ich mich manchmal heimlich darüber unterhalten, wie sehr uns die Situation belastete. Wenn eine von uns Schwestern von der Oberin und denen, die mit ihr die Leitung innehatten, angegriffen und bloßgestellt wurde, stimmten manche mit ein, die meisten aber schwiegen. Es war nicht möglich, offen und ehrlich die eigene Meinung zu sagen. Es sei denn, man stellte sich auf Diskriminierung ein. Wir waren erwachsene Frauen, aber hineingeraten in ein absolut geschlossenes System, das an eine Diktatur erinnerte. Jahrelang habe ich erlebt, dass ich und auch andere Schwestern fertiggemacht wurden und mit Gruppenzwang Druck ausgeübt wurde. Anfangs habe ich sogar selbst mitgemacht. Einmal wurde eine Schwester vor der ganzen Gemeinschaft so heftig auf brutalste Weise kritisiert, dass es auf mich wie ein Gang zum Schafott wirkte. Nach dem Nachtgebet, also nach 20:00 Uhr, lief sie davon. Sie hatte die Absicht, Suizid zu begehen, aber sie kam Gott sei Dank wieder zurück. Allerdings blieb ihr danach ein psychiatrischer Aufenthalt nicht erspart. Im Übrigen gab es während meiner Klosterjahre einige Schwestern, die zum Teil längere Aufenthalte in der Psychiatrie hatten. Und immer wieder verließen Schwestern das Kloster. Ihnen wurde von denen, die das Sagen hatten, dann ihre Berufung und Befähigung zum Ordensleben abgesprochen.

Mir selbst ging es immer schlechter. Mein Hausarzt stelle mir ein Zeugnis aus, wonach ich in schlechtem Zustand sei und Ruhe und Abstand brauche. Der Arzt diagnostizierte Magenschmerzen, Schlafstörungen, Angstzustände, Schwindel, Herzrhythmusstörungen und mehr. Er verlangte einen sofortigen Anruf der Klostervorsteherin und verordnete mir eine Kur. Nur auf sein energisches Drängen hin hat die Oberin mir den Kuraufenthalt erlaubt, verbunden allerdings mit Vorwürfen wie: »Wie stellst du dir das eigentlich vor? Wer soll dann deine Arbeit machen? Du kannst dich gleich darauf einstellen: Wenn du wieder da bist, dann wollen wir wissen, was eigentlich los ist!« Ich ging mit keinem guten Gefühl weg, wissend, dass ich nach meiner Rückkehr vor die Leitungsschwestern zitiert würde und wieder Druck auf mich ausgeübt würde. Als ich zurückkam, kam es wie erwartet. Von der Oberin beeinflusst, wurde ich von den anderen mehr und mehr zur Außenseiterin abgestempelt. Wenn es an bestimmten Tagen beim Essen freie Platzwahl gab, dann blieben die Plätze neben mir leer, bis kein anderer Stuhl mehr da war.

Es gab aber auch andere Erfahrungen: Nachdem ich einige Jahre im Kloster war, bekam ich Aufgaben zugeteilt, die meinen Kompetenzen durchaus entsprachen und durch die ich auch oft mit den progressiven Schwestern in Kontakt kam. Sie mochten mich. Es mussten bisweilen Entscheidungen getroffen werden, bei denen die Interessen der beiden Schwesterngruppen nicht übereinstimmten. Ich habe meine Meinung unabhängig von Wünschen der einen oder anderen Seite eingebracht, was viel Mut und Standhaftigkeit erforderte.

Immer noch erlebte ich also auch gute Zeiten, und es ergab sich, dass ein mit uns verbundenes Männerkloster ein Projekt angehen wollte, bei dem meine Fähigkeiten hilfreich waren. Nur ungern wurde es mir erlaubt, mitzuarbeiten. Seitens der Ordensmänner gab es viel positive Resonanz, einige Mitschwestern waren interessiert, meine Oberin missgönnte mir diese Anerkennung. Sie verhinderte sogar die weitere Bearbeitung des Auftrags.

Als nach ein paar Jahren eine einflussreiche Schwester aus der progressiven Gruppe starb, war klar, dass die Oberin sich als »Chefin« durchsetzen konnte. Sie sorgte dafür, dass die Regeln strenger eingehalten werden mussten. Sie forderte zunehmend Gehorsam ein und verpflichtete alle darauf, keinerlei Konflikte oder Schwierigkeiten nach außen dringen zu lassen. Da wir auch Förderer außerhalb des Klosters hatten, ist es dennoch vorgekommen, dass diese von den internen Problemen gehört haben. Sie haben es nicht geglaubt, denn die ›perfekte‹ Fassade, die dieses Kloster bis heute umgibt, funktioniert. Die Außendarstellung war und ist meiner Ansicht nach reines Blendwerk. Bei einem Angebot des Klosters für junge Frauen bleibt manchmal eine von ihnen hängen. Doch ihre Sehnsucht wird missbraucht, sie wird letztlich getäuscht, gedemütigt und seelisch verletzt. Innerlich starke Frauen verlassen dieses kranke System wieder.

Es ist für mich bis heute unerträglich, mich daran zu erinnern, wie die Oberin vor mir stand, mit verschränkten Armen und der Frage: »Wozu brauchst du das?« Einmal wollte mir jemand eine Ausstattung schenken, welche ich für meine Tätigkeiten, die ich im Studium erlernt hatte und im Kloster auch ausübte, gut gebrauchen konnte. Natürlich musste ich fragen, ob ich sie annehmen darf, und hörte dann die Rückfrage: »Kannst du damit überhaupt umgehen?« Dies sind keine Einzelfälle, das war der übliche Umgangsstil.

Ich spürte, dass ich das Leben dort kaum mehr ertragen konnte. An den Konventgesprächen nahm ich auf den Rat meines Psychologen hin nicht mehr teil. Ich bat meine Oberin um eine Auszeit. Sie reagierte überraschend verständnisvoll und lud mich zu einer Sitzung mit dem Leitungsteam ein. Ich wurde von allen Anwesenden stark kritisiert. »Andere hätten eine Auszeit mehr verdient als du!« Ich fühlte mich so in die Enge getrieben, dass ich rief: »Dann trete ich aus!« Das Gespräch wurde sofort abgebrochen. Die Oberin hat mich darauf am Sonntag einbestellt und im Beisein von drei Schwestern im Gehorsam von mir verlangt, bis zum Freitag dieser Woche eine schriftliche Austrittserklärung vorzulegen oder mich wieder voll und ganz auf die Gemeinschaft einzulassen. Als ich sagte, dieses wolle ich mit meinem Begleiter besprechen, schlug sie mit der Faust auf den Tisch und schrie mich an: »Wer bist du denn, du hast mir Gehorsam gelobt!« Als ich schwieg, wurde sie wütend und wir gingen auseinander. Ich habe diese Erklärung nicht abgegeben, sondern mit Verweis auf meine angeschlagene (psychische) Gesundheit angegeben, derzeit keine so schwerwiegende Forderung erfüllen zu können. Der Obere eines Männerklosters desselben Ordens unterstützte mich sehr und genehmigte mir eine Auszeit, die ich an verschiedenen Orten verbrachte, um etwas zur Ruhe zu kommen.

Am Ende meiner Auszeit erreichte mich ein Brief der Oberin. Sie schrieb mir, dass einige Schwestern Angst hätten, dass das inzwischen »friedvolle Leben« durch meine Rückkehr gefährdet sein könnte. Ich selbst hätte Zeit gehabt zur Aufarbeitung des Erlebten; die Gemeinschaft aber wisse gar nicht, was eigentlich los gewesen sei. Es gebe viele offene Wunden. Sie schrieb mir, ich möge überlegen, wie ich in dieser Situation zurückkommen wolle. Sie teilte mir mit, dass ich in meiner Tätigkeit kaum noch eingesetzt werden könne. Ich solle bereit sein, die Wäsche und andere Aufgaben des Haushalts zu übernehmen. Und sie wollte wissen: »Wirst du mir gegenüber den Gehorsam leben?« Angesichts dieses abweisenden Briefs, der meine Person zum eigentlichen Problem erklärte, sah ich mich nicht in der Lage, zurückzukehren.

Ich fand einen Ort, an dem ich leben und arbeiten konnte, und wünschte mir, dass mir als Mitglied meines Ordens dort ein Eremitenleben ermöglicht würde. Es war ein Hin und Her. Einmal wurde ich auf höherer Ordensebene zu einem Gespräch einbestellt. Dabei saß ich zwei Oberen gegenüber. Sie fragten nicht nach, wie es mir ginge und welche Perspektiven ich selbst sehen würde. Stattdessen wurden mir Notizen vorgelegt, aus denen hervorging, dass ich als Ordensfrau ungeeignet sei. Am Schluss sagte einer der beiden: »Du kannst den Raum erst verlassen, wenn du deinen Austritt schriftlich erklärt hast, oder du begibst dich sofort in die Klausur eines anderen Klosters.«

Es wurde massiver psychischer Druck auf mich ausgeübt. Ich war nicht in der Lage, diesem Druck zu widerstehen, und schrieb schließlich nieder, was sie von mir verlangten. Meine Kräfte waren erschöpft, und ich wollte nur noch raus aus diesem Zimmer und aus diesem ›Gespräch‹. Zu Hause angekommen, schrieb ich einen Brief, in dem ich die obige Erklärung widerrief, weil sie unter massivem Druck zustande gekommen war. Aber mir wurde auch klar, dass ein Bleiben in dieser Gemeinschaft nicht mehr möglich war.

Nach langem Suchen und Beten tat sich mir ein altbewährter Weg in der Kirche auf. Heute bin ich wieder ein froher Mensch, dankbar, dass ich mein geistliches Leben in Freiheit leben kann. Emotional geht es mir heute viel besser als in meiner Klosterzeit. Mein Gedanke zum Schluss: Ein Leben im Kloster, wenn alle freimütig und uneigennützig um Gottes Ehre willen ihre Gaben einbringen würden, wäre ein wunderbarer Weg.

Ich bin nichts, Du bist alles

Charlotte Schröder

Hinweis der Herausgeberinnen: Die Autorin dieses Beitrags berichtet über Missbrauch im Kontext der evangelischen Kirche.

Nach Beendigung meines Studiums suchte ich nach beruflicher, aber vor allem auf mein Leben bezogener Orientierung. Wohin sollte mein Weg führen? Wer bin ich, wer soll ich sein? Es war viel Unsicherheit in mir und Angst, Verantwortung für mein Leben zu übernehmen. Da ich aus einer evangelisch geprägten Familie stamme, suchte ich eine geistlich begleitete Orientierung in spiritueller Umgebung. Dort könnte man einst vor dem himmlischen Richter für mich eintreten. Zwei weitere Motivationen bestimmten meine Entscheidung: Für mich als leistungsorientierten Menschen sollte es die anspruchsvollste Form christlichen Lebens sein, nämlich die in einer klösterlichen Gemeinschaft; außerdem hatte ich das starke Bedürfnis, mich von meinem Elternhaus, das mich sehr vereinnahmte, mit einem guten Grund – Leben im Kloster – loszulösen und dabei einen Ort der Zugehörigkeit zu finden. Ich wählte einen tätigen Orden, aktiv und kontemplativ, mit Mutterhaus und verschiedenen Außenstationen, in denen Schwestern lebten, die berufstätig waren.

Bereits bei meinen ersten Besuchen in der Gemeinschaft fühlte ich mich seltsam berührt von einem Motto, das immer wieder verkündet wurde, und das lautete: *Ich bin nichts, Du bist alles,* womit Gott gemeint war, vor dem ich mich als Nichts zu fühlen hatte. Das löste in mir Irritation bis hin zu starkem Widerstand aus. Wollte man hier die individuelle Persönlichkeit eines jeden Mitglieds auslöschen? Zur Nachfolge Christi braucht man doch ein starkes Ich und ein gutes Selbstwertgefühl. Und das war gerade mein Wunsch: zu mir selbst und zu meiner Aufgabe im Leben zu finden. Das Dreifachgebot der Liebe, nämlich Liebe zu Gott, zum Nächsten und zu mir selbst, ist bereits in der hebräischen Bibel zugrunde gelegt und wird im Neuen Testament neu formuliert. Ohne Selbstliebe ist Nächstenliebe nicht möglich; wie soll das mit dem Bewusstsein, ein Nichts zu sein, zusammengehen können? Später wurde mir deutlich, dass hier bereits eine Art spirituellen Machtmissbrauchs vorlag – dadurch, dass der Keim zu einer Uniformierung der Gemeinschaft im Denken und Fühlen gelegt war. Besonderheiten der Persönlichkeit, individuelle Interessen und Begabungen waren dem Gemeinschaftskodex und dem Willen der Leitung unterzuordnen. Dass ich dennoch in die Gemeinschaft eingetreten bin, hing mit den oben genannten Motiven und einem starken Idealismus zusammen, Neues in Kirche und Welt bewirken zu können.

Es gab verschiedene Außenstationen, und wenn eine Schwester aus dem Mutterhaus dorthin versetzt werden sollte, geschah es meistens nach nur formeller Rücksprache mit der betroffenen Schwester – nicht selten sogar gegen ihren Willen. Sie wurde zu ihrer geplanten Versetzung nicht wirklich, sondern nur formell angehört. So ist es auch mir bei einer geplanten Versetzung ergangen. Auch wurde die Freiheit zu kommen sehr gern akzeptiert, die Freiheit zu gehen kaum. Zunächst wollte ich gar nicht gehen, sondern lediglich nach dem Studium meine Referendarzeit machen, da mir sonst mein Studium für die Berufszulassung verfallen wäre. Meine

Bitte um Beurlaubung aus der Gemeinschaft für die Zeit des Referendariats wurde von der Priorin mit großem Befremden aufgenommen; ich sei doch durch die Zugehörigkeit zum Orden abgesichert. Als ich einwarf, es könne aber doch sein, dass ich irgendwann aus irgendwelchen Gründen die Gemeinschaft wieder verlassen wollte und dann in der Lage sein müsste, mich zu finanzieren, erntete ich ein entsetztes Schweigen und die kritische Rückfrage, ob ich jetzt schon mit meinem Austritt rechne. Das könne doch wohl nicht in meinem Sinn sein. Auf mich hat diese Reaktion einschüchternd gewirkt, ich schämte mich sogar wegen meines Ansinnens, sodass ich nichts mehr zu entgegnen wagte, sondern schwieg. Später konnte ich dann aber doch noch meine Referendarausbildung machen, schließlich lebte die Gemeinschaft vom Verdienst der berufstätigen Schwestern, der vollständig abzugeben war.

Kritik an verantwortlichen Mitschwestern war nicht möglich, und schon gar nicht an der Priorin. Ich hatte den Eindruck, Kritik oder gar Auflehnung gegen die Leiterin sei gleichzeitig eine Auflehnung gegen Gott, und dies war natürlich höchst gefährlich. Aggressive Gefühle waren stark angstbesetzt und mussten unter Kontrolle gehalten werden.

Es gab eine extreme soziale Kontrolle vonseiten vieler Mitschwestern, die zum Teil Leitungsfunktionen hatten. Wenn verbotenes oder unerwünschtes Verhalten entdeckt wurde, wurde dies meist an die verantwortliche Schwester in der Außenstation, in der man gerade lebte, oder gar an die Priorin direkt weitergemeldet. Bei mir setzte sich das Gefühl fest, ständig kontrolliert zu werden, was mich verunsicherte. Ausländische Schwestern durften nicht in ihrer Muttersprache miteinander sprechen, sondern nur auf Deutsch.

Als gemeinsamen Nenner für den seelischen Missbrauch sehe ich die überall herrschende Aussage, dass die eigenen Bedürfnisse *absterben* sollten, damit wir Gott und unseren Mitschwestern (und der *Welt*) dadurch besser dienen können. Wir sollten missionarisch wirken, nähere Kontakte zu Kolleginnen und Kollegen am Arbeitsplatz sollten aber möglichst unterbleiben; nach der Berufsarbeit sollte man sofort in die Schwesterngemeinschaft zurückkehren. Paradox: Wie konnte da missionarisches Wirken möglich sein? Hinzu kam, dass ich von der Stadt, in der wir wohnten, lediglich den Weg von meinem Berufsplatz in die Schwesterngemeinschaft und umgekehrt kannte. Die Stadt, in der wir lebten, kannte ich eigentlich nicht, was ich als großen Mangel empfand.

Einzelzimmer waren nicht erlaubt. In einem Schlafzimmer schliefen meistens drei bis vier Schwestern, auch wenn es in einer Außenstation genügend leere Zimmer gab. Somit war eine ständige gegenseitige Kontrolle aller Schwestern bei Tag und bei Nacht gegeben, und der persönliche Rückzug, das Gefühl, auch mal allein sein zu können, sich als Individuum zu fühlen, war nicht möglich. Bei dieser verordneten Nähe bei Tag und bei Nacht konnte ein Gefühl des Respekts vor der Persönlichkeitsgrenze der anderen kaum aufkommen. Der Wunsch nach einer eigenen Rückzugsmöglichkeit wurde als Wunsch verstanden, etwas *privat* für sich haben zu wollen, und *privat* galt als Unwort. Denn es kommt vom lateinischen Wort *privare* und heißt *rauben/berauben,* was auf Gott bezogen einen Raub an dessen Möglichkeit der vollen Verfügung über das eigene Leben, die eigene Zeit, die eigenen Gedanken etc. bedeuten würde. Nicht nur nach außen durch die Tracht, auch im Denken und Verhalten sollte somit eine Uniformierung erreicht werden.

Ich fühlte mich meiner eigenen Persönlichkeit beraubt, vor allem, wenn unter *das Leben miteinander teilen* verstanden wurde, äußerlich und innerlich (!) nichts Persönliches festhalten, nichts Eigenes besitzen zu wollen einschließlich der Gedanken, die mitzuteilen waren, auch sie gehörten einem nicht. Ich empfand es so, als ob ich keine eigene Persönlichkeit mehr hätte, fühlte mich in meinem Ich und mit meinen Gedanken entwertet.

Ein eigener Schreibtisch war nicht erwünscht, außer wenn dies für den Beruf (z. B. bei mir als Lehrerin) unbedingt notwendig war. Ich fühlte meinen eigenen geistigen Horizont in vielfacher Weise eingeengt, auch wenn ich als Deutschlehrerin immer auf die Notwendigkeit unterschiedlicher Lektüren pochen konnte. Bestimmte Bücher wurden aber nicht nur mir, sondern auch den anderen Schwestern verboten, z. B. Bücher von Dorothee Sölle oder Edith Stein, kritische, aber auch aufbauende Texte aus anderen Orden oder Bücher psychologischen Inhalts. Wenn man das heimlich doch las, wie ich z. B. Bücher von Edith Stein, hatte man ein schlechtes Gewissen, was das Gefühl der Abhängigkeit vom Reglement der Ordensleitung nur noch verstärkte. Schlechtes Gewissen und Schuldgefühle sind am besten dazu geeignet, Abhängigkeit und Bindung zu etablieren.

Ein reflektierendes Abstandnehmen von dem Geschehen um uns her, auch politisch-gesellschaftlich informiert zu werden, war nicht möglich, weil es keine Zeitung und kein Radio gab, von Fernsehen ganz zu schweigen. Ich hatte das Gefühl, wie in einer Blase zu leben, als gäbe es die Außenwelt gar nicht.

Eigenes Taschengeld war nicht erlaubt. Für jeden kleinsten Einkauf mussten wir in unseren Außenstationen die verantwortliche Schwester um Geld bitten und alle Ausgaben genau notieren und verantworten. Wenn man von den eigenen Eltern zum Geburtstag Geld geschenkt bekam, musste das vollständig abgegeben werden für den *gemeinsamen Topf*.

Ich fühlte mich entmündigt und wie ein Kind, dem man Eigenverantwortlichkeit nicht zutraut.

Freundschaftliche Beziehungen waren sowohl innerhalb der Gemeinschaft als auch außerhalb strengstens verboten; sie wurden als Egoismus zu zweit bzw. als ein Wir im Wir gesehen; es störte die Uniformität der Gemeinschaft. Auch Freundschaften von früher, von der Zeit vor dem Eintritt in die Gemeinschaft, konnten nicht weitergepflegt werden, wodurch so manche Beziehung abbrach und verlorenging; in verschiedenen Fällen habe ich das als einen schmerzlichen Verlust erlebt. Beziehungsfähigkeit und Kritikfähigkeit wurden überhaupt nicht geübt. Auch das Thema Sexualität wurde tabuisiert, wodurch sich das Bild eines asexuellen, sexualfeindlichen Gottes festsetzte, vor dem man seine Weiblichkeit zu verbergen, ja nicht einmal wahrzunehmen habe.

Ein individueller Urlaub war nicht erlaubt. Man wurde in eine willkürlich zusammengestellte Schwesterngruppe eingeteilt (ohne selber gefragt zu werden!), mit der man dann zwei Wochen zu verbringen hatte (oft an einem Ort, den man selber nicht für seinen Urlaub gewählt hätte); oder ich, die ich nicht angepasst genug war, erhielt überhaupt keinen Urlaub.

Es schien, als ob die Priorin und die Gemeinschaftsleitung in der Regel genau über den Willen Gottes Bescheid wussten. Im Grunde war es ein Verfügen über Gott, auch was die eigene Berufung zum zölibatären Leben betraf. Gedanken, ob ein Leben für immer in der Gemeinschaft der richtige Weg sei, wurden mit dem Kommentar quittiert: *Dann zerstörst du deine Berufung und tust etwas gegen den Willen Gottes. Außerdem befindest du dich hier auf der »Insel des Heils«, draußen ist die »böse Welt«.*

Der Grad der Anpassung und Zustimmung zu den geistlichen Vorstellungen der Leitung entschied über eventuelle Beförderung zu weiter reichenden Aufgaben innerhalb der Gemeinschaft.

Ein auswärtiger Seelsorger war nicht erlaubt. Man bekam (ohne selbst gefragt zu werden) entweder die Priorin selbst oder ihre rechte Hand als Seelsorgerin, zu der man monatlich zum Gespräch gehen musste. Das war eine Mischung von zwei Ämtern, die voneinander getrennt sein sollten. Ich konnte somit meine wahren Gefühle und Gedanken im Seelsorgegespräch nicht äußern und hatte das Gefühl einer emotionalen Distanzlosigkeit zwischen der Priorin und mir.

Auch eigenständige Meinungen über Glaubensinhalte waren unerwünscht, wenn diese von der herrschenden Überzeugung der Leitungspersonen abwichen. Einmal fragte eine Schwester in einer Schwesternrunde, was es bedeuten würde, mündiger Christ zu sein. Die Priorin antwortete darauf: Der Rebell hat Gott zum Feind. Und weiter: Mündigsein heißt, der Mund Gottes zu sein. Freiheitsbestrebungen wurden als Rebellion gedeutet. In mir löste das starke Aggressionen aus, die ich aber unterdrücken musste und nicht verbalisieren konnte. Mir, die ich ohnehin schon als »schwarzes Schaf« betrachtet wurde, wurde in einer ähnlichen Situation von einer Schwester an den Kopf geworfen: *Du hast die Sünde wider den Heiligen Geist begangen* – die bekanntermaßen nicht vergeben werden kann. Mit solchen Aussagen wurde man, in diesem Fall ich, mundtot gemacht und vollständig eingeschüchtert.

Trotz aller Reden von der Liebe und Gnade Gottes konnte kein gnädiger Gott vermittelt werden, sondern im Gegenteil: Der strenge, unnachsichtige und angstmachende Gott war ständig präsent.

In der Regel traten sehr junge Menschen in die Gemeinschaft ein, die zum Teil noch gar keine abgeschlossene Berufsausbildung hatten. Hier wäre es seitens der Leitung unbedingt notwendig gewesen, die Motivation zum Eintritt und die psychische und persönliche Disposition der Betreffenden genauer anzuschauen. Das wurde versäumt. Von mir kann ich sagen, dass neben der geistlichen Motivation, eine »Spitzenchristin« sein zu wollen, was ja auch als perfektionistisches Leistungsstreben problematisch ist, der Wunsch nach spiritueller Sicherheit, überhaupt nach Sicherheit, die bereits erwähnte Angst vor der Verantwortung für mein Leben, Mutlosigkeit, Depressivität, Kritik am christlich laschen, andererseits moralisch strengen Elternhaus und eine legitimierte Trennung von den Eltern meinen Eintritt in die Gemeinschaft stark motiviert haben. Nach frustrierenden Erfahrungen in der eigenen Familie habe ich scheinbar in der Gemeinschaft die ideale Familie gefunden, in der ich dann Erfahrungen von Akzeptanz und von Wichtigkeit machen konnte *(gerade dich brauchen wir).* Damit habe ich mich verführen lassen. Wie oben erwähnt, spielten selbstverständlich auch spirituelle Sehnsucht und der Wunsch nach einem Leben für Gott eine wichtige Rolle.

Immer wieder wurde ich gefragt, warum ich trotz meiner Kritik so lange, nämlich zehn Jahre, in der Gemeinschaft geblieben bin. Sicher hatte das in hohem Maße mit meinem Wunsch zu tun, dazuzugehören und »eine gute Schwester« zu sein; ich hatte ein Verantwortungsgefühl für andere unsichere Schwestern, die sich eventuell auch mit Austrittsgedanken trugen. Es wurde absolute Loyalität erwartet, die mich aufgrund von Schuldgefühlen sicherlich zusätzlich blockierte. Aber bemerkenswerterweise fiel mein Eintritt und der vieler anderer Schwestern in die Zeit der Nachwehen der 68er-Studentenbewegung. Auch die Entstehung der Gemeinschaft war ein »Kind dieser Zeit«. Es war eine Zeit der Radikalisierung und des Wunsches nach gesellschaftlicher Veränderung, vor allem nachdem in Deutschland die Zeit des Nationalsozialismus mit ihren Verbrechen, vor allem an den Juden, noch kaum aufgearbeitet war. Der Auschwitz-Prozess in Frankfurt 1963–1965 war dazu ein Auftakt, reichte aber vielen jungen Menschen nicht aus. Es fehlten neue Werte für das Zusammenleben; die bisherigen Werte von Humanismus und Christentum waren in der Nazizeit zerstört worden. Neue Werte – eine neue gesellschaftliche Ethik, das wollte man schaffen, die einen, indem sie sich sozialistisch-kommunistisch radikalisierten, wie z. B. mein Bruder, die anderen, indem sie dies in christlichem Umfeld, der Kirche oder in einem Orden versuchten. Der Großteil von uns in der Gemeinschaft war von einem starken Idealismus, von sozialem Engagement und vom Einsatz für eine neue, christlich geprägte Gesellschaft beseelt: radikal sein, an die Wurzel (lateinisch: radix) gehen, die Gesellschaft, auch die Kirche an der Wurzel erneuern, geistliche Erneuerung – das war das Ziel.

Leider wurde dieses Engagement vieler Schwestern ausgenutzt bzw. nicht hinterfragt. Viele hätten weggeschickt werden müssen, um Selbstbewusstsein zu entwickeln und den Entschluss zum Eintritt nochmals zu überdenken. Der gesellschaftliche und historische Kontext in der Entstehungszeit der Gemeinschaft und in der individuellen Bedeutung für neue Aspirantinnen wurde nicht reflektiert und spielte im Grunde keine Rolle. In den 1990er-Jahren erfolgte dann eine starke Austrittswelle, die bezeichnenderweise vor allem Schwestern in der Lebensmitte betraf.

Was waren die Gründe für meinen Austritt nach zehn Jahren? Mir wurde immer deutlicher, dass es nur zwei Möglichkeiten gab: Entweder ich bleibe in der Gemeinschaft, dann aber werde ich zu einer wesenlosen Marionette, äußerlich sichtbar durch die Schwesterntracht, oder ich entscheide mich, meine eigene Persönlichkeit zu entdecken und zu deren Entfaltung beizutragen – dann muss ich die Gemeinschaft verlassen. Es verstärkte sich immer mehr das Gefühl, wie ein Vogel mit gestutzten Flügeln im Käfig zu sitzen und meine eigenen Gaben nicht entfalten zu können.

Am wesentlichsten aber war die sich für mich verstärkende Wahrnehmung, dass der in der Schwesterngemeinschaft vermittelte Gott nur das Bild eines Gottes darstellte, das mit dem wahren Gott nicht sehr viel zu tun hat. Als ich das einmal der Priorin gegenüber äußerte, erntete ich harsche Kritik und beinahe vehementes Entsetzen darüber, wie ich so etwas sagen könnte. Für mich wurde ein Gott vermittelt, der eigene Wünsche und Bedürfnisse, vor allem die eigenen Schattenseiten, verurteilt und somit eigene, auch aggressive Gefühle im Keim erstickt. Ich musste versuchen, diese vor ihm zu verbergen, was natürlich gar nicht geht und auch nicht sein muss. Mir, die ich ohnedies zu Skrupulosität neigte, wurde umso mehr Angst vor der Verurteilung Gottes eingeflößt. Ein Gott, der mich so annimmt, wie ich bin und auch »auf krummen Linien gerade schreibt«, wie ein Buchtitel es ausdrückt, ein Gott, bei dem ich aufatmen und mich frei fühlen kann, wurde mir nicht vermittelt. Aber gilt es nicht immer zu unterscheiden zwischen Gott und dem, was aus ihm von Menschen gemacht wird? Das ist nicht leicht und erfordert eine lebenslange Offenheit und Veränderungsbereitschaft im Denken.

Verletzte Würde

Ein Gespräch mit Majella Lenzen

Majella Lenzen, geboren 1938, lebte etwa die Hälfte ihres Lebens als Mariannhiller Missionsschwester unter dem Namen Sr. Maria Lauda. Sie war in leitenden Positionen u. a. in Tansania und Simbabwe tätig; 1995 hat sie den Orden verlassen. Ihre Geschichte und ihre Erfahrungen hat sie in inzwischen drei Büchern beschrieben. Als eine der Ersten brachte sie Gefährdungen des Ordenslebens anhand ihres eigenen Lebens offen zur Sprache. In ihrem Buch aus dem Jahr 2009 – »Das möge Gott verhüten – Warum ich keine Nonne mehr sein kann« – erinnert sie sich daran, dass sie bereits mit 15 Jahren als Aspirantin für das Klosterleben in ein Internat ihrer späteren Gemeinschaft aufgenommen wurde. Mit 21 Jahren, im Jahr 1959, betrat sie als Ordensfrau afrikanischen Boden. »Für mich war es eine Doppelberufung«, schreibt sie, »Kloster und Afrika […] Afrika wurde mir zur Heimat. Ebenso der Orden. Beide habe ich scheinbar verloren. Aber in Wirklichkeit sind sie in mir, sind Teil von mir.« Nach ihrem Austritt setzte sie sich kritisch mit ihrer Ordensgemeinschaft und dem Erlebten auseinander und stellte fest: »Das System Orden ließ keine Individualität, keine Persönlichkeitsentwicklung zu«; zwar gehörten Institutionen und Strukturen zum Leben, niemals aber dürften sie »den Kern unseres individuellen Seins und Daseins bestimmen«.

Das Gespräch führten Regina Nagel und Philippa Rath OSB.

F: Sie sind bereits mit 15 Jahren in eine Ordensschule geschickt worden, mit dem Ziel, später in die Gemeinschaft einzutreten und Missionarin zu werden. Vor allem Ihr Vater war die treibende Kraft. Wie bewerten Sie das rückblickend?

MAJELLA LENZEN: Für mich war das ein guter Weg. So kurz nach dem Krieg war es für mich eine Chance auf eine Ausbildung und ich fühlte mich durchaus berufen, als Ordensfrau und Missionarin mein Leben zu verbringen. Denn seit der ersten Heiligen Kommunion mit sieben Jahren fühlte ich mich Christus so verbunden, dass ER in meinen Augen ein Recht auf mich hatte. Dass die Art und Weise, wie Ordensleben in meiner Gemeinschaft verstanden und gelebt wurde, mir geschadet hat, das wurde mir erst später klar.

F: Ihr Berufswunsch war es gewesen, Ärztin zu werden. Die Ordensleitung jedoch entschied, dass Sie zur Krankenschwester ausgebildet werden. Was bedeutete das für Sie?

ML: Eine Zeitlang hoffte ich tatsächlich, dass mir ein Medizinstudium ermöglicht würde, aber dazu kam es nicht. Ich war traurig, ja, und ich konnte es auch nicht wirklich nachvollziehen. Im konkreten Tun als Krankenschwester habe ich mir aus den Notwendigkeiten vor Ort heraus dann aber weitergehende medizinische Fähigkeiten selbst angeeignet. Mitte der 1970er-Jahre erhielt ich ein Stipendium von Misereor und wurde daraufhin nach London geschickt, um dort eine Ausbildung zur Krankenhausmanagerin zu absolvieren. Das war ein entscheidender Schritt in meinem Leben. Ich leistete auf dem Hintergrund des Gelernten in Tansania professionelle Entwicklungsarbeit, für die neben der Fachkompetenz auch Leitungskompetenz notwendig war. Ich konnte das und habe zum Teil äußerst schwierige Situationen gemanagt.

F: Wie haben Sie in dieser Zeit Ihre Ordensleitung erlebt?

ML: Durch die Ordensleitung wurden mir immer wieder Steine in den Weg gelegt. Sich an Regeln zu halten und Gehorsam zu üben war durchgehend wichtiger, als kompetent die großen Herausforderungen im Einsatz für Menschen zu stemmen. Ich ließ mich allerdings nicht so leicht unterkriegen. In der Zeit in London hatte ich an Selbstbewusstsein gewonnen. Ich habe in diesen Jahren auch an Exerzitien teilgenommen, in denen es auf einmal wirklich um mich ging. Ich entdeckte ganz neue Möglichkeiten der Selbstwerdung.

F: Welche Folgen hatten diese neuen Erkenntnisse für Ihr Leben im Orden?

ML: Zunächst sah es fast so aus, als würde mir ermöglicht, das Leben unserer Gemeinschaft zusammen mit anderen zu erneuern. Ich wurde Mitglied einer Kommission, die sich mit einer zeitgemäßen Erneuerung des Ordenslebens befasste. Ich wollte einiges umsetzen, was mir selbst beim Hineinwachsen in das Ordensleben vorenthalten worden war: Die Wertschätzung der einzelnen Person und ihrer Kompetenzen, eine Grundhaltung der Demokratie bei Entscheidungen, mehr Freiheit, Entfaltungsmöglichkeit und Experiment, vor allem mit den einheimischen jungen Schwestern. Ich wollte nicht immer noch »mehr desselben« an althergebrachten Regeln und Gebräuchen. Als ich 1982 zur Provinzoberin in Simbabwe ernannt wurde, versuchte ich, diese Vorstellungen von Leitung einer Ordensgemeinschaft umzusetzen.

F: Inwiefern ist es Ihnen in Ihrer Zeit als Provinzoberin gelungen, diese neuen Formen zu etablieren?

ML: Es gab Schwestern, vor allem Einheimische, die sehr gern darauf eingegangen sind und sich gefreut haben über die Ermutigung, sich selbst mit den eigenen Kompetenzen in die Gemeinschaft einzubringen. Insgesamt gesehen bin ich jedoch gescheitert. Das Misstrauen, die Intrigen und die Demütigungen, die ich in diesem Zusammenhang erleiden musste, haben mich sehr belastet. Die Mächtigen im Orden haben die Reform verhindert. Ich bin überzeugt, dass mich die einheimischen Schwestern nach Ablauf der ersten Amtszeit gern wiedergewählt hätten, aber ich gehe davon aus, dass meine Wiederwahl durch Manipulation verhindert wurde.

F: Wie ging es danach weiter?

ML: Nach einigem Hin und Her erhielt ich für vier Jahre einen Auftrag als HIV/Aids-Koordinatorin in der Diözese Moshi (Tansania). Der dortige Bischof erwartete unter anderem, dass Ordensfrauen niederknien, wenn sie ihn begrüßen. Ich war nicht bereit, diese und andere Erwartungen zu erfüllen. Er sorgte dafür, dass ich in diesem Bereich nicht weiterarbeiten durfte. Auch der Orden sagte dann auf einmal, man habe keine Verwendung mehr für mich.

F: In der Presse wurde damals kommuniziert, dass der Grund für die Kritik an Ihnen gewesen sei, dass Sie im Habit Kondome verteilt hätten. Welche Gründe sehen Sie für den Bruch zwischen der Gemeinschaft und Ihnen?

ML: Der rechtliche Grund war zwar das unerlaubte Verteilen der Kondome, aber unterschwellig ging es darum, dass ich zu offen meine Meinung aussprach und an dem festhielt, was ich für richtig hielt. Ich konnte und wollte nicht zurück in das alte Schema. Deshalb wurde ich gezielt ausgegrenzt und gemobbt.

F: Wie bewerten Sie aus heutiger Perspektive Ihre Erfahrungen?

ML: Ich sehe es rückblickend so, dass alles, was auf meine Person hin getan und entschieden wurde, Elemente eines durchgehenden Machtmissbrauchs waren. Ich weiß mich zum Ordensleben berufen, aber so, wie ich dieses erleben musste, war es das Gegenteil dessen, worum es eigentlich in diesem

Leben gehen müsste. Angefangen hat es bereits in den ersten Jahren. Unsere Noviziatsleiterin war sehr streng mit uns, und als ich sie einmal darauf ansprach, wurde deutlich, dass sie vollkommen überfordert war. Es ging immer und immer wieder darum, Regeln um der Regeln willen einzuhalten. Alles, was wir gemäß dem Direktorium tun und lassen sollten, mussten wir in einem Büchlein dokumentieren. Beispielsweise musste ich aufschreiben, wie oft ich auf dem Flur zu laut war oder eine Tür schlagen ließ. Einmal im Monat mussten wir ein Gespräch mit ihr darüber führen. Es ging dabei immer nur um äußere Verhaltensweisen. Nicht um Spiritualität. Das verstand ich nicht, bekam aber auf meine Nachfragen hin keine Antworten.

F: Wie haben Sie darauf reagiert?

ML: Dagegengestellt habe ich mich, wenn es um andere ging, die ich schützen wollte. Für mich selbst fiel es mir schwerer. Ich reagierte wie versteinert bei Anklagen. Später empfand ich es auch als übergriffig, wenn ich einfach irgendwohin versetzt wurde, wenn mir eine Aufgabe zugeteilt wurde, die gar nicht meinen Kompetenzen entsprach. Begründet wurde nichts. Immer wieder kam ich auch körperlich an meine Grenzen. In einem tätigen Orden extrem gefordert zu sein und gleichzeitig das volle Programm an Gebetszeiten absolvieren zu sollen, überstieg oft meine Kräfte. Schon früh plagten mich Gallenkoliken, und im Laufe der Jahre erlebte ich immer wieder Phasen des Burnouts – eine Folge des Stresses, dem ich ausgesetzt war.

F: Trotzdem lebten Sie fast 40 Jahre als Missionsschwester. Was hat Sie gehalten?

ML: Ich habe lange nicht aufgegeben, weil ich überzeugt war vom tiefen spirituellen Sinn des Ordenslebens; eines Ordenslebens, das zwar nicht meiner erlebten Realität entsprach, von dem ich aber eine starke Vision hatte. Eine Vision, wie sie auch für die Kirche als Ganzes gelten könnte. Tatsächlich habe ich viele Parallelen erlebt zwischen der klerikalistischen Kirche und einer klerikalistischen Art, Ordensleben zu gestalten. Obere, die meinen, von Gott auserwählt zu sein, um von anderen im Namen Gottes Gehorsam zu verlangen, die pervertieren das Ordensleben. Das Klerikalistische, das unsere Kirche zerstört, das zerstört auch ein Ordensleben im Sinne des Evangeliums – unabhängig davon, ob es sich um einen Männer- oder einen Frauenorden handelt. Darin sehe ich eine Form geistlichen Missbrauchs. Ich sehe ihn längst nicht nur im Fehlverhalten, in der Überforderung oder in mangelnden sozialen Kompetenzen von Ober*innen, sondern ich sehe ihn im System Kirche in unterschiedlichen Bereichen.

F: Was beschäftigt Sie heute, wenn Sie an Missbrauch in der Kirche denken?

ML: Meinem Empfinden nach haben Menschen, die von Missbrauch betroffen sind, eine Erfahrung, die sie in einer bestimmten Art und Weise miteinander teilen: die verletzte Würde. Sie sind zutiefst in ihrer menschlichen Würde verletzt worden, und das im Raum der Kirche, in einem Orden, von geistlichen Begleiterinnen und Begleitern, also von Menschen, die für eine Organisation und Gemeinschaft tätig sind, welche eigentlich explizit für das Gute und Heilstiftende stehen sollte. Das Schlimme, das unter Bezug auf den Glauben und die Religion geschehen ist und bis heute geschieht, kann geistlicher, geistiger oder spiritueller Missbrauch genannt werden – wichtig ist: Die Wunde heilt nicht, bis sie anerkannt wird.

F: Wie sieht Ihre Vision für das Ordensleben aus?

ML: Wichtig wäre zum Beispiel, gemeinsam nach dem Willen Gottes zu fragen. Wichtig wäre, die Einzelne wahrzunehmen, sich auszutauschen über Gefühle, über das, was jeder Einzelnen wichtig ist, und gleichzeitig gemeinsam neu zu schauen, was uns weiterhilft: neue Projekte, neue Formen des Gebets, des Einsatzes. Fortbildung und angemessener Dialog untereinander, orientiert an den Zielen und Aufgaben der Gemeinschaft, das wäre wichtig. Ich wollte keine Gemeinschaft, in der die Rollen festgelegt sind, in der etwa Frauen aus einfachen Verhältnissen mit geringer Bildung für immer auf diesem Stand bleiben. Früher kamen junge Frauen oft von Bauernhöfen ins Kloster. Sie waren es gewohnt, wie eine Art Magd auf die Mutter zu hören. Die Ordensobere als »neue Mutter« hatte dann leichtes Spiel. So etwas würde ich niemals unterstützen. Ich halte die Entwicklung der Persönlichkeiten und der Gemeinschaft für wichtig.

F: Haben Sie eigentlich heute noch Kontakt zu Ihrer ehemaligen Ordensgemeinschaft und können Sie etwas dazu sagen, wie die Situation Ihrem Eindruck nach heute dort ist?

ML: Ich habe nur wenig Kontakt, aber ich habe den Eindruck, dass sich nicht viel geändert hat. Vermutlich leben vor allem die Schwestern meiner Generation noch immer nach der in jungen Jahren eingeübten Art und Weise. Ich selbst habe vor einiger Zeit das Grab meiner ehemaligen Generaloberin besucht. Übernachtet habe ich damals in einem Hotel, denn ich durfte nur den Friedhof betreten, nicht aber das Haus.

F: Könnten Sie sich heute noch vorstellen, in einer Ordensgemeinschaft zu leben?

ML: Ich habe wiederholt darüber nachgedacht, es aber nicht getan, obwohl das Heimweh bleibt. Ich fürchte, wenn mir noch einmal eine Oberin mit befehlendem »Kommiss-Gehorsam« daherkäme – ich würde explodieren! Heute ist mir der Satz von Irenäus von Lyon wichtig: »Die Ehre Gottes ist der lebendige Mensch.« So will ich leben.

Reflexionen von Verantwortungs-trägerinnen

Klöster als »totale Institutionen« nach Erving Goffman

Carmen Tatschmurat OSB

Erving Goffman führte in seinem 1961 erschienenen Buch »Asyle«[1] den Begriff der »totalen Institutionen« in die wissenschaftliche Literatur ein. Soziologisch gesehen firmieren Klöster unter dem Etikett »totale Institutionen«, d.h. es sind Zusammenschlüsse, die das gesamte Leben des Menschen bestimmen, nicht nur Teile davon, wie etwa die Berufswelt oder der Sportverein. Goffman bezieht sich auf eigene Untersuchungen vor allem in der Psychiatrie, zitiert aber auch Untersuchungen zu Gefängnis, Militär, Konzentrationslager und Kloster.[2] Die zentrale These ist, dass der wichtigste Faktor, der einen Insassen[3] der Psychiatrie prägt, nicht die Krankheit ist, sondern die Institution, der er ausgeliefert ist. Und dass die Gegenwelten, die die totalen Institutionen verkörpern, letzten Endes nur Modelle der Gesellschaft selbst sind, denn »die Analyse von Extremen wirft Licht auf das, was sich als normal versteht und seine Normalität nur durch Anpassung und

[1] Goffman, Erving, Asyle. Über die soziale Situation psychiatrischer Patienten und anderer Insassen, Frankfurt/M. 1972 (Original USA 1961).

[2] Dazu bezieht er sich auf Hulme, Kathryn, The Nun's Story, London 1957, eine wahre Geschichte, die als Vorlage zum Film »Geschichte einer Nonne« diente, sowie auf die Benediktsregel.

[3] Ich übernehme durchgängig von ihm die generisch maskuline Form.

Einschließung von abweichendem Verhalten beteuern kann« (Klappentext).

Goffmans Analysen waren Anstoß für weitreichende Veränderungen, z. B. Psychiatriereformen in Italien oder die schrittweise Verbesserung der Heimerziehung in Deutschland. In den letzten Jahrzehnten ist in westlichen Staaten in Psychiatrie, Gefängnissen und Heimen viel geschehen. Die Ausbildung wurde professionalisiert, das Verständnis von Rechtsstaatlichkeit hat sich grundlegend geändert und die Perspektive ›Resozialisierung statt Strafe‹ konnte weitgehend durchgesetzt werden. Menschenwürde und Menschenrechte sind auch in geschlossenen Anstalten kein Fremdwort mehr. Ebenso ist die Aufdeckung von physischer und sexueller Gewalt ein Zeichen dafür, dass viele der damals beschriebenen Mechanismen nicht mehr greifen, jedenfalls im Prinzip. Auch die Klöster haben die Zeichen der Zeit erkannt und manches verändert. Es scheint jedoch, dass sie aufgrund ihrer grundsätzlich anderen Ausgangsbasis – Berufungsparadigma, Eintritt von Erwachsenen, Freiwilligkeit, Verpflichtung auf eine jahrhundertealte Ordensregel – häufig befürchten, ihr Charisma zu verraten, wenn sie grundsätzliche Veränderungen ins Auge fassen. Ich nehme einige der Aussagen des über 60 Jahre alten Buches von Goffman[4] als Ausgangspunkt für Überlegungen zu den strukturellen Gefährdungen der *totalen Institution Kloster.*

Was kennzeichnet eine totale Institution nach Goffman? Sie »lässt sich als Wohn- und Arbeitsstätte einer Vielzahl ähnlich gestellter Individuen definieren, die für längere Zeit von der übrigen Gesellschaft abgeschnitten sind und miteinander ein

[4] Seitenzahlen in Klammern alle aus: Goffman, Asyle.

abgeschlossenes, formal reglementiertes Leben führen« (11). Sie sind »soziale Zwitter, einerseits Wohn- und Lebensgemeinschaft, andererseits formale Organisationen [...] Sie sind Treibhäuser, in denen unsere Gesellschaft versucht, den Charakter von Menschen zu verändern. Jede dieser Anstalten ist ein natürliches Experiment, welches beweist, was mit dem Ich des Menschen angestellt werden kann« (23). Goffman spricht nicht explizit von ideologisierten bzw. spiritualisierten Formen psychischer Gewalt. Sie wächst jedoch umso mehr auf dem Boden von Institutionen, je »totaler« sie sind, d. h. je geschlossener und je aufgeladener von ihrem speziellen Auftrag und ihrer Ideologie. Wenn dann noch eine charismatische Führungspersönlichkeit und Menschen, die – aus welchen Gründen auch immer – sich leicht unterwerfen lassen, zusammentreffen, müssten alle Alarmglocken schrillen. Daher lohnt es sich, die Mechanismen, die diese Institutionen kennzeichnen, genauer anzuschauen.

Ich liste, Goffman folgend, wesentliche Punkte dessen auf, was für alle totalen Institutionen in unterschiedlicher Ausprägung gilt (Stand 1961, vgl. 18ff), und überlasse es den Leser*innen, eigene Erfahrungen zu assoziieren, dabei zu erschrecken oder zu widersprechen.

Generell:

- Alle Angelegenheiten des Lebens, die normalerweise getrennt sind, finden an ein und derselben Stelle statt, unter ein und derselben Autorität. Alle Insassen sind in ihrer Tätigkeit in unmittelbarer Gesellschaft von anderen Schicksalsgenossen.
- Informationen werden nur beschränkt weitergegeben. Wer über Wissen verfügt, hat damit Macht, im Kleinen wie im Großen. Im Alltag sind es meist Kleinigkeiten, die

nicht rechtzeitig – oder gar nicht – zu erfahren sind, jedoch massive Verunsicherungen auslösen können, etwa wann etwas repariert wird, wann ein Arzt im Haus sein wird usw.

- Der Tagesablauf ist strikt vorgeplant, orientiert an den Notwendigkeiten der Institution. Je nachdem gibt es entweder zu wenig oder zu viel Arbeit, die Arbeitsmoral wird v. a. durch die Ideologie hochgehalten. Dies steht im Widerspruch zur Lohnstruktur der Gesellschaft. Die Arbeitsmoral ist eingebettet in geringfügige, ritualisierte Belohnungen, kleine Geschenke, etwa Tabakrationen oder Süßigkeiten.
- Alle Bedürfnisse werden durch die Institution definiert und organisiert, was zu einer Entfremdung des Selbstwertgefühls führen kann und auch zur Demoralisierung der Arbeitsorientierung, die die Menschen »draußen« hatten.

Die Welt der Insassen:

- Man betritt die Institution als ein Mensch, der von seiner Herkunft her geprägt ist und verschiedene Verhaltensweisen eingeübt hat, die der bisherigen Lebensweise entsprochen haben und einen als Persönlichkeit prägten. Dazu gehören alltagspraktische Dinge wie Tagesstruktur, Kleidung, Essgewohnheiten, Kommunikationswege usw. Beim Eintritt setzt eine schleichende Diskulturation ein. Man verliert die Fähigkeiten und Bezüge, die man vorher hatte.
- Es erfolgt eine Beschränkung des Selbst, denn der sonst übliche Rollenkreislauf wird durchbrochen; man hat vor allem eine Rolle (Soldat, Kranker, Gefangener, Mönch usw.), rund um die Uhr, jahrelang. Der Verlust bisheriger Rollen führt zum »bürgerlichen Tod«, d. h. man ist nicht mehr die Person, die man früher war.

- Bereits die Aufnahme ist mit bestimmten Prozeduren verbunden: Entkleiden, Einkleiden, Wegnahme des Eigentums, Vergabe eines neuen Namens, einer Nummer.[5] Das steht in striktem Gegensatz dazu, dass Menschen normalerweise selbst entscheiden, in welcher Gestalt sie vor den anderen erscheinen wollen. Das Individuum wird durch die uniforme Kleidung, den Haarschnitt usw. seiner Identitätsausrüstung beraubt zugunsten einer allgemeinen Fassade.
- Besuche zu empfangen ist ein Privileg, das man sich nicht verscherzen darf. Je nach Institution z. B. einmal pro Woche eine Stunde in einem öffentlichen Raum mit Barriere.
- Jedem wird zugeteilt, was er im Sinne der Institution braucht. Der eigene Spind wird von Zeit zu Zeit durchsucht, ebenso die Schlafstelle. Manchmal wird verlangt, die Zelle jedes Jahr zu wechseln. Auch hat man kein eigenes Geschirr.
- Von vornherein ist Kooperation notwendig, um zu überleben. So sind v. a. die ersten Monate eine Art Gehorsamstest.
- Es herrscht Zwang, um Erlaubnis zu bitten für Kleinigkeiten wie Zigaretten oder Telefonate.
- Es gibt Gruppen- oder Individualbeichte.[6]
- Es gibt kollektive Schlafgelegenheiten, offene Toiletten, Badelisten (einmal pro Woche).

[5] Anmerkung der Autorin: Eine Novizin ermahnte uns einmal vehement, doch auf die Wäschenummern zu verzichten und stattdessen Namensetiketten zu verwenden wie inzwischen in jedem Pflegeheim üblich. Wir haben es bis heute nicht getan.

[6] Für Klöster oder Geistliche Gemeinschaften gab es zum Zeitpunkt des Erscheinens des Buches von Goffman (und darüber hinaus) in den Klöstern die Praxis der regelmäßigen Beichte bei einem ausgewählten Priester, meist ohne Alternativmöglichkeit. Auch öffentliche Bekenntnisse vor der ganzen Gemeinschaft waren unter der Bezeichnung »Schuldkapitel« gang und gäbe.

- Man kann nicht entscheiden, was man verzehren möchte; man wird ggfs. gezwungen, bestimmte Medikamente zu nehmen.
- Sexuelle Belästigung oder Vergewaltigung sind je nach Institution mehr oder weniger üblich.
- Der Kontakt mit Mitinsassen wird erzwungen, etwa durch Teilen der Zelle oder am Arbeitsplatz, auch wenn eine unüberwindliche Abneigung oder Angst gegenüber der Person empfunden wird.
- Post wird gelesen und zensiert.
- Es herrschen spezielle Formen der Ehrfurchtsbekundung dem Personal, den Oberen gegenüber, bei Nichtbefolgen belegt mit Sanktionen. Beim Militär herrscht die Auffassung, »dass nicht der Mensch, sondern die Uniform gegrüßt wird« (115).
- Goffman zitiert, dass in manchen Institutionen erwartet wird, dass alle die gleichen Entbehrungen erleiden und die gleichen kleinen Zellen haben, auch die Äbtissin. Es gibt also auch das: äußerlich eher kollegiale Gruppen, mit freilich fein abgestuften inneren Rangleitern.
- Die in der Gesellschaft geltende Rangskala nach Lebensalter wird in Klöstern, aber auch z. B. bei der Luftwaffe oder in Hochschulinstituten, zugunsten des Eintrittsalters (bei Letzteren aufgrund der Qualifikation) außer Kraft gesetzt.
- Ein weiterer Punkt betrifft die »Permeabilität«, die Durchlässigkeit zur Gesellschaft »draußen«. Dafür ist die Möglichkeit zu Kontakt zum angestellten Personal ein Indikator; bei Mönchen auch zu denjenigen, die nach außerhalb gehen, etwa zum Studium.

Beim Lesen des Buches von Erving Goffman dachte ich einerseits immer wieder: *Aber das ist doch in den Klöstern inzwi-*

schen nicht mehr so. Andererseits sind die Grundstrukturen nicht nur immer noch da, sondern geradezu konstitutiv für unser Leben und in unseren Regeln und Statuten verankert. Die Grundfrage ist daher: Rechtfertigt der entscheidende (!) Unterschied, dass wir uns freiwillig und als Erwachsene um der Nachfolge Christi willen zu diesem Leben entschließen, tatsächlich, dieses ganze Gebäude aufrechtzuerhalten? Reicht es, wenn wir Abstriche machen? Die allermeisten Ordensleute leben nicht mehr in vollständig abgeschotteten Häusern, es gibt keine Dormitorien mehr, wir halten vielfältige Kontakte mit den Menschen unserer Umgebung. Und in vermutlich jedem Kloster gibt es Menschen, die die eine oder andere Ausnahmeregelung bekommen, um gut leben zu können. Ich weiß, dass es darum geht, die Benediktsregel wie auch andere Ordensregeln und die Heilige Schrift auf die aktuelle Zeit hin zu lesen und dass es mindestens einen guten Grund dafür gibt, nach ihr das Leben auszurichten. Wir nennen das unsere Berufung. Und doch bleibt ein Unbehagen.

Das Thema dieses Buches ist der *spirituelle Missbrauch.* Wo beginnen die Gefährdungen? In der einheitlichen Zeitstruktur? Nicht nur bei uns gab es eine Schwester, für die das frühmorgendliche Aufstehen lebenslang ihrem eigenen Biorhythmus fundamental widersprach. Oder beginnen die Gefährdungen in der gemeinsamen Essenszeit und dem gleichen Essen für alle? Sind die vielen Ausnahmeregelungen ein Indiz dafür, dass das Ganze nicht passt? Oder ist es übersteigerter Individualismus, der sich mancherorts breitmacht?

Goffman folgend müssten Klöster für die Zeit bis zum Zweiten Vatikanischen Konzil (1962–1965) weitgehend als »totale Institutionen« bezeichnet werden. Die Struktur und das Zusammenspiel mit Persönlichkeitseigenschaften der Mönche und besonders der Nonnen konnte zu Abhängigkeiten führen, die eine Entfaltung der Persönlichkeit im Sinne der je eigenen Berufung erschwerten oder ganz unmöglich machten. Wenn dann noch ideologische Aufladungen dazukamen, die nicht durch das Evangelium gedeckt waren, wurde es hochproblematisch.

In den letzten Jahren hat sich manches geändert. Dennoch gilt auch heute: Totale Institutionen sind grundsätzlich gefährdet, umso mehr, je weniger Korrekturmöglichkeiten von außen möglich sind. Was tun? Was lassen? Das weitverbreitete Argument ›niemand muss so leben‹ greift dann zu kurz, wenn keine Alternative (mehr) möglich ist. Ordensangehörige, egal ob in der Leitung oder als neu Hinzukommende, müssen wahrnehmen, dass die Gefahr, spiritualisierte psychische Gewaltstrukturen zu begünstigen, strukturell vorhanden ist. Vor diesem Hintergrund müssen wir uns mutig und entschlossen von bestimmten Usancen, die oft aus dem 18./19. Jahrhundert stammen, trennen. Meist haben sie wenig mit dem Charisma der Gründer:innen gemein. Für die benediktinische Spiritualität gilt: Es ist ein Weg, auf dem »das Herz weit«[7] werden soll. Wo das Gegenteil geschieht, ist der Weg zu hinterfragen.

[7] Salzburger Äbtekonferenz (Hg.), Die Benediktsregel, Prolog 49, Beuron 1992, 71.

Ordensgehorsam und geistlicher Missbrauch

Franziska Mitterer

1 Der Begriff Ordensgehorsam

Was ist Ordensgehorsam? In manchen Köpfen kreist ein verbreiteter Mythos: Ein*e Ober*in befiehlt einer sogenannten Untergebenen unsinnige Dinge, die diese im Namen des Gehorsams zu tun habe. Leider entstand dieser Mythos nicht im luftleeren Raum. In vielen geistlichen Gemeinschaften gab es diese Praxis, und es gibt sie bis heute.

1.1 Herkunft des Begriffes Ordensgehorsam

Von seiner Wortherkunft her leitet sich das lateinische Verb *oboedire* (gehorchen) ab von der Präposition *ob* (gegen ... hin, auf ... hin) und dem Verb *audire* (hören). *Oboedire* bedeutet damit: jemandem Gehör geben oder sein Ohr leihen, den Rat von jemandem befolgen, gehorchen, gehorsam sein. Diese Wortverbindung gibt es auch im Deutschen. Im Verb *gehorchen* steckt *horchen* und somit die Bedeutung von *hören*. Hören – verstanden als Hören auf sich selbst, Hören auf Gott und Hören aufeinander – ist eine Grundgegebenheit für den Gehorsam in einer Ordensgemeinschaft.

1.2 Gehorsam in der Bibel

Ein Blick in die Bibel zeigt Ähnliches: Da die hebräische Sprache kein Wort für Gehorsam kennt, verwendet das Alte Testament das Wort *hören,* wo immer in der Übersetzung etwas von *gehorchen* oder *gehorsam sein* wiedergegeben wird. Dieses Hören beziehungsweise Gehorchen bedeutet nie eine bloße Unterordnung unter eine Macht, sondern eine innere Aneignung und ein Verstehen. So, wie wir es kennen, wenn wir irgendwo zuhören. Wir erfahren Ansichten anderer und werden dadurch bereichert. Das alttestamentliche Hören gilt nicht nur gegenüber der Autorität. Gott befiehlt beispielsweise dem Propheten Samuel, dem Volk zu gehorchen (1 Sam 8,7). Hören auf Gott wird im Rahmen der Bundestheologie als dialoghaftes Beziehungsgeschehen beschrieben. Der Mensch wird in seiner Autonomie als vernunftbegabt gesehen, der verantwortungsbewusst Gottes liebendem Bundesangebot zustimmen kann. Darin findet er zu einer lebensstiftenden Beziehung. Er muss sich nicht einfach unterwerfen, weder Gott noch anderen Menschen. In einer der biblischen Urgeschichten essen die Menschen vom Baum der Erkenntnis. Sie hören nicht auf Gott, und die Folge ist eine Lebensminderung (Gen 2,4b – 3,24). Hören oder gehorchen ist also mit Lebenszuwachs, Ungehorsam mit Lebensminderung konnotiert. Es geht nicht um Bestrafung.

Im Neuen Testament ist Jesus Vorbild und Urbild des Gehorsams gegenüber Gott. Jesus fordert zum Hören auf (vgl. Mk 4,9) und nicht zum Gehorsam im Sinne von Unterwerfung. Jesus setzt somit die Linie des alttestamentlichen Hörens fort. Er lebt in einer dialoghaft-liebenden Beziehung zum Vater. Das dichteste Beispiel dafür ist Jesu Gebet am Ölberg

(Mt 4,1–11; Lk 4,1–13), das seinen unbedingten Gehorsam gegenüber dem Vater zeigt.

Gehorchen in der Bedeutung von *unterwerfen* wird in den Evangelien nicht für Menschen, sondern für die Naturgewalten wie Sturm oder Wasser und für Dämonen verwendet. Diese gehorchen Jesus, sind ihm somit untergeordnet und können den Menschen nicht mehr schaden. Im Gleichnis vom Sämann wird Gehorchen als Hören bezeichnet. Das Bild vom Boden, auf den der Same fällt (vgl. Mk 4,13–20), steht für die menschliche Antwortfähigkeit auf das Hören. Die Synoptiker bringen *gehorchen* mit der Wortverbindung *hören und handeln* zum Ausdruck. Die Betonung liegt auf dem ›und‹.

Paulus versteht unter Gehorsam immer Glaubensgehorsam als ein radikales Angewiesensein auf das Wort Gottes, das zur Freiheit befähigt. Die neutestamentlichen Spätschriften zeigen ein Gehorsamsverständnis, bei dem der Mensch sich entfaltet und zu seiner Würde findet, indem er sich auf Gott ausrichtet.

1.3 Normierung des Ordensgehorsams

Das Zweite Vatikanische Konzil betont im »Dekret über die zeitgemäße Erneuerung des Ordenslebens« (»Perfectae caritatis«), dass die Ordensleute »bei ihren Aufgaben die eigene Verstandes- und Willenskraft einsetzen sollen. [...] So führt der Ordensgehorsam, weit entfernt, die Würde der menschlichen Person zu mindern, diese durch die größer gewordene Freiheit der Kinder Gottes zu ihrer Reife« (PC 14). Doch die Normierung des Ordensgehorsams im geltenden Kirchenrecht von 1983 ist dazu konträr. C. 601 CIC/1983 besagt, dass der Ordensgehorsam zur Unterwerfung des Willens gegenüber den rechtmäßigen Oberen verpflichte, wenn sie im Rahmen der eigenen Konstitutionen befehlen. Da die Rechtssetzung die Konzilstheologie in Gesetzessprache zu bringen hat, widerspricht sich hier das Lehramt der Kirche selbst.

Ein weiterer großer Widerspruch zeigt sich: Nach c. 212 § 1 CIC/1983 sind alle Gläubigen verpflichtet, Gehorsam im Bewusstsein der eigenen Verantwortung zu vollziehen. Das bedeutet, den Verstand einzusetzen und das Gewissen wie einen Scan über das Befohlene laufen zu lassen. Es wird – anders als bei den Ordensleuten – die eigene Verantwortung gefordert. Aber Ordensleute sind ein Teil der Gläubigen. Die rechtliche Einschränkung, dass die Unterwerfung des eigenen Willens von Ordensleuten nur erforderlich sei, wenn die Oberen im Rahmen der Ordens-Satzungen befehlen, bereinigt die Inkonsequenz nicht.

1.4 Ordensgehorsam in heutiger Theologie

Die Kernaussage in c. 601 CIC/1983 über den Ordensgehorsam, dass dieser zur Unterwerfung des Willens gegenüber den rechtmäßigen Oberen verpflichte, taucht in den neueren kirchenamtlichen Dokumenten nicht mehr auf. Es geht hier eher um den Gehorsam im Sinne von Hören. Das ist zunächst ein Hören auf sich selbst. Die Stimme Gottes, sein Lockruf zum Leben, ist im Innern des Menschen zu erfahren. Je mehr ich auf Gott höre, je mehr eine geistliche Gemeinschaft auf Gott hört, desto mehr gibt es eine innere Bindung an ihn. Und genau darin liegt Freiheit. Unser Gott ist ein Gott des Lebens in Fülle. In ihm kann ich die ultimative Freiheit finden.

Neben dem Hören auf sich braucht es das Hören auf das Wort Gottes, individuell und gemeinsam. Das Hören auf das soziokulturelle Umfeld ist ebenso vonnöten wie das Hören auf die Gemeinschaft und auf die Leitungspersonen eines Ordens.

Die Basis für das gemeinsame Hören bildet das Ordenscharisma, aus dem die ordensspezifische Sendung entspringt. So mündet das Hören in eine Antwort, nämlich in den Einsatz für die Menschen.

2. Ordensgehorsam nach c. 601 CIC/1983 und geistlicher Missbrauch

Geistlicher Missbrauch in Ordensgemeinschaften steht in innerem Zusammenhang mit einem Verständnis von Gehorsam, wie er in c. 601 CIC/1983 normiert ist: Ordensgehorsam »verpflichtet zur Unterwerfung des Willens gegenüber den rechtmäßigen Oberen«. Dieses Gehorsamsverständnis gemäß c. 601 CIC/1983 kann dabei entweder bei der Ordensleitung, der einzelnen Ordensperson oder bei einer ganzen Gemeinschaft vorhanden sein.

*2.1 Ordensgehorsam zwischen Ober*in und Ordensmitglied*

Missbrauch beruht auf einer asymmetrischen Beziehung. Jeder Missbrauch, auch der spirituelle, hat mit Macht zu tun. Ein*e Ordensleiter*in hat durch ihre/seine Rolle oder Position grundsätzlich eine gewisse Machtstellung. Deswegen braucht es regelmäßige Reflexion gegenüber dem eigenen Leitungsverhalten.

Gemäß der Instruktion »Faciem tuam« (2008)[1] soll Ordensgehorsam dialoghaft sein (FT Nr. 14, Nr. 20). Das Doku-

[1] Vgl. Kongregation für die Institute des geweihten Lebens und die Gesellschaft des apostolischen Lebens, Der Dienst der Autorität und der Gehorsam. Faciem

ment spricht beim Gehorsam von »Entscheidungsfindung in Gemeinschaft« (FT Nr. 20e) und bezeichnet die menschliche Autonomie als gottgewollt (FT Nr. 2). Nur wenn ein Ordensmitglied und ein*e Ordensleiter*in sich je als individuelles Glaubenssubjekt wahrnehmen und sich im Horizont einer dialogischen, kommunikativen Beziehung frei erleben, bleibt kein Raum für einen missbräuchlichen Ordensgehorsam.

Dabei lässt das römische Schreiben von 2017 »Für jungen Wein neue Schläuche«[2] aufhorchen. Es betont, dass »die Begriffe Oberer und Untergebener nicht mehr angemessen [sind]« (JWNS Nr. 24). Schon die Begriffe schaffen ein Oben und ein Unten. Das Schreiben verurteilt jede »kindliche Unterwerfung und [...] skrupulöse Abhängigkeit [...], [sodass] die Würde der Person bis zur Erniedrigung hin verletzt werden [kann]« (JWNS Nr. 25). Dann unterstreicht das Dokument, dass heute in der Kirche die Gemeinschaft und damit das Miteinander betont wird und sie sich nicht mehr als autoritäres Beziehungsfeld versteht (vgl. JWNS Nr. 24).

Ein*e Ordensober*in ist nie die Stimme Gottes. Ein*e Ordensober*in vertritt nicht einfachhin Gott, sondern hört im besten Falle zusammen mit den anderen Ordensmitgliedern auf Gott. Auf Gott zu hören gilt für alle, unabhängig von der Rolle. Es ist erste Aufgabe von Gehorsam. Wenn die/der Leiter*in dann eine Entscheidung trifft, hat das dialoghaft zu geschehen. Aufgrund der Leitungsrolle hat sie oder er jedoch

tuam (FT). Instruktion, 11. Mai 2008, in: Verlautbarungen des Apostolischen Stuhls, hg. vom Sekretariat der Deutschen Bischofskonferenz, Nr. 181.

2 Kongregation für die Institute des geweihten Lebens und die Gesellschaft des apostolischen Lebens, Für jungen Wein neue Schläuche (JWNS). Geweihtes Leben und noch offene Herausforderungen seit dem Zweiten Vatikanischen Konzil. Leitlinien, 6. Januar 2017, in: Verlautbarungen des Apostolischen Stuhls Nr. 210.

Entscheidungen zu treffen, doch diese haben sich auf die für jede Ordensgemeinschaft spezifische Sendung zu beziehen. Es geht nicht um eine Beziehung zwischen Autorität und Ordensmitglied auf der persönlichen Ebene. Ordensgehorsam hat sich immer auf der Basis des jeweiligen Ordenscharismas abzuspielen. Sollte beispielsweise ein*e Ordensleiter*in eines Lehrordens die Ordensmitglieder generell dazu verpflichten, sich auf Krankenpflege zu spezialisieren, müssen diese nicht gehorchen.

2.2 Ordensgehorsam in der Ordensausbildung

Die Gehorsamsverpflichtung von Ordensleuten ergibt sich explizit aus der Profess (vgl. c. 590 § 2 CIC/1983). Insofern kann von Postulant*innen und Noviz*innen kein Gehorsam verlangt werden in dem Sinne, dass diese für den Sendungsauftrag eines Ordens vollumfänglich verfügbar sein müssen. Deswegen ist ein Ausbildungsvertrag nötig, in dem das Verhältnis von Orden und Kandidat*innen geregelt wird.[3] Diese rechtliche Grundlage gibt den erforderlichen Freiraum für ein Hineinwachsen in das Ordensleben und lässt gegebenenfalls eine Auflösung des Vertrags von beiden Seiten zu, ohne dass es mit »Ungehorsam« in Verbindung gebracht wird. In Deutschland ist die Ausbildung zur Ordensperson eine staatlich anerkannte Berufsausbildung.

Ordensgehorsam meint auch für Ordenskandidat*innen ein Hören auf Gott und auf sich. Ganz besonders aber wird das gegenseitige Aufeinander-Hören eingeübt. Das ist wesentlicher Teil des Hineinwachsens in den Ordensgehorsam. So-

[3] Vgl. Schneider, Paul, Ordensarmut und soziale Sicherheit. Eine Analyse des Ordensrechtes und des staatlichen Rechtes, Zürich 2019, 65.

mit ist Ordensgehorsam nicht nur in Abhängigkeitsbeziehungen (Noviz*in gegenüber Noviziatsleiter*in) ein Thema, sondern auch in symmetrischen Beziehungen.

Die Ordensausbildung ist eine sensible Orientierungsphase für Personen, die sich für einen geistlichen Weg in einem Orden entschieden haben. Es kommt vor: Ein*e Auszubildende*r (Postulant*in, Noviz*in) übt psychische Macht über andere Auszubildende aus, auch wenn sie von der Rolle her »gleichgestellt« sind. Hier entsteht eine Beziehungsasymmetrie, die oft nicht erkannt wird. Missbrauch nutzt diese asymmetrische Beziehung aus. Das hat Auswirkung auf die jeweilige gelebte Spiritualität einer*s Auszubildenden.

»Ich sehe immer noch die Ecke des Schwimmbades, in die sie mich getrieben hat, um mir ihre ganze seelische Last aufzubürden«, erzählt eine Schwester von ihrer Zeit im Postulat über eine ehemalige Mit-Postulantin im gleichen Orden. Der Kommentar ihrer Postulatsleiterin – »Dann frag sie halt nicht, wie es ihr geht!« – war dabei nicht sehr hilfreich. Die Postulantin erlebte sich blockiert auf ihrem geistlichen Weg.

Für die Verantwortlichen in der Ordensausbildung ist es wichtig, missbräuchliche Dynamiken zwischen den Auszubildenden möglichst früh zu erkennen, damit kein*e Auszubildende*r aufgrund eines falsch verstandenen Aufeinander-Hörens unter psychischen Druck gerät. Jede Ordensgemeinschaft hat hier eine Fürsorgepflicht für ihre angehenden Mitglieder.[4]

[4] Als Verantwortliche im Formationsbereich stelle ich fest, dass dieses Thema noch wenig reflektiert wird.

2.3 Ordensgehorsam und systemischer spiritueller Missbrauch

Der systemische Ansatz sieht den Menschen in Wechselwirkung mit seinem Lebensumfeld. Menschen versuchen dabei, sich so an ihre Umwelt anzupassen, dass sie diese nicht stören. Der Preis dafür ist ein Druck oder ein Ohnmachtsgefühl, unter dem sie oft enorm leiden.

Ein Beispiel: Eine Schwester erzählt von ihren Nöten. In den nach-konziliaren Wirren ihrer Gemeinschaft der 1970er-Jahre beanspruchte ihre autoritäre Provinzoberin für sich, dass sie das wahre Ordensleben verkörpere. Aus diesem Grund verbot sie allen Schwestern, mit Ordensleuten anderer Provinzen, die eine Erneuerung des Ordenslebens anstrebten, in Kontakt zu treten. Menschliche Beziehungen sollten unterbunden werden, damit die Schwestern nicht vom ›Modernismus‹ verdorben würden. Die Erneuerungsbestrebungen wurden verteufelt. Das Fatale: Die Oberin holte Unterschriften ihrer Schwestern ein, mittels derer diese zustimmten, sich bei zu großer Modernisierung als Provinz von der Gesamtkongregation abzuspalten. »Ich spürte großen Druck von allen Seiten«, erzählt die Schwester. »Man sagte mir, ich müsse auch unterschreiben und so zeigen, dass ich dem authentischen Ordensleben folge. Denn ich wolle doch auch ganze Sache machen und die Ganzhingabe leben.«

Der Druck zeigt die dunkle Seite eines systemischen spirituellen Missbrauchs. Die für die betroffenen Schwestern verlockende Seite war, dass die innere Nähe zur Provinzoberin, einer Führungspersönlichkeit, ein Sicherheitsgefühl vermittelte. Die Provinz erfuhr Wertschätzung durch die kirchliche Hierarchie. Eine große Gruppe innerhalb der Provinz fühlte sich als Elite, weil sie das ihrer Meinung nach wahre und authentische Ordensleben lebte. Kennzeichen waren das Tragen eines möglichst langen Ordenskleides, bedingungsloser Gehorsam sowie eine feierliche und intensive Liturgie. Missbrauchssysteme zeigen sich nach außen oft glänzend.[5]

3. Abschließende Bemerkung

Die Kernaussage von c. 601 CIC/1983, dass Ordensgehorsam zur Unterwerfung des Willens gegenüber den rechtmäßigen Oberen verpflichte, widerspricht der Konzilstheologie. Diese konnotiert in verschiedenen Dokumenten Willen positiv. Das Ordensdekret »Perfectae caritatis« fordert, dass die Ordensperson beim Gehorsamsvollzug für den Aufbau des Reiches Gottes ihren Willen einsetzt und nicht unterwirft (vgl. PC 14). Auch die neueren römischen Dokumente sprechen vom dialoghaften Ordensgehorsam. Dazu steht c. 601 CIC/1983 im Widerspruch, transportiert also eine falsche (Konzils-)Theologie bezüglich Ordensgehorsam und begünstigt Missbrauch. Daher müsste dieser Canon im Kirchenrecht dringend geändert werden.

Beim gemeinsamen Gehorsam gegenüber Gott braucht es das Wahrnehmen von Eigenverantwortung, um der gemeinsamen ordensspezifischen Sendung entsprechend den je eigenen Charismen nachzukommen.[6] Das erfordert kontinuierliche spirituelle Arbeit. Meditieren, gemeinsamer Glaubensaustausch und Reflexion können eine Hilfe dazu sein.

[5] Vgl. dazu auch: Mertes, Klaus, Geistlicher Missbrauch, in: Stimmen der Zeit 237 (2019), 93–101; hier: 99.

[6] Vgl. Mitterer, Franziska, Ordens-Gehorsam im Kontext von Menschenwürde und Menschenrechten. Ein kirchenrechtlicher Beitrag, Berlin 2021, 194–196.

Die natürlichen Gegebenheiten respektieren

Gespräch mit Äbtissin M. Petra Articus OCist

M. Petra Articus OCist ist seit mehr als 50 Jahren Zisterzienserin in der Abtei Seligenthal in Landshut. 1999 wurde sie zur Äbtissin gewählt. Barbara Haslbeck führte mit ihr ein Gespräch über ihre Erfahrungen im Leitungsamt und mit dem Thema spiritueller Missbrauch.

F: Was sind aus Ihrer Erfahrung die Herausforderungen im Zusammenleben im Kloster?

M. PETRA ARTICUS: Keine klösterliche Gemeinschaft ist eine Idealgruppe, da sich die einzelnen Schwestern ihre Mitschwestern nicht aussuchen konnten und jede ihre je eigenen Lebenserfahrungen, ihre Spiritualität und eventuell auch psychischen Probleme mitbringt. Es verbindet uns als Zisterzienserinnen zwar der gemeinsame religiöse Wunsch, dem Dienst an der Verherrlichung Gottes und der Liebe Christi nichts vorzuziehen. Unsere gemeinsame Aufgabe in Seligenthal ist die Jugenderziehung. Aber zwischen dieser gemeinsamen Aufgabe und der Vorstellung, wie das die Einzelnen sehen und verwirklichen möchten, können Welten liegen. Frühere Äbtissinnen sahen Einigkeit einer klösterlichen Gemeinschaft in einer mehr oder minderen Gleichheit, die sich auch im Äußeren zeigte. Zum Beispiel durften wir beim Chorgebet nur schwarze Jacken tragen. Heute ist klar: Einigkeit wird lebendig und fruchtbar durch Vielfalt und damit auch durch die persönlichen Fähigkeiten und die Einzigartigkeit der einzelnen Menschen. Wir müssen nicht in allem zu einem Konsens kommen, es dürfen unterschiedliche Ansichten stehen bleiben, wenn sie das Gesamtziel der Gemeinschaft oder die positive Entwicklung Einzelner nicht gefährden.

F: Das hört sich in der Theorie gut an. Wir versuchen Sie als Äbtissin konkret, die Vielfalt der Schwestern zu respektieren?

MPA: Bei der Durchsetzung der berechtigten monastischen Ideale ist immer Vorsicht und Zurückhaltung gefordert. Ich will keine asketische Rigorosität. Mich leitet das Motiv, behutsam auf die täglichen Bedürfnisse zu schauen, damit niemand überfordert wird. Gegenseitige Annahme mit all den persönlichen Besonderheiten ist in der Realität gar nicht so leicht und muss jeden Tag neu gelebt werden, von der Äbtissin ebenso wie von den einzelnen Schwestern. Nicht umsonst wünscht der heilige Benedikt in der Regel 72, 4f.: »Sie sollen sich in gegenseitiger Achtung zuvorkommen; ihre körperlichen und charakterlichen Schwächen sollen sie in unerschöpflicher Geduld ertragen.« Gerade das Wort »unerschöpflich« ist nicht leicht umzusetzen, da jede von uns häufig denkt: »Schon wieder ... wie oft muss ich das noch hinnehmen oder ertragen ...?«

F: Das führt zu Konflikten. Wie gehen Sie damit um?

MPA: Wenn Konflikte durch die verschiedenen Sichtweisen aufkommen, besteht bei mir die Gefahr, einfach aus meiner Perspektive zu entscheiden. Als Äbtissin muss ich manchmal Entscheidungen treffen und die Verantwortung dafür übernehmen. Gleichzeitig muss ich mich kritisch hinterfragen, ob ich richtig handle. Wichtig ist mir, nicht allein zu sein. Neben mir sind die Priorin, die Subpriorin und andere Amtsträgerinnen. Manchmal habe ich sicher ein Problem hervorgerufen, wenn ich eine Absicht oder Aufgabe nicht klar genug definiert habe oder wichtige Aspekte Einzelner übersehen habe. Herausfordernd sind Konflikte, wenn sich Sachaspekte und Beziehungsthemen mischen. Oder wenn Projektionen dazukommen, etwa wenn eine Schwester ihre schwierigen Erfahrungen mit der Mutter oder einer anderen Person aus ihrer Lebensgeschichte auf mich überträgt. Leider kann ich nicht immer ruhig bleiben, was sicher nicht zuträglich ist.

F: Können Sie etwas erzählen, von dem Sie im Nachhinein sagen: »Da habe ich einen Fehler gemacht«?

MPA: Gleich zu Beginn meiner Zeit als Äbtissin habe ich zum Beispiel eine Vielzahl von zum Stundengebet hinzukommenden Gebets- und Andachtsformen abgeschafft, um dem Chorgebet, der Lesung und der Meditation den Vorrang zu geben. Dabei habe ich das individuelle Empfinden Einzelner, die in ihrer Entwicklung andere religiöse Schwerpunkte als das Stundengebet hatten, zuerst vor den Kopf gestoßen; sie zweifelten wohl auch an meiner Religiosität. Wahrscheinlich bin ich zu schnell vorgegangen, habe zu wenig erläutert, warum ich das so machen möchte, mich zu wenig klar ausgedrückt.

F: Sie leben seit über fünf Jahrzehnten im Kloster. Was macht das Zusammenleben der Schwestern im Alltag schwierig?

MPA: Es gibt überhöhte Erwartungen an das Gemeinschaftsleben, etwa wenn sich eine Schwester eine heile Welt und ein Nest wünscht, das Geborgenheit und Wärme schenkt. Manchmal entsteht Enttäuschung darüber, dass man hart an sich selbst arbeiten muss. Oder Enttäuschung darüber, nicht immer, meist nur kurz, in einer religiösen Hochstimmung leben zu dürfen. Auch im Kloster gibt es Gleichgültigkeit, Unzufriedenheit und Unausgeglichenheit. Da wird mir meine eigene Ohnmacht bewusst und wie sehr die Mitschwester – wie ich – die Hilfe Gottes braucht.

F: Was haben Sie als Äbtissin gelernt?

MPA: Zu Beginn meiner Amtszeit sah ich die große Herausforderung, das Klostergebäude samt Schulen und Bildungsstätten zu erhalten und weiterzuentwickeln. Gleichzeitig war mir wichtig, als Gemeinschaft das hohe monastische christliche Ideal voll und ganz zu verwirklichen, den Ansprüchen des Evangeliums und der Regel Benedikts gerecht zu werden. Ich lernte: Ich kann nicht über meine natürlichen Möglichkeiten und Fähigkeiten hinaus und über die der Mitschwestern auch nicht. Natürlich darf ich mich nicht mit meinen und den Gegebenheiten der Mitschwestern einfach zufriedengeben und alles so belassen, wie es ist; aber bei der Vertiefung meiner und unserer Fähigkeiten muss ich maßvoll vorgehen, wie Benedikt es wünscht. Ich meine damit, ich muss die natürlichen Gegebenheiten meiner Mitschwestern nicht nur sehen, sondern sie als Grundlage unseres gemeinsamen Lebens respektieren – und nicht meinem Wunsch nach einem vollkommenen Konvent den Vorrang geben. Meine und unsere menschlichen Begrenzungen und Fehler muss ich zwar bearbeiten, aber ich darf sie nicht einfach ausmerzen wollen, koste es, was es wolle. Mir ist es wichtig, den Satz von Thomas von Aquin nicht zu vergessen: »Gnade setzt Natur voraus und vollendet sie«. Ich setze bei mir und bei den Mitschwestern das pädagogische Prinzip ein, mit den Stärken zu arbeiten.

F: Was meinen Sie mit Stärken?

MPA: Etwa für unsere große Klostersanierung hatte ich Mitschwestern an der Seite, die handwerklich und finanziell sehr erfahren waren. Ohne deren Fähigkeiten hätten wir das nicht geschafft. Verantwortung zu teilen heißt gleichzeitig auch, ein Stück Macht abzugeben, was sicher ein Vorteil und gesund für alle ist, da durch gemeinsame Absprachen eine offenere, vielfältigere Sichtweise gegeben und die Gefahr der Unterdrückung oder Machtmissbrauch zumindest eingeschränkt wird.

F: Wie versuchen Sie in der Abtei Seligenthal, Machtmissbrauch zu verhindern?

MPA: Mir ist wichtig, dass die leitende Person, ganz gleich in welcher Position, ob als Äbtissin, als Priorin oder als Kindergartenleiterin, sich selbst kennt, um die eigenen Ziele weiß und ihr Vorgehen immer wieder reflektiert. Ich versuche, moralischen Druck zu vermeiden oder die Freiheit und Selbstbestimmung der Einzelnen nicht zu beschneiden, wobei Letzteres manchmal durch die gemeinsamen Ziele oder die Einhaltung unserer Regel notwendig ist und dann sicher als Einschränkung empfunden wird. Das hängt wiederum von der jeweiligen Persönlichkeitsstruktur der Mitschwestern ab. Den einen ist es recht so, sie schätzen die Freiheit und Selbstverantwortung, die ich ihnen lasse, die eine oder andere würde sich aber mehr geistliche Impulse und vielleicht auch Führung wünschen; und wiederum andere empfinden jeden Hinweis auf einen Aspekt der Regel und jede nicht gegebene Erlaubnis als persönliche Missachtung ihrer Freiheit. Wir sind auf der einen Seite autonom; jede ist für sich selbst verantwortlich und soll ihren persönlichen Ruf und ihre Fähigkeiten für den Aufbau des Reiches Gottes einsetzen. Gleichzeitig sind wir als klösterliche Gemeinschaft mit einer gemeinsamen Zielsetzung und Aufgabe voneinander und von der Umwelt abhängig.

F: Welche Herausforderung stellt die Diskussion um das Thema spiritueller Missbrauch an Sie?

MPA: Beim Lesen über spirituellen Missbrauch habe ich erfahren, dass es auch spirituelle Vernachlässigung gibt. Es ist Aufgabe der Äbtissin, die Regel auf den Alltag bezogen auszulegen, und in vielen Abteien geschieht das täglich oder wöchentlich. Ich habe Hemmungen, meine Mitschwestern zu viel mit meiner Gottessicht und Christusbeziehung zu konfrontieren. Sie sind ja selbst religiös unterwegs, ihnen steht eine gute geistliche Bibliothek zur Verfügung, sie hören die gleichen Predigten und Impulse durch den Spiritual wie ich. So halte ich zwar zu bestimmten Zeiten Ansprachen an den Konvent, in denen ich die mir wichtigen Gesichtspunkte eines geistlichen gemeinsamen Lebens aufgreife und vor allem immer wieder auf die große Liebe Gottes hinweise, der wir doch auf unsere je eigene Art und Weise Antwort geben wollen. Direkte geistliche Begleitung gehört nicht zu meiner Rolle als Äbtissin. Aber mir ist wichtig, die Tischlesung am Abend auszusuchen und mit guten Büchern und Zeitschriften den Horizont zu erweitern.

F: Wie gehen Sie mit dem Ideal der Armut um?

MPA: Direkte Armut ist in einer heutigen klösterlichen Gemeinschaft wie der unseren nicht mehr gegeben. Wir versuchen, einfach zu leben. Die einzelne Mitschwester soll erhalten, was sie braucht. Im Grunde ist es schon eine Form der Armut, um etwas bitten zu müssen. So soll die Mitschwester nicht auch noch herablassend angesehen werden. Ich will ihre Bedürfnisse nicht geringschätzen und ihr bei deren Erfüllung nicht überheblich begegnen.

F: Welche Gefährdungen für spirituellen Missbrauch im monastischen Leben sehen Sie?

MPA: Gefährlich wird es, wenn Worte der Heiligen Schrift aus dem Zusammenhang gerissen werden und eigene Wünsche und Vorstellungen von Leitungspersonen mit dem Willen Gottes gleichgesetzt werden. Mir sind Menschen begegnet, die in ihrer Gemeinschaft durch Double-Bind-Botschaften, durch »Zuckerbrot und Peitsche«, schlimme Erfahrungen machten. Es gefährdet die Entwicklung einer Schwester, wenn sie nie weiß, wann etwas richtig ist und wann nicht. Heute wird sie gelobt, morgen getadelt, übermorgen in den Vordergrund gestellt, dann wieder links liegen gelassen. Ebenso schwierig wird es, wenn Drohungen und Einschüchterungen ausgesprochen oder unterschwellig vermittelt werden. Die Gefahr geistlich getarnter Manipulation besteht besonders dann, wenn absolutes Vertrauen in die Weisungsbefugnis der Oberen und als Folge widerstandsloser Gehorsam verlangt wird. Das geht bis zur gedanklichen Beeinflussung, wenn die eigenen Gedanken den Vorgesetzten mitgeteilt werden müssen, die sie dann beurteilen. Das macht ängstlich und skrupelhaft und zerstört die eigene Wahrnehmung.

F: Was ist Ihnen wichtig, um spirituellen Missbrauch zu verhindern?

MPA: Wichtig ist mir eine offene Gesprächskultur. Wo Kommunikation untereinander nur begrenzt und kontrolliert erlaubt wird, fehlen die Anerkennung und das Korrektiv durch die Gemeinschaft. Wenn spontanes, alltägliches Plaudern, Lachen, Singen, Spielen unerwünscht sind, verarmt die einzelne Person nicht nur, sondern wird durch die Vereinsamung auch unsicher und misstrauisch den anderen gegenüber. Die eigentliche Prävention gegen jeglichen spirituellen Missbrauch ist die Bereitschaft zu dienen und nicht der Wunsch zu herrschen. Wenn die Regel in Kapitel 2,23 fordert: »Der Abt muss der Unterschiedlichkeit vieler Brüder dienen, ohne ihre Launen zu bedienen«, so zeigt dieser Satz Benedikts Einstellung zum monastischen Leben und zur Leitungsaufgabe des Abtes. Meine Aufgabe als Äbtissin ist es, die Mitschwestern in ihrer unaufhebbaren Würde, ihrer Eigenständigkeit und Eigenverantwortung zu sehen. Sie sollen nicht nach meinen Vorstellungen geformt werden, sondern die ihnen gegebenen Fähigkeiten entfalten können.

Uns ist Macht gegeben, damit wir gestalten

Ruth Schönenberger OSB

Keine Leitung kann ihre Aufgabe ohne Macht erfüllen. Doch wie Macht gebrauchen, ohne sie zu missbrauchen? Was Ordensfrauen früher mehr oder weniger klaglos hingenommen haben, ist heute undenkbar. Ich möchte im Folgenden einige Punkte beleuchten, die mir aufgrund meiner eigenen Leitungserfahrung deutlich geworden sind.

Ein wichtiges Wesensmerkmal des Ordenslebens ist es, dass Menschen nicht eintreten, weil sie mit anderen zusammen etwas »produzieren« möchten, sondern weil sie eine Berufung zu einem Lebensentwurf spüren. Menschen werden Ordensleute, weil sie Nachfolge Christi in Gemeinschaft leben möchten. Darauf kommt es an. Welche fachliche Qualifikation sie mitbringen, ist erst einmal zweitrangig. Das stellt die Leitung vor die Aufgabe, die verschiedenen Berufungen in die bereits bestehende Gemeinschaft zu integrieren. Ist die Gemeinschaft Trägerin von Einrichtungen, z.B. Pflegeeinrichtungen oder Schulen, so können die jungen Ordensleute ihre Kompetenzen im Idealfall hier einbringen. Was aber, wenn das nicht der Fall ist? Werden die jungen Ordensmitglieder entsprechend den in den Institutionen benötigten Aufgaben ausgebildet oder dürfen sie ihre Begabungen anderweitig entfalten? Muss z.B. eine Schwester die Küche oder die Verwaltung übernehmen, weil diese Posten wieder besetzt werden müssen, oder lassen sich strategisch andere Wege finden, wie diese Aufgaben bewältigt werden können?

Oftmals bestimmen Institutionen mit enormer Macht über die Ordensmitglieder und ihre Tätigkeiten. Es ist eine hohe Kunst, die Aufgaben der Gemeinschaft und die Begabungen bzw. Kompetenzen der Mitglieder in ein Gleichgewicht zu bringen. Unbedachter Machteinsatz kann hier sicher nicht weiterhelfen, sondern es muss gemeinsam gesucht werden, was möglich und sinnvoll ist. Hier hat sich in den letzten Jahren manches gewandelt und hierarchische Strukturen sind mehr einem Miteinander gewichen – erleichtert auch durch Veränderungen im Kirchenbild.

Lange Jahrzehnte herrschte ein stark hierarchisches Kirchenbild vor. In einer Ordensgemeinschaft kam das z. B. zum Ausdruck, wenn Leitungspersonen mit »Vater« oder »Mutter« angesprochen werden mussten. Bei aller gerechtfertigten christologischen Deutung bringt dies Gefahren mit sich. Früher wurde diesen »Vätern« und »Müttern« gegenüber ein »kindlicher Gehorsam« eingefordert. Es kann in spiritueller Deutung dieses Verhältnisses ein großes Gefälle in der Erkenntnis des göttlichen Willens unterstellt werden, was wiederum zu einem gefährlichen Machtmissbrauch führen kann. Dazu eine mehr humorvolle Erfahrung aus meinem eigenen Erleben: Wenn mich jemand mit »Mutter Priorin« anredete, dann habe ich oft scherzhaft in der Weise reagiert, dass ich der Schwester mit »Tochter N. N.« antwortete. Ich habe nie erlebt, dass jemand die Anrede »Tochter« akzeptiert hat.

Leiten im kirchlichen Bereich impliziert immer auch eine geistliche Komponente. Das birgt aber eine Gefahr: Geistliches Leitungsamt kann so ausgeübt werden, dass die Leitung vorgibt, Gottes Willen und damit eine nicht hinterfragbare Wahrheit erkannt zu haben. So macht sich Leitung unantastbar, niemand kann ihr widersprechen. So wird die Rede von Gott für die eigene Machtausübung instrumentalisiert. Ich schätze es sehr, dass die Regel Benedikts zum Gottsuchen auffordert. Sich bewusst zu sein, dass Gott und die Wahrheit immer größer und weiter sind, als wir es uns ausmalen können, verschafft innere Freiheit in der Entscheidungsfindung.

Schmerzvoll haben wir in der Diskussion um die Priesterweihe der Frau erfahren, wie sehr Suchprozesse blockiert werden und wie sehr sich Leitung selbst gefährdet, wenn wir nicht in großer Offenheit bereit sind, auf den Heiligen Geist zu hören und uns auf neue Bahnen einzulassen. Vieles wird im Lauf der Geschichte unterschiedlich gesehen, und dem sollten und dürfen wir uns auch immer wieder aussetzen. Denk- und Redeverbote zum Schutz einer angeblich erkannten Wahrheit helfen nicht weiter. Ein Blick in die Kirchengeschichte tut immer wieder gut, denn sie zeigt, welche Vielfalt es schon immer gegeben hat und wie sich Ansichten und Meinungen zu Themen doch verändern dürfen.

Geht man davon aus, dass der Heilige Geist aus allen spricht, dann bringt dies unter dem Gesichtspunkt der Macht vielerlei Herausforderungen mit sich. Denn es ist in einer Gemeinschaft nicht gewährleistet, dass die potenzielle Geistbegabung auch faktisch zum Tragen kommt. Voraussetzungen sind eine vertrauensvolle und offene Gesprächskultur, die in der Kirche derzeit mit der synodalen Weise wiederentdeckt und neu geübt wird. Bei uns ist in einem Konvent aus einer Not eine Tugend geworden: Im Konventgespräch, zu dem rund 40 Mitschwestern kommen, verstehen einige Schwestern das Gesagte oft akustisch nicht. So sind wir dazu übergegangen, dass die eine Schwester den Redebeitrag der anderen zunächst wiederholt, bevor sie selbst etwas beiträgt. Das hat mehrere Vorteile: Jede Aussage wird nicht nur einmal, sondern zweimal angehört. Die Sprecherin kann überprüfen, ob sie akustisch und inhaltlich verstanden worden ist. Schließlich bleibt jede Aussage erst einmal im Raum stehen und niemand erwidert etwas darauf. Die anfangs eher nur akustisch gedachte Hilfe hat uns geholfen, wirklich besser zuzuhören. Dadurch, dass auf das Gesprochene nicht gleich eine Erwiderung gekommen ist, haben sich auch immer mehr Schwestern eingebracht. Das erscheint mir auch unter Machtgesichtspunkten sehr wichtig. Wenn immer nur dieselben einen Beitrag leisten, erhalten sie ein zu großes Gewicht in der Diskussion.

Heute stehen viele Gemeinschaften vor großen Entscheidungen, wenn sie Institutionen abgeben und/oder Konvente schließen müssen. Fachlich fundierte Begründungen treffen auf emotionale Begründungen, es entstehen Konflikte. Das Aufgeben eines Werkes oder Konventes wird die Schwestern ganz verschieden betreffen und berühren. Wer ein Leben lang seine Energie in eine Aufgabe gesteckt hat, wird sich nicht nur mit fachlichen Argumenten davon überzeugen lassen, dass sie künftig aufgegeben wird. Das ganze Leben liegt mit in der Waagschale. Aus diesen Konflikten gemeinsam versöhnlich herauszukommen, gelingt sicher nicht durch Machtspiele und Tricks. Es braucht zum einen Zeit, viele Gespräche und gemeinsames Beten, zum anderen können oft unerwartete Lösungen eine Wende bringen.

Macht hat viel mit Beteiligung und Transparenz zu tun. In Ordensgemeinschaften gibt es klare Strukturen, es gibt Gremien, die beraten und entscheiden. Bei uns wird man in manche dieser Gremien gewählt, in andere berufen, bei einigen können alle Schwestern teilnehmen. Wer nicht gewählt wird, kann seine Anliegen nicht selbst einbringen, sondern allenfalls über eine Mitschwester oder eine schriftliche Eingabe. Viele Mitschwestern fühlen sich durch diese Strukturen verständlicherweise ausgeschlossen, was insofern schmerzhaft ist, weil in den Gremien Themen beraten werden, die die Ausgeschlossenen betreffen. Wir haben versucht, einen Ausgleich dadurch zu schaffen, dass wir Kommissionen zu verschiedenen Bereichen unseres Lebens gebildet haben, z.B. Liturgie, Umweltschutz, Weiterbildung, Mission, prophetische Kirche etc. Auf diese Weise können sich viel mehr Schwestern mit ihren Ideen und Begabungen einbringen, und es arbeiten nicht nur kleine, gewählte Gremien, die zudem früher nur vertraulich waren. Alles in allem werden so Arbeit und Macht auf verschiedene Schultern verteilt – auch wenn die Leitung die Letztverantwortung hat. Zum anderen haben wir die sog. Prioratstreffen neu ins Leben gerufen. Dabei treffen sich die Schwestern aller Gemeinschaften unseres Priorats an einem Wochenende. Da geht es dann zum einen darum, dass alle darüber informiert werden, was sich in den Gemeinschaften ereignet hat. Zum anderen überlegen wir gemeinsam, welche Themen uns für die nächste Zukunft wichtig sind und wie wir sie angehen wollen. Mitunter bildet sich dann auch ein Arbeitskreis, der ein Thema aufgreift und sich um die Umsetzung kümmert. Somit sind alle Schwestern gemeinsam auf dem Weg und können ihn mitgestalten.

Hinzu kommt, dass bei uns alle Leitungsämter zeitlich befristet sind. In einige wird man gewählt, für andere nach Befragung der Schwestern ernannt, einige werden berufen. Wer ein Amt beendet hat, tritt wieder zurück ins Glied. Es entstehen dadurch vielfältige Zuordnungsverhältnisse; so kann z.B. eine Schwester die Noviziatsleiterin einer jungen Schwester sein, später aber ist die damals junge Schwester ihre Oberin. Perspektivwechsel durch die Ausübung verschiedener Aufgaben und Leitungspositionen vermitteln eine andere Sichtweise der Dinge und können den eigenen Horizont erweitern. Das Wissen, dass man einen Posten wieder abgeben muss und darf, hilft, ihn so auszuführen, dass jede andere sehen kann, wie man ihn ausführt. Kürzere Amtsdauern können neben ausreichenden Kontrollmechanismen hilfreich sein, Machtmissbrauch zu verhindern. Hilfreich sind die Erfahrungen und Einsichten durch Perspektivwechsel immer auch dann, wenn es gilt, Leitungsämter neu zu besetzen. Einer Mitschwester ein Amt anzuvertrauen, dem sie sich nicht gewachsen fühlt, kann und darf nicht durchgesetzt werden unter dem Hinweis, man habe ja Gehorsam gelobt. Benedikt schreibt es dem Abt und damit uns allen ins Stammbuch, wirklich auf alles zu hören, bevor Entscheidungen getroffen werden. Er hat auch ein eigenes Kapitel über einen Prozess geschrieben, wenn sich jemand von einer Aufgabe überfordert fühlt. Die Schwester soll das klar äußern und in einen Anhörungs- und Entscheidungsprozess eintreten. Im Laufe dieses Prozesses bringen beide Seiten ihre Sichtweise und ihre vielleicht auch sehr persönlichen Gründe ein. So kann man miteinander zu einer reifen Entscheidung kommen, die letztlich vielleicht bedeuten kann, dass man etwas wagt, was man sich zuvor nicht zugetraut hat. Sie kann aber auch bedeuten, dass man Nein sagt und das akzeptiert wird. Man sollte bei solch sensiblen Entscheidungen niemals mit Zwang operieren, sondern gut überlegen, welche Prozesse möglich sind, in die sich die Betroffenen freiwillig einbringen mögen. Denn jede Gnade baut auf der Natur auf.

Macht hat viel mit dem Menschenbild zu tun. Wie ich den Menschen sehe und einschätze, so werde ich mit ihm umgehen. Macht ist uns gegeben, damit wir gestalten. Es ist eine sehr kreative Aufgabe, die uns Gott, der uns nach seinem Abbild geschaffen hat, zutraut, die reizvoll und sehr verantwortungsvoll ist. Dazu gehört, dass wir lernen, unsere Grenzen zu kennen und Fehler einzugestehen. Diese Entfaltungsprozesse zu ermöglichen, halte ich für eine wichtige Leitungsaufgabe. Sie können auf verschiedenen Wegen gestaltet werden und es gibt kein Patentrezept dafür. Nur im wachen Miteinander wird es uns in Annäherungen gelingen.

»Was ich dir sage, sagt dir Jesus selbst«

Erfahrungen mit spirituellem Missbrauch im pastoralen Beruf

Regina Nagel

»Ich weiß, was gut für dich ist!« »Gott will das so.« »Das ist Sünde.« »Du glaubst falsch.« »Du genügst Gott nicht.« »Nur wer den Priester sieht, sieht Christus.« »Du betest / trauerst / glaubst / … nicht richtig.«[1]

Diese Äußerungen stammen von Gemeinde- und Pastoralreferent*innen (im Folgenden GR und PR), und es handelt sich dabei um Antworten auf die Frage nach spirituell missbräuchlichen Aussagen im pastoralen Alltag. Gefragt wurde danach in einer bundesweiten Umfrage zu Erfahrungen mit Machtmissbrauch im pastoralen Dienst, die im Sommer 2022 durch den Bundesverband der Gemeindereferent*innen Deutschlands durchgeführt wurde. Zur Teilnahme eingeladen waren pastorale Mitarbeiter*innen ohne Weiheämter, veröffentlicht wurden Schwerpunkte der Ergebnisse im Juni 2023 in Buch-

[1] Alle Zitate, die in diesem Beitrag kursiv erscheinen, sind Originalzitate aus einer bundesweiten Umfrage des Gemeindereferent*innen-Bundesverbands, die im Sommer 2022 durchgeführt wurde.

form.[2] Insgesamt gibt es im Jahr 2023 etwa 7500 GR und PR in den Diözesen Deutschlands. Beteiligt haben sich 936 Personen, darunter etwa 70% GR und 73% Frauen.

Auf die Frage *»Haben Sie persönlich im beruflichen Rahmen Erfahrungen gemacht, die Sie als übergriffig und/oder als Machtmissbrauch erlebt haben?«*, antworteten 70% mit *Ja*, 24% mit *Nein* und 6% mit *Weiß nicht*. Es ist davon auszugehen, dass sich an dieser Befragung vor allem berufspolitisch und an Kirchenreformen interessierte Kolleg*innen beteiligt haben, denen es wichtig war, sich zum Thema Machtmissbrauch zu äußern. Persönliche Erfahrungen mit spirituellem Missbrauch im pastoralen Beruf war nur einer von mehreren Aspekten, zu denen Machtmissbrauchsbeispiele berichtet werden konnten. Zum spezifischen Bereich »spiritueller Missbrauch« wurden persönliche Erlebnisse als Betroffene geschildert und ebenso Wahrnehmungen bzw. Beobachtungen aus der pastoralen Arbeit.

Aus eigener Betroffenheit und auch aufgrund von Beobachtung und Austausch im Kolleg*innenkreis wird berichtet, dass es Priester gibt, die den ihnen untergebenen GR oder PR vorschreiben, welche Spiritualität die richtige sei. Von denen, die auf die Frage, ob sie in ihrem pastoralen Beruf Machtmissbrauch erlebt haben, mit Ja geantwortet haben, gaben 40% an, dass sie in ihrer Tätigkeit spirituelle Bevormundung erleben mussten. Konkret benannt wird dazu z. B. das Untersagen von liturgischen oder seelsorgerlichen Angeboten, die nicht der Spiritualität des leitenden Pfarrers entsprechen oder auch Vorkommnisse wie *»in der Sakristei und unmittelbar vor (z. B. Ju-*

[2] Nagel, Regina / Lürbke, Hubertus (Hg.), Machtmissbrauch im pastoralen Dienst – Erfahrungen von Gemeinde- und Pastoralreferent:innen, Freiburg i. Br. 2023.

gend-)Gottesdienstbeginn Teile aus dem Manuskript zu streichen«. 17% gaben an, dass sie auch als Person spirituelle Übergriffe erleiden mussten, z.B. durch dienstliche Anweisungen zu Art und Häufigkeit der Mitfeier von Gottesdiensten oder durch Fragen zur persönlichen Beichtpraxis. Eine Umfrageteilnehmerin benennt, dass ihr *»fehlende Marienfrömmigkeit im Sinne von Fatima, Međugorje oder Lourdes«* vorgeworfen wurde. Eine andere schreibt, dass zu ihr gesagt wurde: *»Deine Spiritualität muss sich entwickeln – du musst erst mal den Alpha-Kurs machen.«* Eine Frau erzählt, dass ihr wiederholt gesagt wurde, sie sei *»ja nicht einmal geweiht und als Frau eine Ausgeburt des Teufels«*. Auch aus der Zeit der Berufseinführung werden Beispiele berichtet wie: *»Zwang während der Ausbildung ausschließlich spirituelle Angebote einer bestimmten geistlichen Begleitung zu nutzen, […] Drohung mit Nicht-Einstellung, Zwang zu bestimmten spirituellen (körperlichen) Übungen, obwohl diese körperliche Probleme verursachten und dies auch gegenüber dem Anleitenden benannt wurde.«*

Über die Fragestellungen zur persönlichen Betroffenheit hinaus wurde durch zwei Fragen darum gebeten, von Wahrnehmungen zu spirituellem Missbrauch im pastoralen Alltag zu berichten. In einer Frage ging es um missbrauchsgefährdete Bereiche in der Seelsorge und in einer weiteren wurde dazu aufgefordert, Äußerungen zu zitieren, die als spirituell missbräuchlich eingeschätzt werden. Was die Bereiche anbelangt, schreiben viele, dass spiritueller Missbrauch in allen Bereichen der Seelsorge geschehen könne, dass es jedoch besondere Gefahrenbereiche gebe. Explizit werden dazu u.a. Einzelbegleitung (24-mal) und Sakramentenkatechese (22-mal) angegeben. Negativ konnotiert taucht das Stichwort Predigt in den insgesamt 927 Antworten 74-mal auf. Oft lässt sich aus der Formulierung der Beispiele, auch was die Antworten zur Frage nach den Äußerungen anbelangt, entnehmen, dass Priester gemeint sind. Konkret zitiert wird einer davon mit folgender Aussage: *»Ich bin der Stellvertreter Christi; hier steht nicht mehr XY, sondern Christus.«* Mehr als 30-mal wird darauf hingewiesen, dass es auch heute in der Verkündigung vorkommt, dass Glaubenden, und darunter vor allem Kindern, mit den Themen Schuld, Strafe Gottes und Hölle Angst gemacht wird. Jemand schreibt: *»Aschermittwoch im Kindergarten – Kita-Kinder, die kein Aschekreuz möchten. Aussage des Pfarrers: ›Wollt ihr wirklich böse bleiben?‹«*

Aus über 200 Einzelaussagen geht hervor, dass GR und PR der Überzeugung sind, dass spiritueller Missbrauch da geschieht, wo Seelsorger*innen ihre eigene Spiritualität und ihr Gottesbild absolut setzen und spirituelle Selbstbestimmung nicht respektieren. Z. B. schreibt jemand zur Frage nach Bereichen spirituellen Missbrauchs: *»Alle Situationen, in welchen sich Seelsorger*innen für die Stimme Gottes halten und die Ratsuchenden entsprechend beeinflussen: ›Gott scheint das von Ihnen zu erwarten‹; ›Maria weint um Sie‹; ›Das ist der Wille Gottes!‹«* Eine andere Person schreibt: *»Überall dort, wo ein verklärtes Priesterbild vorherrscht und Priester unkontrolliert und unreflektiert ihre Spiritualität als die einzig richtige darstellen.«* Jemand berichtet davon, selbst gehört zu haben, wie ein Priester sagte: *»Was ich dir sage, sagt dir Jesus selbst. […] Wenn ich dich berühre, berührt dich Jesus. […] Wenn ich als Priester nicht empfangen werde wie ein König, wie Jesus, dann bist du es nicht würdig, in meiner Gegenwart zu sein. […] Meine Wünsche sind Jesu Wünsche.«*

Wie spirituelle Übergriffigkeit konkret in pastoralen Tätigkeitsbereichen vorkommen kann, zeigen beispielhaft folgende zwei Aussagen: *»Kids werden nicht zur Firmung zugelassen, weil sie ›schlecht‹ gebeichtet haben; pastorale Ideen* *werden abgelehnt, weil sie nicht den eigenen Vorlieben entsprechen; einem Paar wird gesagt, dass es nicht kirchlich heiraten darf, wenn nicht zugleich auch das Kind getauft wird; individuelle pastorale Lösungen werden als ›Barmherzigkeitsscheiß‹ abgetan.« »Urnenbeisetzung – Pfarrer spricht im Kondolenzgespräch davon, dies sei keine ›richtige‹ Form der Bestattung, da die Auferstehung des Fleisches damit verhindert würde. Die Urnenbeisetzung findet bei ihm daher kurz, knapp und ohne Ansprache auf dem Friedhof/Aussegnungshalle statt. Keine Prozession ans Grab usw.«*

Besonders bedroht seien – neben Kindern und Jugendlichen – Menschen in Krisensituationen, aber auch alte und pflegebedürftige Menschen. Eine Person mit Berufserfahrung in diesem Arbeitsfeld formuliert es so: *»Mein Schwerpunkt war die Seelsorge alter Menschen. Darum mein Hinweis für diesen Bereich: Gerade auch alte und pflegebedürftige Menschen können sich selbst kaum wehren und sind damit oft dem Gegenüber hilflos ausgeliefert. Dies kann sehr leicht zu Missbrauch verleiten. Zugleich muss immer bedacht werden, dass ein hoher Prozentsatz der alten Menschen bereits seelsorglichen oder sexuellen Missbrauch erfahren hat. Seelsorger*innen müssen das immer im Blick haben und damit gut umgehen können.«*

Dass Umfrageteilnehmer*innen bei der Beantwortung nicht nur eventuelles Fehlverhalten anderer Seelsorger*innen im Blick haben, sondern auch ihre eigenen Vorgehensweisen reflektieren, zeigen Aussagen wie: *»Es gibt immer Menschen, die einen bewundern bzw. irgendwie von einem das ›Heil‹ erwarten – und die sind nicht immer nervig. Man kann sich selbst von dieser Bewunderung abhängig machen bzw. gezielt den Kontakt und die Bewunderung hervorrufen.«* Oder auch: *»Als Seelsorgerin habe ich immer Verantwortung; ich muss mir* immer *bewusst sein, dass das, was ich tue und sage, bei meinem Gegenüber etwas auslöst bzw. bewirkt, egal ob ich in der Kita bin, in der Schule, im Altenheim, im Gottesdienst [...] Ich habe immer ein gewisses Maß an Macht und dessen muss ich mir bewusst sein bei allem, was ich tue, und dementsprechend behutsam agieren.«*

So weit ein kleiner Einblick in insgesamt etwa 1000 Antworten auf die Bitte um Beispiele zu spirituellem Missbrauch in der pastoralen Arbeit. Zwei häufig benannte ›Gefahrenbereiche‹ sollen nun exemplarisch näher betrachtet werden.

Gefahrenbereich 1: (Erst-)Beichte

Das Stichwort »Beichte« kommt in den Antworten insgesamt 157-mal vor. Besonders häufig geht es dabei um den »Zwang« zur Beichte als Bedingung, um zur Erstkommunion oder auch zur Firmung zugelassen zu werden. Eine solche Verpflichtung bewerten nicht wenige der Umfrageteilnehmer*innen als spirituellen Missbrauch (ca. 40-mal). Jemand schreibt z. B.: *»Kinder werden zur Erstbeichte gezwungen bzw. der Empfang der Erstkommunion wird an diese Bedingung geknüpft. Dies konnte im Jahr 2022 nur durch meinen massiven Gegendruck verhindert werden.«* In manchen Äußerungen wird vor allem eine Beichtpraxis kritisiert, in der *»Sündhaftigkeit betont wird«*, *»Kinder gezwungen werden, bei bestimmten Personen zu beichten«*, oder *»Kinder richtige Angst vor der Beichte haben und körperliche Symptome zeigen, die auch nach der Beichte fortbestehen«*. Andere sehen bereits die Hinführung von Kindern zum Bußsakrament an sich kritisch und schreiben: *»Die sog. Erstbeichte ist für mich theologisch, seelsorglich und ethisch nicht mehr vertretbar.«* Oder auch: *»Die verpflichtende Erst-*

beichte vor der Erstkommunion ist aus meiner Sicht in sich schon Machtmissbrauch und geistlicher Missbrauch.«

Wer so denkt, findet in der Theologin Doris Reisinger eine Verbündete. Sie hat sich bereits mehrfach kritisch zu diesem Thema geäußert. In der Ausgabe 15/2022 der Zeitschrift »Publik-Forum« sagte sie in einem Interview: »Ich denke, dass die Verpflichtung zur Beichte vor der Erstkommunion fast eine Initiation in den geistlichen Missbrauch darstellt. Sie besteht darin, dass Kinder verpflichtet werden zu beichten, unabhängig davon, ob sie das wollen oder wirklich schwere Schuld zu bekennen haben. Selbst die aufgeklärtesten, freundlichsten Eltern und Seelsorger sagen: ›Na ja, wir machen das immer ganz schön bei uns, da gibt es ein Picknick, und der Pfarrer ist ja freundlich und die Kinder, die nicht zum Pfarrer gehen wollen, können zur Gemeindereferentin gehen.‹ Aber das ist nicht der Punkt! Ich zwinge ein Kind, sich einem Erwachsenen zu offenbaren und sich anzuklagen.«[3] Im weiteren Verlauf des Interviews antwortet sie auf die Frage »Also ist Beichte nicht prinzipiell spiritueller Missbrauch?« mit »Nein. Aber oft ein ›Einfallstor für Missbrauch‹.«[4]

Über das spezifische Thema der Erstbeichte hinaus wird u. a. das *»erzwungene Knien im Beichtstuhl«* angemahnt oder auch Verstöße gegen das Beichtgeheimnis, wie z. B. durch einen Priester, der in der Predigt erzählt: *»Letzte Woche hat eines unserer Kommunionkinder gebeichtet, dass …«* Manche Umfrageteilnehmer*innen weisen eigens auf die Wichtigkeit einer Auseinandersetzung im Kindes- und Jugendalter mit Schuld, Vergebung und Versöhnung hin. Dass das Bußsakra-

[3] In: Fleischmann, Christoph u. a., »Die Beichte ist oft ein Einfallstor«, in: Publik-Forum 15/2022, 28–31; hier: 30.

[4] Ebd.

ment in sich jedoch von vielen kritisch gesehen wird, zeigt sich in Aussagen wie: (Missbräuchlich ist) *»die Rede von Hirten und Schafen, von Beichtvater und Beichtkindern, alles, was ein Machtgefälle zwischen Seelsorgern und Gemeinde verdeutlicht«*. Ein weiteres Beispiel, in dem es nicht um Beichte, aber um unangemessene Rede von Schuld gegenüber Kindern geht, soll hier ergänzend erwähnt werden: *»Mein Vorgesetzter ließ unsere Ministranten vor dem Gottesdienst in der Sakristei ein Gebet sprechen, das den Betenden klein machte und Schuldgefühle weckte. Mein Mann setzte sich mit anderen Eltern dafür ein, dass das Gebet durch ein kindgerechtes Gebet ausgetauscht wird. Mein Vorgesetzter weigerte sich. Mein Mann wandte sich an das Ordinariat und bekam zu hören: ›Die Verantwortung der Eltern hört vor der Tür zur Sakristei auf!‹«*

Gefahrenbereich 2: Fundamentalistische Strömungen in der katholischen Kirche

»Ich meine die, die sehr charismatisch auftreten. Derzeit erlebe ich, wie eine ehemalige Jugendleiterin in die Fänge einer bestimmten katholischen Gemeinschaft abgeglitten ist. Dort geschieht eindeutig Gehirnwäsche und geistlicher Missbrauch. Seelsorger, die diese Gruppen unterstützen, machen sich daran mitschuldig.« Bereits weiter oben in diesem Beitrag ist benannt, dass Umfrageteilnehmer*innen die seelsorgerliche Haltung *»Ich weiß, was Gott will und was gut für dich ist«* für besonders gefährlich halten. Weitere Zitate aus der Umfrage zeigen, dass dies vor allem im traditionalistischen (oft charismatischen) Milieu wahrgenommen wird: *»Ich beobachte sehr kritisch (Jugend-)Verbände, bei denen ich den Eindruck habe, sie ›kleben‹ die Mitglieder extrem an sich. Dabei habe ich den*

Eindruck, dass gerade die Beichte sehr oft als ›Ort der Befreiung‹ gepriesen wird – aber aus Äußerungen Betroffener habe ich die Sorge, dass es sich dabei sehr stark um Gängelung handelt, den Betroffenen gar kein Spielraum mehr für eigene Entscheidungen bleibt.« »Einpeitschen statt Begleiten. Besonders evangelikal-konservative Bewegungen sind in unserem Bereich bei hochreligiösen Jugendlichen auf Fang und vermitteln eine klare Botschaft (deren Worte) bzw. peitschen diese auf vorgefertigte Lebenswege ein (meine Worte).« »Einzige Förderung von ›Super-Frommen‹: Jugend 2000 – Maria 1.0 – Messe im alten Ritus.« »Priester, die aus sehr konservativen (vorkonziliaren) oder aus den charismatischen-evangelikalen Kreisen stammen, haben oft eine sehr enge, sogar sektiererische Sichtweise, die andere Arten des Glaubens und der Spiritualität nicht zulassen.« »Wenn junge Kapläne sich mit Jugendlichen oder jungen Erwachsenen umgeben, die unsicher sind und leicht zu blenden. Und wenn sie dann extrem konservative Werte vermitteln und durch elitäres Denken manipulieren.«

Nicht nur aus der Umfrage lässt sich die Sorge vieler GR und PR über diese Entwicklungen entnehmen, auch in manchen Einzelinterviews, die im Rahmen der Umfrage durchgeführt wurden, kam das Thema zur Sprache. Viele sind verunsichert, weil sie den Eindruck haben, dass ihre Bistumsleitung keine Gefahr erkennt oder solche Entwicklungen (z. B. Jüngerschaftsschulen) gar im Sinne gewünschter Evangelisierung fördert. Ein Beispiel aus der Umfrage zeigt, wie jemand wachsam war, tätig wurde und Maßnahmen bewirken konnte (u. a. weil es in diesem Bistum bereits eine Präventionsbeauftragte für den Bereich des geistlichen Missbrauchs gibt): *»Bei einem Firmwochenende habe ich indirekt mitbekommen, dass ein Diakon, der zum Team gehörte, einen geistigen Missbrauch begangen hat. Obwohl der Jugendliche es nicht wollte, betete der*

Diakon dafür, dass er gesund werde und die bösen Geister aus ihm fahren sollen. Gleich nach dem Wochenende habe ich es der Präventionsbeauftragten gemeldet und so dafür gesorgt, dass der Diakon zumindest nicht mehr in der Firmvorbereitung tätig ist.« Eine gegenteilige Erfahrung, in der mehrere Ebenen des spirituellen Machtmissbrauchs zusammenkommen, zeigt folgende Antwort: *»In einem Gespräch mit einem Weihbischof wiesen meine Kollegin und ich im Beisein unseres leitenden Pfarrers kritisch darauf hin, dass dieser aktiv in der Beichte vor der Firmung Jugendliche nach deren Sexualleben befragt. Wir erwähnten, dass es deswegen Beschwerden gegeben hatte. Der Weihbischof lehnte sich zu mir rüber und sagte: ›Frau ..., Sie haben ein Glaubensproblem, Sie brauchen einen Alpha-Kurs!‹«*

Die Ergebnisse des Treffens des Bundesverbands der Gemeindereferent*innen vom Juni 2023, bei dem sich die Delegierten des Gemeindereferent*innen-Bundesverbands mit diesem Thema auseinandergesetzt haben, konnten in die vorliegende Publikation noch nicht einfließen. Insgesamt besteht großer Handlungsbedarf, wenn aus Seelsorger*innen Profis werden sollen, was Handlungsmöglichkeiten gegen spirituellen Missbrauch anbelangt. Allein schon, wer im Religionsunterricht eingesetzt ist, kann bzw. könnte – entsprechend geschult – sehr viel bewirken, was z.B. das Durchschauen von Methoden geistiger und spiritueller Manipulation anbelangt. Personal- und Fortbildungsverantwortliche sind hier gefragt; ebenso braucht es die Bereitschaft in den Bistumsleitungen, auch im Bereich Spiritualität Prävention, Schutz und Aufarbeitung zu ermöglichen. Für alle Verantwortungsträger*innen in der Pastoral kann es sinnvoll oder gar notwendig sein, die je persönliche Glaubensgeschichte und das eigene pastorale Handeln kritisch zu reflektieren, um so eine sensible seelsorgerliche Haltung einzuüben. Diese ist Voraussetzung dafür,

Menschen in ihrer spirituellen Selbstwerdung begleiten zu können, präventiv tätig werden zu können oder auch Betroffene begleiten und ihnen ggfs. professionelle Hilfe zu vermitteln zu können.

Von hohen Idealen und großen Gefahren

Philippa Rath OSB

»Er stürzt die Mächtigen vom Thron und erhöht die Erniedrigten …« (Lk 1,52). »Ihr wisst, dass die, die als Herrscher gelten, ihre Völker unterdrücken und die Mächtigen ihre Macht über die Menschen missbrauchen. Bei euch aber soll es nicht so sein …« (Mk 10,42f.)

Diese beiden Stellen aus der Heiligen Schrift kommen mir immer wieder in den Sinn, wenn ich die in diesem Buch gesammelten Betroffenenberichte lese oder mit den Opfern persönlich spreche. Zunächst und vor allem betreffen sie die spirituell missbrauchten Frauen, die sich oft erst nach jahr(zehnte)langem Leiden ihre geistliche Autonomie mühevoll wiedererkämpft haben, die erniedrigt wurden und nicht mehr aufrecht gehen konnten, die unterdrückt waren und manipuliert, innerlich vergewaltigt und unterworfen, an unsichtbare Ketten gefesselt. Ich spüre, wie befreiend es für viele von ihnen ist, wie schmerzlich aber auch, über ihre Erfahrungen zu sprechen, auch, wenn sie zeitlich schon lange zurückliegen. Wie schnell ist da auf einmal alles wieder präsent, will ein weiteres Mal bearbeitet und verarbeitet werden. Es stimmt eben keineswegs immer, dass die Zeit alle Wunden heilt. Manches muss immer wieder neu angeschaut und durchlitten werden. Und – so die Kraft und der freie Wille dazu da sind – auch vergeben. Dann kann vielleicht ein Wunder der Auferstehung mitten im Leben geschehen, können die Erniedrigten sich wiederaufrichten, greift die Erfahrung Raum, dass wider alle Hoffnung neues Leben wachsen und reifen kann.

In der zweiten zitierten Bibelstelle: der hohe Anspruch an die Mächtigen, die zu allen Zeiten und immer neu in der Gefahr sind, den schmalen Grat zum Missbrauch ihrer Macht zu überschreiten. Wie viele sind an dieser Herausforderung gescheitert, und wie viele tun es auch heute noch – bisweilen, ohne sich dessen bewusst zu sein. Wie viele haben das in sie gesetzte Vertrauen missbraucht, um sich einer anderen Person zu bemächtigen, sie sich zu eigen zu machen, sie zu beherrschen. Wie viele haben ihre Autorität dazu benutzt, denen, für die sie Verantwortung trugen, Ängste und Schuldgefühle einzureden und sie von sich abhängig zu machen. Wie oft wurden Transparenz und Herzenseröffnung eingefordert – im Denken und im Gewissen –, als ob nicht alle verbrecherischen Totalitarismen dieser Welt immer versucht hätten, auf diese Weise Menschen zu manipulieren und zu kontrollieren. Bis hin zur Zerstörung und Vernichtung der Persönlichkeit, des eigenen Ich.

Zwei Bibelstellen also, die Opfer und Täter*innen gleichermaßen herausfordern. Ich gestehe, dass mich die Mitarbeit an diesem Buch wie kaum je eine andere Aufgabe innerlich aufgewühlt und mitgenommen hat. Sie hat die Welt, in der ich lebe, im wahrsten Sinne des Wortes durcheinandergebracht, hat Ideale zerschlagen und Fragen aufgeworfen, die ich mir zuvor nie gestellt hatte und stellen musste. Klaus Mertes hat diese Erfahrung, die auch zu meiner geworden ist, in seinem Buch »Verlorenes Vertrauen« so auf den Punkt gebracht: »Einem Opfer zuzuhören, nicht aus der beobachtenden, begleitenden oder therapeutischen, sondern aus der beteiligten, sich selbst dem System zurechnenden Perspektive, bedeutet, sich einem anderen Blick auf sich selbst zu öffnen, Mythen des Selbstverständnisses loszulassen, den Stolz aufgrund von Zugehörigkeit zurückzustellen. Das tut weh. Um den Schmerz zu vermeiden, bietet sich als Alternative an, das Opfer zum Schweigen zu bringen.«[1]

Doch genau das können und dürfen wir in keinem einzigen Fall tun. Verdrängen nach dem Motto: »was nicht sein darf, ist auch nicht«, wäre fatal, wäre Flucht vor der Verantwortung, ja, es wäre Komplizenschaft, es würde das Unglaubliche, Unfassbare verharmlosen, die Opfer verhöhnen und sie ein weiteres Mal ihrer Würde berauben.

Was aber ist zu tun? Zunächst und vor allem: sich schonungslos der Wahrheit stellen. Sich innerlich berühren lassen vom Leid der Opfer. Erkennen und anerkennen, dass der spirituelle Missbrauch uns alle, vor allem aber die Orden und geistlichen Gemeinschaften, herausfordert und zwingt, neu über die wesentlichen Grundpfeiler unseres Lebens nachzudenken: über das Verständnis der Ordensgelübde – allen voran des Gehorsams, der Bekehrung, der Armut und der Demut –, über die Praxis des Gemeinschaftslebens, über das hierarchisch strukturierte Verhältnis von »Oberen« und »Untergebenen«, über die Vermischung von »Forum Internum« und »Forum Externum«, von geistlicher und praktischer Ebene; über die Missbrauch begünstigenden Kommunikations- und Kontrollstrukturen; über die Kultivierung des Einheitsdenkens, ja die Tyrannei der Einheitlichkeit, die Vielfalt und Unterschiede als Bedrohung statt als Bereicherung betrachtet. Kurzum: Eine radikale Umkehr der Perspektive ist

[1] Mertes, Klaus, Verlorenes Vertrauen. Katholisch sein in der Krise, Freiburg i. Br. 2013, 21.

notwendig, Bekehrung im ursprünglichen Sinne. Auch Wiedergutmachung, wo immer diese möglich ist. Und schließlich, aber keineswegs zuletzt: Veränderung, Neu-Denken und Anders-Handeln.

Dabei ist es für mich eine bittere Erkenntnis, dass vieles im Ordens- und Gemeinschaftsleben toxisch werden kann, wenn das gesunde Maß, wenn Unterscheidungsvermögen und Ausgewogenheit fehlen, wenn grundlegende Werte pervertiert und in den Dienst von Ehrgeiz und Egoismus, von narzisstischem Machtstreben und Herrschaftsansprüchen einzelner überforderter, unreifer, schlecht oder gar nicht ausgebildeter Leitungspersonen gestellt werden. Vor allem, wenn die Stimme Gottes mit der Stimme der »Oberen« verwechselt und wenn Gottes Wille mit dem eigenen Willen gleichgesetzt wird. Wie oft wurden damit das Selbstbild und die Gottesbeziehung der Opfer fundamental gestört oder sogar gänzlich zerstört, wurden Selbstverlust und Gottentfremdung in Kauf genommen, um persönliche Machtansprüche durchzusetzen.

Besonders groß ist die Gefahr immer dort, wo Ideale sehr hoch sind, wo die Sehnsucht nach Gott, nach einer vertieften Gottesbeziehung, nach lebendiger Gotteserfahrung, nach Sinn und Erfüllung, nach Zugehörigkeit und Gemeinschaft, wo die Treue zur eigenen Berufung und zu den einmal abgelegten Gelübden ein hohes Maß an Opferbereitschaft und an Willen zu Hingabe und Selbstverleugnung mit sich bringen. Dann ist der Weg von der Bereitschaft, sich selbst als Opfer darzubringen, bis dahin, zum erleidenden Opfer zu werden, nicht weit.

Die deutsche Sprache kennt nur ein Wort für »Opfer«, die lateinische dagegen drei, die ihre je eigene Bedeutung haben: *Oblatio* (die Opfergabe, die auch ein Sich-selbst-Darbringen sein kann), *Sacrificium* (das Messopfer, das der Priester am Altar feiert als Erinnerung und Vergegenwärtigung des Leidens Christi) und *Victima* (ein Begriff, der ursprünglich für das getötete Opfertier stand und nun für alle und alles steht, was in irgendeiner Form Unrecht und Gewalt erleidet).

Es gehört zu den schmerzlichen Gewissheiten, dass viele Betroffene spirituellen Missbrauchs ihre Opferbereitschaft im Sinne der *Oblatio* dazu gebracht hat, so lange auszuharren, bis sie am Ende wirklich zu Opfern – zu *Victimae* – wurden und die schrittweise Deformierung ihres eigenen Denkens und Handelns und die Vernichtung ihrer eigenen Person erleiden mussten.

Umso erstaunlicher ist es, dass nur wenigen Opfern angesichts ihrer zerstörerischen Erfahrungen ihr Glaube an Gott verlorengegangen ist. Wohl haben sie sich von falschen, einengenden und sie vergewaltigenden Gottesbildern befreit. Aber grundsätzlich haben sie an ihrem Glauben festgehalten oder aber ihn schmerzlich vermisst, als sie ihn [auf Zeit] verloren hatten. Nicht wenige haben ihn auch als Hilfe erfahren, um nach ihrem Austritt weiterleben zu können. Vielen ist es ein inneres Anliegen, die Sinnhaftigkeit des Ideals des gottgeweihten Lebens, d.h. der entschiedenen Christusnachfolge, nicht grundsätzlich in Frage zu stellen. Sie halten am Wert dieses Lebensentwurfs fest, möchten ihre einstige Berufung bewahren und sie vor Fehlentwicklungen und Missbrauch schützen. Eben deshalb ist es eine so wichtige Aufgabe, die Risiken offenzulegen und die systemimmanenten Ursachen spirituellen Missbrauchs deutlich zu benennen. Nur so kann das Immunsystem der Einzelnen und der Kommunitäten als Ganzes gestärkt werden.

Ein wichtiger Schritt auf dem Weg zur Prävention ist die Stärkung der spirituellen Autonomie, des geistlichen Selbstbestimmungsrechtes jeder und jedes Einzelnen. Es geht darum, die Deutungshoheit über den eigenen Glauben zu bewahren oder wiederzuerlangen, sie nicht der Institution, dem Orden, der Gemeinschaft oder gar einzelnen »Oberen« zu überlassen. Es geht auch darum, um nur ein Beispiel zu nennen, den Gehorsam wieder als eine Tugend des freien und reifen Menschen zu verstehen. Denn ich bin zutiefst davon überzeugt, dass man in der Lage sein muss, auch *nicht* zu gehorchen, um wirklich zu gehorchen. Auch gilt es zu erkennen, dass wahre Demut nur auf der Grundlage eines gesunden Selbstwertgefühls gelebt werden kann, das weiß, welch einmaligen und unverwechselbaren Wert wir vor Gott haben.

»Bei euch aber soll es nicht so sein ...« Viel ist in den letzten Jahren geschehen, um diesem Anspruch gerecht zu werden und ihn verstärkt einzulösen. Gott sei Dank gilt geistliche Selbstbestimmung inzwischen weithin als unabdingbare Voraussetzung für ein reifes und gelingendes Gemeinschaftsleben. Dennoch bleibt viel zu tun. Es ist Doris Reisinger nur zuzustimmen, wenn sie schreibt: »Wer das geistliche Leben von Ordensleuten kontrolliert und reglementiert, erstickt das Ordensleben im Keim. Wer dagegen die geistliche Selbstbestimmung von Ordensleuten schützt, bringt das Ordensleben zum Blühen.«[2]

Zwei Fragen bleiben am Ende sicher nicht nur mir, sondern vielen Menschen, die sich mit spirituellem Missbrauch beschäftigen. Müssen wir davon ausgehen, dass faktisch alle Mitglieder von Orden und geistlichen Gemeinschaften in früheren Zeiten Opfer geistlichen Missbrauchs wurden? Und: Was hat so viele bewegt, trotzdem zu bleiben und so lange auszuharren? Um mich einer Antwort anzunähern, habe ich

[2] Reisinger, Doris, Spiritueller Missbrauch, in: Forum Weltkirche 139 (1/2020), 17.

zwei alte Schwestern befragt. Ich war erstaunt über ihren Freimut, ihre Offenheit und ihre Nachdenklichkeit. Ich bin dankbar für ihre Lebenszeugnisse und möchte im Folgenden allen Leser*innen daran Anteil geben.

Schwester C. (98):
Wenn ich auf mein mehr als 70-jähriges Ordensleben zurückschaue, dann stelle ich vor allem fest, wie unendlich viel sich verändert hat: in der Welt, in der Kirche und auch im Ordensleben. Man könnte fast von einer mehrfachen Mutation der Religion und der Gesellschaft sprechen. Wir haben uns von einer ständischen, hierarchisch-patriarchalen Ordnung entwickelt zu einer demokratischen hin, in der Werte wie Freiheit, Unabhängigkeit, Gleichheit und Selbstverwirklichung über allem stehen. Alles, so scheint mir, hat sich in den letzten Jahrzehnten mehrfach umgedreht, gerade auch in Sachen Autorität, Einordnung, Gehorsam, auch Schuld und Strafe. Wir dürfen deshalb nicht den Fehler machen, das Damals mit heute zu vergleichen. Das wäre unredlich und würde dem Ganzen nicht gerecht. Und schon gar nicht dürfen wir Rückprojektionen anstellen und längst Vergangenes von unserem heutigen Standpunkt aus betrachten und bewerten.
Als ich ins Kloster eintrat, hatten wir gerade den Krieg hinter uns. Wir hatten vielfältige Überlebensstrategien entwickelt, gelernt, irgendwie durchzukommen, auch unter schwierigsten Bedingungen. Ich brachte einen starken Glauben mit, ein unerschütterliches Vertrauen in Gott und seine Vorsehung, aber auch eine gewisse Freiheit des Geistes und eine starke innere Überzeugungs- und Widerstandskraft. Das ließ mich vieles ertragen und bewältigen, was aus heutiger Sicht vielleicht als spiritueller Missbrauch bezeichnet würde. Ich war felsenfest von meiner Berufung überzeugt. Das hat mich stark gemacht

und mir geholfen, über manches hinwegzukommen. Gehorsam war für mich schlicht eine Notwendigkeit, etwas, was zum Ordens- und Gemeinschaftsleben dazugehört und letztlich auch zur Christusnachfolge. Nichts anderes wollte ich schließlich. Oder, um mit dem Philipperhymnus zu sprechen: »Er erniedrigte sich und war gehorsam bis zum Tod – bis zum Tod am Kreuz« (Phil 2,8).

Schwester E. (84):
Ich trat jung ins Kloster ein, hatte aber Gott sei Dank ein großes Selbstvertrauen und Selbstbewusstsein, das mir meine Eltern mitgegeben haben. Meine Berufung war für mich ein uneingeschränkter Ruf von Gott her. Im Gehorsam gegen Gott musste ich diesen Weg gehen, einen anderen gab es für mich nicht. Das Wort »in guten wie in bösen Tagen«, das der Priester bei einer Eheschließung spricht, galt immer genauso für mich. Die Ewige Profess war eine unwiderrufliche Entscheidung für mich, auch wenn ich heute manche Fragezeichen setzen würde und sicher auch manches erlebt habe, was man heute mit dem Begriff spiritueller Missbrauch bezeichnen würde. Dennoch kam mir nie in den Sinn, mein Kloster zu verlassen. Ich bin trotz allem geblieben, weil ich mich sonst dem Ruf Gottes gegenüber als ungehorsam empfunden, ich mein Treueversprechen gebrochen hätte. Und das schien mir schlimmer zu sein als alles andere.
Mein Gottesbild hat sich im Laufe der Jahrzehnte geändert, ist freier, offener geworden. Auch mein Umgang mit der Bibel und mit dem Geschehen in Kirche und Welt. Ich muss selbstverantwortlich leben, alles, was ich tue und lasse, vor Gott und meinem Gewissen verantworten. Trotzdem habe ich – wie Ruth Pfau es einmal nannte – eine eschatologische Liste mit offenen Fragen, auf der ich im Laufe der Jahre vieles notiert habe, was ich bis auf Weiteres noch unbeantwortet in Gottes Hände legen

muss. Christus bleibt für mich das absolute Du meines Lebens. Mit ihm habe ich Mauern übersprungen. Und ich tue es immer noch.

Was bleibt am Ende von den Erfahrungen der Betroffenen spirituellen Missbrauchs und der Schwestern, die trotz allem dabeigeblieben sind und auf ein erfülltes Leben zurückblicken: die Kunst des Unterscheidens und des Maßhaltens üben, wohlwissend, dass es immer ein Balance-Akt ist. Die Chancen der heutigen Zeit, die in vielem freier, offener und direkter ist, dankbar nutzen. Eine Kultur des Miteinanders auf Augenhöhe fördern. Gemeinschaftsstrukturen stärken, die ungute Machtverhältnisse kontrollieren und diesen ein Gegengewicht bieten können. Wege finden, wie Gewaltenteilung und Machtausgleich auch im Ordens- und Gemeinschaftsleben systemisch greifen können. Und schließlich: in der Formations- und Ausbildungsphase das Thema spiritueller Missbrauch immer wieder behandeln. Das alles könnten Schritte sein, um neue Wege zu gehen.

Am Ende ihres Beitrags für dieses Buch hat Sr. Teresa Jakobs geschrieben: »Ich habe mich entschieden, zu gehen und dadurch zu bleiben.« Dieser Satz ist zu ihrem Vermächtnis geworden, denn Sr. Teresa starb völlig unerwartet nur wenige Tage, nachdem sie ihn geschrieben hatte. Wie schön wäre es gewesen, wenn sie dem eines Tages hätte hinzufügen können: »Ich konnte am Ende positive Veränderungen wahrnehmen und bleiben, obwohl ich mich eigentlich schon entschieden hatte, zu gehen.«

Hilfeadressen und Informationen

Anlaufstelle für Personen, die im kirchlichen Raum Missbrauch erfahren haben: www.gegenGewalt-inKirche.de

Die Anlaufstelle richtet sich an alle erwachsenen Personen, die in einem kirchlichen Kontext spirituellen oder sexuellen Missbrauch erfahren haben, sowie an ihre Angehörigen und Begleiter*innen. Die Anlaufstelle bietet Unterstützung und Beratung für unterschiedlichste Anliegen der Betroffenen.

Informationsportal zum Thema Missbrauch an erwachsenen Frauen in der katholischen Kirche: www.missbrauchsmuster.de

Auf dem komplexen Feld von Gewalt gegen Frauen in der katholischen Kirche wirken zahlreiche verborgene Muster – *hidden patterns*. Die Homepage gibt dazu aktuelle Informationen, bietet Lernmaterialien, insbesondere ein ausführliches E-Tutorial, und stellt Hilfeadressen für Betroffene bereit.

Angebote einzelner Diözesen zum Thema spiritueller Missbrauch sind über die diözesanen Homepages erreichbar.

Autorinnen und Herausgeberinnen

M. Petra Articus OCist, geb. 1948, ist Zisterzienserin im Kloster Seligenthal, Landshut, wo sie lange Zeit Erzieherinnen ausbildete. Dabei war ihr wichtig, neben der Sachkompetenz die Selbstständigkeit und das Selbstbewusstsein der jungen Frauen zu fördern. 1999 wurde sie zur Äbtissin gewählt. In diesem Amt versteht sie sich als Dienerin ihrer Mitschwestern.

Dr. Joan Chittister OSB, geb. 1936, ist Benediktinerin des Klosters Erie (Pennsylvania/USA) und eine der einflussreichsten Frauenrechtlerinnen in der katholischen Kirche, Gründungsmitglied der Global Peace Initiative of Women, www.gpiw.org, einer Partnerorganisation der UN. Sie erhielt zahlreiche Auszeichnungen, u. a. 2001 den Thomas Merton Award für Frieden und soziale Gerechtigkeit, und veröffentlichte mehr als 60 Bücher, u. a.: *Unter der Asche ein heimliches Feuer. Spiritueller Aufbruch heute, München 2000.*

Dr. Barbara Haslbeck, geb. 1972, ist Theologin und Wissenschaftliche Mitarbeiterin im Forschungsprojekt »Sexueller Missbrauch an Ordensfrauen« an der Universität Regensburg. Seit 2004 bei der Initiative www.GottesSuche.de; 2022 ausgezeichnet mit dem Aggiornamento-Preis. Veröffentlichungen u. a.: *Hg. mit Regina Heyder, Ute Leimgruber, Dorothee Sandherr-Klemp: Erzählen als Widerstand. Berichte über spirituellen und sexuellen Missbrauch an erwachsenen Frauen in der katholischen Kirche, Münster 2020.*

Dr. habil. Ute Leimgruber, geb. 1974, ist Theologin und Professorin für Pastoraltheologie und Homiletik an der Universität Regensburg, Forschungsschwerpunkt »Missbrauchsmuster. Gewalt gegen erwachsene Frauen in der Kirche«, www.missbrauchsmuster.de. Stiftungsrätin der Herbert Haag Stiftung für Freiheit in der Kirche, Mitglied der Theologischen Kommission des Katholischen Deutschen Frauenbundes (KDFB). Veröffentlichungen u. a.: *Catholic Women. Menschen aus aller Welt für eine gerechtere Kirche, Hg., Würzburg 2021.*

Majella Lenzen, geb. 1938, 1959 Profess im Orden der Mariannhiller Missionsschwestern; sie war in der Nachfolge Christi fast 40 Jahre in Ostafrika als Missionsschwester tätig und begann, als es ihr unmöglich wurde, die starren Ordensregeln einzuhalten, 1995 ein neues säkulares Leben. Veröffentlichungen u. a.: *Das möge Gott verhüten – Warum ich keine Nonne mehr sein kann, Köln 2009.*

Dr. Franziska Mitterer, geb. 1963, ist Theologin und Mitglied der Schwestern vom Hl. Kreuz. Sie leitete ab 2004 das Referat für Exerzitien und Spiritualität des Bistums Passau, war ab 2014 in Luzern (Schweiz) in der international besetzten Generalleitung der Schwestern vom Hl. Kreuz, Menzingen. Seit 2020 ist sie Postulats- und Noviziatsleiterin in München. Dissertation zu: *Ordens-Gehorsam im Kontext von Menschenwürde und Menschenrechten. Ein kirchenrechtlicher Beitrag, Münster 2021.*

Regina Nagel, geb. 1961, ist Gemeindereferentin in der Diözese Rottenburg-Stuttgart und Wirtschaftspsychologin B. A., Vorsitzende des Bundesverbands der Gemeindereferent*innen Deutschlands und Schriftleiterin der Verbandszeitschrift »das magazin«. Veröffentlichung u. a.: *Hg. mit Hubertus Lürbke: Machtmissbrauch im pastoralen Dienst. Erfahrungen von Gemeinde- und Pastoralreferent:innen, Freiburg i. Br. 2023.*

Philippa Rath OSB, geb. 1955, ist Benediktinerin der Abtei St. Hildegard in Rüdesheim-Eibingen. Sie war Delegierte der Orden im Synodalen Weg, ist Mitglied im ZdK und engagiert sich besonders für Geschlechtergerechtigkeit und den Zugang von Frauen zu allen Diensten und Ämtern der Kirche. Veröffentlichung u. a.: *»… weil Gott es so will«. Frauen erzählen von ihrer Berufung zur Diakonin und Priesterin, Hg., Freiburg i. Br. 2021.*

Ruth Schönenberger OSB, geb. 1950, ist Missions-Benediktinerin von Tutzing. Langjährige Leitungserfahrung im ordenseigenen Krankenhaus und in der Kongregation, viele Jahre als Prioratsrätin, zuletzt acht Jahre als Priorin; Exerzitienbegleiterin; Mitglied der Ordensfrauen für Menschenwürde (OFMW) und bei Catholic Women's Council (CWC).

Dr. Carmen Tatschmurat OSB, geb. 1950, ist Soziologin. Sie war als Professorin an der Katholischen Stiftungshochschule München (KSH München) u. a. für den Schwerpunkt Resozialisierung (Arbeit mit Straffälligen und Wohnungslosen) und für Genderfragen zuständig. Acht Jahre Vorsitzende der Vereinigung der Benediktinerinnen im deutschsprachigen Raum (VBD), bis 2020 Äbtissin der Abtei Venio, München und Prag.